2015年度国家社科基金项目
“卢作孚与民国时期北碚城镇化变迁史料整理与研究”
（15BZS015）结项成果

卢作孚与民国时期北碚城镇化变迁研究

LUZUOFU YU MINGUO SHIQI
BEIBEI CHENGZHEN HUA BIANQIAN YANJIU

张守广 著

人民出版社

目　录

前　言

一、研究对象与特色

卢作孚曾刊印过一种小册子，即《一个事一个村》，“事即以创办民生公司为试验，村即以建设北碚为试验”①。北碚试验是卢作孚主持的社会改造试验和现代化建设实验，对此，学术界已经不少研究，同时也有不少争议，是一个值得深入探讨的重要问题。本书以民国时期北碚的城镇化变迁为对象，以卢作孚与民国时期北碚城镇化变迁为中心，进行探讨、叙述和立论。

从 1927 年春卢作孚就任峡防局局长，到 1949 年底试验最终结束，北碚试验先后持续了 22 年零 10 个月。根据历史演变的情形，北碚试验明显可分为 3 个阶段：第一个阶段为峡防局时期，这个阶段从 1927 年春到 1936 年春，为期约 9 年，其中 8 年由卢作孚以峡防局局长身份主持；第二个阶段为嘉陵江三峡乡村建设实验区时期，这个阶段从 1936 年春到 1942 年春，为期约 6 年，卢子英以三峡实验区区长身份主持行政，卢作孚以天府煤矿、大明染织厂董事长、中国西部科学院院长及高级政府官员等身份发挥不可或缺的巨大作用；第三个阶段是北碚管理局时期，这个时期从 1942 年到 1949 年底，为期约 7 年。卢子英以北碚管理局局长身份主持

① 卢作孚：《一段错误的经历》，《抗战与交通》1940 年第 36、37 期合刊，第 707 页。

行政，卢作孚以天府煤矿、大明染织厂董事长、中国西部科学院院长、北碚各项事业创始人等身份发挥巨大作用。卢作孚实际上是北碚各项现代事业的创建者，并得到社会的公认。樊克恩在《北碚扶植自耕农示范区纪实》中所说："此区治（北碚管理局）为卢作孚氏所首创，其组织及人事虽几经变迁，而一切建设事业之计划，则仍多出自卢氏之意。"①《北碚日报》在相关报道中，在提到卢作孚时，称为"北碚创建人""北碚事业创始人""北碚建设事业创始人"。②

1931 年 12 月，杜重远在给邹韬奋的信中感叹："北碚昔称野蛮之地，今变文化之乡。"③卢作孚把北碚从一个野蛮之地，一变而为文明之乡，再变而为现代城镇。北碚还成为大后方最重要的煤炭生产基地，重庆远郊的风景名胜区，以及重庆附近重要的科学文化中心。

本书的研究既以城镇化为对象，自然有必要对城镇化这一概念加以说明和界定。

肖金成、党国英著《城镇化战略》中的相关定义是："城镇化是一种世界性的社会经济现象，按照权威的解释，城镇化是乡村分散的人口、劳动力和非农业经济活动不断进行空间的聚集而渐转化为城市的经济要素，城市相应地成长为经济发展的主要动力的过程。"④肖娟在《中国特色城镇化道路》中关于城镇化概念的解释为："城镇化是人类生产方式和社会活动在区域空间上的聚集，城镇化过程是人类现代化过程的重要表现形式。"该书还根据国务院发展研究中心课题组所编《中国城镇化：前景、战略与政策》一书的观点引证说："城镇化的过程就是劳动力、资本等生产要素

① 樊克恩编：《北碚扶植自耕农示范区纪实》，中国农民银行二地金融处刊，1946 年版，第 2 页。

② 《北碚日报》1948 年 9 月 26 日、1948 年 12 月 19 日、1949 年 2 月 28 日。

③ 杜重远：《别后（重庆通讯）》（下），杜毅、杜颖编注：《还我河山——杜重远文集》，文汇出版社 1998 年版，第 19 页。

④ 肖金成、党国英：《城镇化战略》，学习出版社、海南出版社 2014 年版，第 10 页。

从生产率较低的传统农业向生产率较高的现代非农产业转移的过程，就是居民从农村分散居住向城市集中居住、获得更好的生活条件的过程，就是生产方式转变、人口素质提高和人类生活条件改善的过程，是现代化过程的主要表现形式和内容。”① 也有学者认为：城镇化与城市化提法不同，内涵外延也有一定的差异，但本质上都是农村人口向城市集中，因此把两者统称“城市化”。② 民国时期，城市化有时又被称为都市化，而吴景超被认为是城市化派的代表人物。吴景超说：“什么是都市？都市便是生产者与消费者的一种组织，以一都市为中心，在这中心点，生产者以其所有，易其所无，以满足他各种的欲望。”③ 吴景超还撰文分析城市化的原因，认为：“农业的改良，工业的革命，商业的发展，乃是近代都市化的主要原因。”④ 他强调：发展都市的第一种事业，便是兴办工业。发展都市的第二种事业，便是发展交通。发展都市的第三种事业，便是扩充金融机关。⑤ 民国时期与都市化派对立的是乡村建设派。

梁漱溟是乡村建设派的理论重镇。关于“乡村建设”，根据梁漱溟的说法：“‘创造新文化，救活旧农村’，这便叫做‘乡村建设’。”⑥ 从 1926 年到 1936 年 10 年间，以乡村改造为旨志的乡村建设运动一时间风起云涌。有人估计，到 1935 年，有关乡村建设的团体有 1000 多个，与这些团体有关的农学会社有 10000 多个。⑦ 北京师范大学李帆教授主编的《民国思想文丛》中有郭丽、徐娜选编的《乡村建设派》基本文献。其中《乡村建设

① 肖娟：《中国特色城镇化道路》，科学出版社 2013 年版，第 1 页。
② 贺雪峰：《城市化的中国道路》，东方出版社 2014 年版，第 4 页，注释 1。
③ 吴景超：《都市之研究》，《留美学生季报》1927 年第 11 卷第 3 号，第 2 页。
④ 吴景超：《近代都市化的背景》，《清华学报》1933 年第 8 卷第 2 期，第 30 页。
⑤ 吴景超：《第四种国家的出路——吴景超文集》，商务印书馆 2008 年版，第 66 页。
⑥ 梁漱溟：《乡村建设大意》，中国文化书院学术委员会编：《梁漱溟全集》第 1 卷，山东人民出版社 2005 年版，第 615 页。
⑦ 陈序经：《乡村建设的途径》，《当代评论》1943 年第 4 卷第 2 期，第 11 页。

派评介》中谓：民国时期从事乡村建设运动者被视为乡村建设派，通常认为该派有村治派、晓庄生活教育派、定县平民教育派、中华职教社职业教育派和无锡民众教育派五个分支流派。其中，村治派是乡村建设运动的源头，梁漱溟是乡村建设运动的执牛耳者。晓庄生活教育派和定县平民教育派在乡村平民教育中取得了前所未有的成功。职业教育派和江苏省立教育学院在乡村民众职业教育等方面开辟出了新景象。同时，在乡村建设蔚然成风的社会历史环境中，“许多大学教授、地方官员甚至有一定声望的商人如卢作孚等也都参与了这场声势浩大的乡村建设运动。”① 从上述评介可见，卢作孚被定位为乡村建设运动的“参与者”。笔者认为，有关卢作孚在乡村建设运动中的这个定位是准确的。

乡村运动兴起后，响应者众多，批评者也很多。其中，都市化派、西化派都曾经与乡村建设派发生过激烈的争论。都市化派的代表人物吴景超提出“发展都市以救济农村”的主张，并指出发展都市的第一种事业是兴办工业，第二种事业是发展交通，第三种事业是扩充金融机构等。② 对此，梁漱溟随后在南宁的一场讲演中回应说，明确表示不赞成通过都市工业化促进乡村工业，也不赞成通过统制经济发展中国工业，强调乡村建设是中国工业化的“第三条路”，而且是“中国工业化唯一可行的路”。③ 之后梁漱溟进一步就中国经济发展的路线作出明确回答：“就是我们认定中国经济建设的路线是‘从农业引发工业’”。④

在此争论过程中，农业经济学家邹树文指出：“简单地说起来，就是

① 《乡村建设派评介》，李帆主编，郭丽、徐娜编：《民国思想文丛 · 乡村建设派》，长春出版社 2013 年版，第 1 页。

② 吴景超：《发展都市以救济农村》，《独立评论》1934 年第 112 期，第 5—6 页。

③ 梁漱溟：《往都市去还是到乡村来》，中国文化书院学术委员会编：《梁漱溟全集》第 5 卷，第 638 页。

④ 梁漱溟：《中国经济建设的路线》，中国文化书院学术委员会编：《梁漱溟全集》第 5 卷，第 985 页。

我们中国的农业，是十八世纪以前的农业，不是现代的农业。因为农业与工业是有关的，我们中国的农业，可以说只能合于闭关自守老死不相往来的办法，不是现代可与大规模工商业相扶而行的农业。”①之后邹树文又说：“我常以为我国农业不振的原因，是农业的一切，不能与现代的工商业相副而行，互相照顾，所以谈农业而不注意于工商业，是无法改进的。”②邹树文从农业经济改造的角度，提出了乡村建设如何与工商业结合的问题。

平教会在定县的实验，由于没有完成六年计划，在1936年的5—6月“悄然退出”。③这种退出当时表现为定县平教会的搬家，表面上“是扩大实验的范围”。邹平实验也进展缓慢。④到全面抗战爆发，乡村建设运动遭受沉重打击，各处的实验工作，大多完全停顿。中华平民教育总会的乡村建设工作辗转迁移到四川巴县的歇马，“重整旗鼓，开设乡村建设育才院，可是比起其在定县时的声势与规模，不能不有今昔之感了”⑤。陈序经总结乡村建设运动衰败的原因，认为一般提倡乡村建设的人们，是农本主义的推动者，主张以农为本；反对工业化，反对都市的发展。他还指出一般从事乡村建设的人，往往认为乡村建设须从所谓“标准的乡村”着手。而所谓“标准的乡村”就是离大都市相当远而具有完整乡村特征的乡村，也就是没有受到大城市影响的乡村。中华平民教育总会选择定县为实验区，山东乡村建设研究院选择邹平为实验区，都是上述原因。这种选择，恰恰成为实验失败的重要原因。他认为乡村建设运动的进行，应该“以工业为前提，以都市为起点”。这种主张正是城市化派的主张，而与乡村建

① 邹树文：《农村建设之我见》，《教育与民众》1935年第6卷第7期，第1209页。

② 邹树文：《农业工业化》（上篇），《新民族周刊》1938年第19期，第4页。

③ 周葆儒：《乡村建设工作的检讨》，《教育与民众》1936年第8卷第1期，第11页。

④ 林宗礼：《乡村建设工作人员应有的反省及努力》，《教育与民众》1936年第8卷第1期，第33页。

⑤ 陈序经：《乡村建设的途径》，《当代评论》1943年第4卷第2期，第11页。

设派的主张迥乎不同。

北碚试验与民国时期的都市化派、乡村建设派都有所不同，其城镇化变迁是现代化诸多方面非常关键重要的一环，但不是全部。早在 1929 年，卢作孚就有关于乡村建设的明确、系统的阐述，而且在从峡防局、三峡实验区到北碚管理局的各个时期，北碚均有不少属于乡建范畴的活动。我们在研究过程中也充分注意到北碚试验中的乡村建设问题，但正如长期主持北碚地方行政的卢子英就曾经明确指出的那样：不应过于夸大乡村建设工作的目的和作用，因为乡村建设只不过是建设新农村的一大主力，并且只是复兴民族的一大帮助而已。① 这也是本书的主旨所在。

二、简要的学术回顾

北碚城镇化问题的研究，需要追溯到 20 世纪三四十年代。1949 年中华人民共和国成立后，北碚行政区域发生了巨大变化，相关研究一度中断。进入改革开放新时期后，相关研究又逐渐展开。

20 世纪三四十年代与北碚城镇化问题有关的学术成果主要是社会经济调查、地方志等。成立于 1932 年的中国政治学校地政学院，聘万国鼎等学者为教授。从 1932 年到 1942 年，该学院在萧铮主持下，招考有志于研究土地问题的大学毕业生为学员入院学习并从事研究工作。9 年间，先后被地政学院派出各地进行调查的学员有 168 人，撰写出研究论文 166 篇。② 调查报告和研究论文的总数，达 350 多册 ③。1977 年，台北成文出版社与美国资料中心合作，把这些资料以《民国二十年代中国大陆土地问题资料》为名全部影印出版。其中陈悫哉著《嘉陵江三峡乡村建设实验区

① 卢子英：《我们应该一齐努力乡建》，《工作月刊》第 1 卷第 1 期，1936 年 9 月，第 10 页。

② 萧铮：《〈民国二十年代中国大陆土地问题资料〉总序》，萧铮主编：《民国二十年代中国大陆土地问题资料》第 1 册，台北成文出版社 1977 年版，第 2 页。

③ 萧铮：《土地改革五十年：萧铮回忆录》，中国地政研究所，1980 年，第 66 页。

土地分配》、来元业著《北碚一带房租地租之研究》分别收录在该丛刊第72册和第74册。

陈壶哉的《嘉陵江三峡乡村建设实验区土地分配》，写成于1938年。该文原稿有230多页，分总论、地权分配、农场分配、土地转移习惯及业佃关系、结语计5章内容。该书记嘉陵江三峡实验区区长为卢作孚，是明显的错误。该书根据区署十万分之一地图及调查所得，记北碚辖区面积为900方市里（225方公里），也不准确。尽管如此，该书作为一项有关北碚的专题性调查和研究成果，仍为我们提供了许多非常独特、有用的历史信息，并在一定程度上为此后的研究开辟了道路。作者强调：三峡实验区矿产富裕，急应建设大规模工厂予以开发。① 作者把工业化当作解决峡区包括土地问题在内的农村问题的重要途径，而这一思路正是从峡防局到三峡实验区当局整个施政的重要出发点之一。

来元业的《北碚一带房租地租之研究》，完成于1939年。该研究涉及的地域范围以北碚镇市街6保为主，兼及北碚镇郊外镇南第9保熊家院、牌坊湾等新开辟的住宅区，镇西第20保的天生桥镇，镇北第31保的金刚碑镇，此外还包括属于北碚镇但不在北碚6保范围的新村。该项研究的对象是上述地域范围内的房租和地租，其中房租不论在镇在村均加以研究，地租部分则限于市地地租。该书关于北碚城市道路、城区、城郊、人口、房价、房租等方面的调查数据，十分详尽，为他书所未见。该项调查报告还为我们描绘了一个当时北碚城镇扩张的大致轮廓，即6保之外，城镇范围到调查时已经扩张到了当时的7、8、9、20、31保。从总体上看，这是一部从市地问题切入，调查和研究北碚城镇化问题的开拓性论著。

---

① 陈壶哉：《嘉陵江三峡乡村建设实验区土地分配》，《民国二十年代中国大陆土地问题资料》第72册，第38120—38121页。

1942 年国民政府社会部统计处在北碚举办社会概况调查，其目的在于深入了解农村和城市社会的真实情况，并以此作为制定社会政策和推动社会事业的依据。此项调查从当年 1 月开始，7 月结束。调查时不仅注意当时社会经济生活各方面的情况，还追溯历史的演变。在资料搜集上，以直接调查为主。调查结束后，经过 6 个月的统计分析，形成调查报告，发表在 1943 年 7 月《社会调查与统计》第 2 号。①

上述 3 项调查报告，为我们提供了关于三峡实验区时期的丰富资料。但 3 项调查报告也有明显的不足之处，如由于当时没能准确测量三峡实验区的确实面积，而是根据十万分之一地图测算，造成较大误差。由于实际面积被高估较多，致使人口密度数据也不可靠。

20 世纪八九十年代比较有代表性的著作当推卢国纪著的《我的父亲卢作孚》和唐文光、李萱华等人编的《卢作孚文选》、黄立人的论文《论“北碚扶植自耕农试验”》、杨光彦与刘重来主编《卢作孚与中国现代化研究》。卢国纪著《我的父亲卢作孚》1984 年由重庆出版社出版，是一部回忆与研究兼而有之的著作，其中以相当大的篇幅述及卢作孚与北碚的建设和发展，如“四川嘉陵江三峡的乡村运动”“北碚的新变化”“念念不忘北碚建设”等。唐文光、李萱华等人编的《卢作孚文选》1989 年由西南师范大学出版社出版，初步把卢作孚的文章、讲演、讲话等进行了整理，为研究相关问题提供了基础性资料。杨光彦、刘重来主编《卢作孚与中国现代化研究》是 1995 年在北碚举办的“卢作孚于中国现代化”学术研讨的论文选辑，其中杨淑珍《论卢作孚与北碚现代化建设》、赵伶俐《北碚，美的心灵的建造物》等论文就北碚现代化建设的相关问题进行了具有开拓性的初步探讨，论文作者注意到卢作孚在北碚实现其构想的努力中，“剿

① 李文海主编:《民国时期社会调查丛编・二编・城市（劳工）生活卷》（上），福建教育出版社 2014 年版。

匪”之外，接着就是整顿和美化北碚市容。[①] 黄立人的论文《论“北碚扶植自耕农试验”》详细考察和分析了抗战时期大后方土地和农村状况以及北碚扶植自耕农示范区筹备、创设的过程、政策、办法和措施，分析了取得成效的原因、局限等，[②] 是一篇开拓性的研究论文。

需要指出的是，1949 年以后，北碚管辖范围有很大的变化。1951 年，歇马乡、蔡家岗乡、童家溪乡从巴县划入北碚，转龙乡从璧山划入北碚。1955 年，戴家沟乡从江北划入北碚。到 1985 年底，北碚行政区辖 9 个街道和 15 个乡，面积达到 374 平方公里。[③] 现在的北碚是重庆主城九区之一，位于重庆母城的西北方向，幅员面积达 755 平方公里，常住人口 80 万人，辖 9 个街道、8 个镇，与民国时期北碚的管辖范围有极大的不同。政协北碚区委员会文史委员会从 1984 年开始编辑发行北碚文史资料，到 1999 年为止已经编辑发行了 10 辑。1989 年，重庆市北碚区地方志编纂委员会编纂的《重庆市北碚区志》由科学技术文献出版社重庆分社出版。1992 年，重庆市北碚区地方志编委会、西南师范大学校史编委会、乡村建设学院校史研究会编的《中国乡村建设学院在北碚》由西南师范大学出版社出版。这些资料、图书，均以 1949 年后北碚的行政区划为标准编辑和撰述。因此，原属于巴县的歇马，甚至一直属于合川的草街子古圣寺都被置于北碚范围。一些学者在相关论著中，受这类资料、图书的影响，也多把民国时期属于巴县的歇马场，属于合川的草街子古圣寺都置于民国时期北碚的辖区，沿袭至今，造成一定的混乱。

进入 21 世纪以来，卢作孚研究的成果迅速增加，并表现在论著、资

---

① 杨光彦、刘重来主编：《卢作孚与中国现代化研究》，西南师范大学出版社 1995 年版，第 264 页。

② 黄立人：《抗战时期大后方经济史研究》，中国档案出版社 1998 年版，第 256 页。

③ 重庆市北碚区地方志编纂委员会编：《重庆市北碚区志》，科学技术文献出版社重庆分社 1989 年版，第 1—5 页。

料、学术会议论文集等方面。其中特别值得注意的有凌耀伦与周永林主编的《卢作孚研究文集》、周永林与凌耀伦主编的《卢作孚追思录》、赵晓玲著《卢作孚的梦想与实践》、张瑾著《权力、冲突与变革：1926—1937年重庆城市现代化研究》、刘重来主编《卢作孚社会改革实践与中国现代化研究》、刘重来著《卢作孚与民国乡村建设研究》、侯江著《中国西部科学院研究》等。此外还有各种相关资料集的整理和出版。其中赵晓玲从人物研究的角度，以10万字的简要文字，对卢作孚先后主持的三项社会改造试验进行了初步的系统考察和研究。在该书的第二部分“北碚建设”中，作者考察了小三峡中的各项新兴事业，以及诸如端午节的民教活动等，认为到1937年，北碚已经发展成为一个现代市镇。① 刘重来认为北碚的乡村建设是以经济建设为中心，以交通建设为先行，以乡村城市化为带动，以文化教育为重点的“乡村现代化”建设模式。② 就北碚的乡村建设而言，该书称得上是开拓性的研究。但该书把城镇化、工业化、现代化均划入乡村建设范畴，却未必妥当。因为城镇化、工业化的发展导向与通常意义上的乡村建设发展导向，在发展的思路和建设的路径上到底是大异其趣的。张瑾在研究近代重庆城市史的过程中，把北碚的建设试验放在重庆城市化变迁的背景之下进行考察和研究，并用北碚模式概括卢作孚在北碚的一系列建设努力，认为“北碚的建设远远超越了乡村建设的内涵，是研究中国现代化的典型个案”③。这个结论值得重视，同时需要进一步加以论证。创建于北碚的中国西部科学院是学者们关注的又一重要研究课题，其中潘洵、侯江、侯德础、赵宇晓、陈益升、张黎、朱珠、赵国忠等的相关

① 赵晓玲：《卢作孚的梦想与实践》，四川人民出版社2002年版，第114页。

② 刘重来：《卢作孚与民国乡村建设研究》，人民出版社2008年版，第80—104页。

③ 张瑾：《权力、冲突与变革：1926—1937年重庆城市现代化研究》，重庆出版社2002年版，第321页；张瑾：《卢作孚“北碚模式”与20世纪二三十年代重庆城市变迁》，《中国社会历史评论》年刊，2005年版，第145—161页。

探讨值得重视。①

上述研究，从不同的维度对20世纪20—40年代的卢作孚与北碚试验进行了研究，为进一步系统深入研究北碚城镇化问题，奠定了重要学术前提。

三、本书的主要观点

本书力图从城镇化变迁的角度，对卢作孚兄弟主持的北碚试验做一个深入系统的研究。本研究涉及的北碚大体上有三个含义：其一是作为由乡场向城镇化变迁中的北碚。这个北碚就是文中经常提到的“北碚场”“北碚镇场上”“朝阳镇场上”“北碚市”，是北碚市街的所在地。其二是作为“乡”“镇”的北碚。无论是称为“北碚乡”“北碚镇”还是“朝阳镇”，实际上都包含北碚市街区和北碚乡农村部分。其三是治安区、自治单位和行政区的北碚。具体指江巴璧合四县特组峡防团务局、嘉陵江三峡乡村建设实验区、北碚管理局所辖区域。在下文的叙述中，我们会根据实际情况，尽可能准确地使用这些具有不同含义的名称。

本书的主要观点是，在北碚试验中，卢作孚和他的团队确实非常重视乡村建设问题，但卢作孚主导下的北碚试验是一个“创造现代集团生活”的试验。这个试验从一开始就以北碚场为中心，以创造现代化的生产区域、文化区域、游览区域为建设方向。这一以城镇化发展为导向的建设思路，借鉴了张謇建设南通的方法，受到日本在南满建设的某些启示和刺激，有感于中华职业教育社徐公桥乡村改良的难于维系，并因应客观环境

① 潘洵、彭星霖：《抗战时期大后方科技事业的“诺亚方舟”——中国西部科学院与大后方北碚科技文化中心的形成》，《西南大学学报》（社会科学版）2007年第6期，第178—184页；侯江：《抗战内迁北碚的中央地质调查所与中国西部科学院》，《地质学刊》2008年第4期，第317页；侯江：《中国人创办的第一家综合性自然科学博物馆——中国西部博物馆》，《自然科学博物馆研究》2019年第2期，第80—86页。

的变化，因地制宜，扬长避短，不断选择、不断探索作出的选择。由于在建设方式和方法上的正确选择，加上抗战爆发后客观因素的推动，北碚城镇化发展取得了显著的成绩。经过20多年的建设，北碚所辖区域的社会面貌发生了根本性的改变，不仅成为大后方和重庆最重要的煤炭工业基地，也不仅成为重庆附近著名的风景名胜区，还成为抗战时期大后方著名的科学中心和文化区。在区域内经济文化发生急剧变化的同时，北碚场发展为北碚市，成为一个在教育科学、经济发展、生态环境等方面具有鲜明特色的现代城镇。北碚市以及北碚管理局所属各乡镇组成的城镇体系，容纳了北碚管理局辖区内的大部分人口。农业在北碚管理局仍非常重要，但工业的重要性已经远远超过农业，成为区域内最重要的经济支柱。到20世纪40年代后半期，面积160平方公里的北碚，以北碚市为中心，以天府煤矿、大明染织厂为代表的现代工矿业，以北碚蚕种制造场（即四川省蚕丝改良场川东分场）、西山坪农场为代表的现代农业，以中国西部科学院、北碚科学博物馆、相辉文法学院、勉仁文学院为代表的科学、文化、教育事业，以青北公路、北温公路、澄温公路、嘉陵江水上运输及城乡电话、邮政为代表的现代交通、通讯事业，均获得显著的发展。放眼全国，类似的情形并不多见。无怪乎有荣家企业智囊之称的薛明剑在抗战胜利返回无锡后筹划地方建设的时候，还主动向北碚管理局方面索要材料，以资学习、借鉴。北碚城镇化、工业化建设成就的取得，当然有抗战爆发后得益于内迁的客观有利因素，但更多的是北碚建设者建设方法选择的正确和人为努力的结果。事在人为，在北碚城镇化、工业化、现代化建设中，再一次得到生动的体现。

第 一 章

北碚城镇化的区域历史、社会和自然背景

民国时期北碚的城镇化变迁，发生在20世纪20年代中后期到40年代。这是中国社会从极度衰败，走向复兴的重要转折时期。北碚因为天时、地利、人和的机缘巧合，在这一时期中国城镇化的历史演进中，成为一个相当成功的典型个案。在考察北碚城镇化的历史变迁中，我们把北碚的历史、自然和时代环境，作为分析和论述的起点。

第一节　地名由来与北碚场镇

北碚的得名，照普通的说法，是与北碚庙嘴向嘉陵江上伸出江心那片被称为白鱼石的石梁有重要关系。

较早对北碚进行溯源探究的当属曾经长期担任北碚北温泉公园负责人的邓少琴。在刊于《北碚月刊》的短文《“碚”字音义》中，邓少琴说：今日常有以“碚”字音义相问者，由于字书不载，苦无以应。读清同治、光绪时人洪良品《巴船纪程》载陆游《入蜀记》有“荆门十二碚”及南宋诗人王十朋诗文有“荆门岩岫十二碚”，始知“碚”字读为“倍”。邓少琴又说：《巴船纪程》称岩石随水曲折为“碚”，而“北碚石梁突出江心，水随石传，曲折迂回，正如其形”，于此可知北碚“得名甚古，音存而义(意)

乃亡之矣。”① 邓少琴是最早把北碚得名与庙嘴江中石梁联系起来进行论说的现代学人。

曾任北碚修志馆馆长的方志学家傅振伦认为：“碚”字不常见，“碚”字见于可考载籍者可能以欧阳修作于宋景祐四年（1037）的《虾蟆碚》诗为最早。其次则是宋陆游《入蜀记》中提到的荆门十二碚。他还注意到清同治《璧山县志》卷五《武备志·关寨门》中关于金刚碚（现称金刚碑）的记载和史事。傅振伦断言：“北碚之名，起于鳖背，而原始难考。”② 所谓“鳖背”，就是前文所说的白鱼石石梁，由于文不雅训，人罕提及。

傅振伦还曾论及北碚场的由来。在《北碚志·古迹古物志》中，傅振伦说：北碚场场址，明代在义和场，清前期迁到了石龙庙，其后又迁到双柏树，称为雨台寨。清中叶嘉庆年间迁到杜家街称为龙门场，最后迁到北碚场。北碚场在巴县西山余脉山脊，③ 通常称西山为马鞍山。

傅振伦关于场市所在地迁移的论述，大约来自北碚当地的传说。为撰写《北碚聚落志》曾经作过详细实地调查的孙承烈，认为上述传说未必可靠。在《北碚聚落志》的注释中，孙承烈说：杜家街的出现早于北碚场，可能与杜家街的地理位置比较接近向斜轴心有关。相传明代本区域的场镇在义和场，即雨台山寨的东坡一带，该地距北碚场约 8 里。明末战乱后，义和场衰竭，场市转移到杜家街。因此，杜家街开始设场，时间应该在清初。还有一种说法是，最早的场市在石龙庙，称石龙场。石龙庙与楼房岗间的岭岗，就是石龙场市的原址，楼房岗附近有猪市岗，就是古猪市。明

---

① 邓少琴：《“碚”字音义》，《北碚月刊》1937 年第 1 卷第 5 期，第 89 页。

② 傅振伦：《〈北碚志〉例目》，傅振伦：《傅振伦方志论著选》，浙江人民出版社 1992 年版，第 538 页。

③ 顾颉刚、杨家骆：《北碚志稿》，北碚图书馆编：《北碚图书馆藏方志珍本丛刊》第 4 册，中华书局 2018 年版，第 189 页。

末战乱后，此处场市转移到义和场。随后，场市又转移到杜家街。上述两种说法存在显著差异，石龙场与义和场的出现究竟孰先孰后，杜家街究竟于何时建场，都有待进一步考证。此外，还有一种观点认为义和场与石龙场同时产生。但孙承烈经过实地考察后认为：两地相距只有二三里，不应同时存在两个场市。因此，他在《北碚聚落志》中实际上回避了本区域内上述场市转移的问题，就事论事地叙述说：北碚位于嘉陵江右岸，介于嘉陵江三峡的温塘峡与观音峡之间。此处其地势较高，高出冬季江面 20 米。北碚有马鞍山，高出江面 70 米以上。马鞍山是坚硬的白垩纪砂岩所造成，自西向东，绵亘成岭。延至江边后，被江流所切割，成为岩石阶地而深入江心，俗名白鱼石。白鱼石平时露出水面，遇洪水则被淹没。川语“凡石梁之伸入江心者曰碚”，这就是北碚名称的由来。江流受白鱼石的阻挡，东折流向东阳镇。白鱼石下形成一片较为开阔的水湾，川语称为沱，北碚即位于沱畔。沱中水流平缓，过碚而行驶上下行的木船，“莫不寄碇于此焉”。①

查乾隆《巴县志》卷二《建置志》中有“白碚镇”的记载。②20 世纪 80 年代编纂出版的《北碚区志》认为这是有关北碚场的早期记载。③但实际上，当时四川的镇和场是不一样的，“镇”的军事属性较为明显，“场”的商业属性更加明显。这应该就是为什么在清乾隆中期产生白碚镇，之后才出现北碚场的原因。《北碚土地利用志》也认定：“自清嘉庆年间杜家街之场市移至北碚。”④从北碚曾经有广东会馆、福建会馆、湖北会馆、黄州

① 孙承烈：《北碚聚落志》，《地理》1945 年第 5 卷第 3、4 期合刊《北碚专号》，1948 年 9 月刊，“聚落”第 4—15 页。

② 王尔鉴修，王世沿等纂：《巴县志》卷二《建置志》，清乾隆二十六年刻本。

③ 重庆市北碚区地方志编纂委员会编：《重庆市北碚区志》，第 10 页。

④ 钟功甫、刘培桐：《北碚土地利用志》，《地理》1945 年第 5 卷第 3、4 期合刊，“土地利用”第 15 页。

会馆、江西会馆、陕西会馆等建筑的情形看，① 这里在清代中期有过相当程度的繁荣。一些晚近的调查也确实表明：北碚场（即后来的北碚市区）在峡防局成立前，“是商业繁盛的镇市，是峡区一带的经济首脑”。② 通常说到北碚，实际上专指北碚场而已，是“巴县之重镇”。③ 北碚场的场期在旧历 2、5、8 日，大致三天有一个场市。

值得注意的是，北碚原属巴县，在北碚兴起和发展过程中，重庆作为长江上游最主要的港口城市也发展迅速。重庆城市的现代化发展，对于作为巴县辖区的北碚不能不产生巨大深刻的影响，北碚与重庆具有不可分割的关系。

第二节　北碚政区的由来

1942 年 3 月北碚管理局成立，其管辖的嘉陵江小三峡两岸五个乡镇分别来自相邻的江北、巴县、璧山。从历史上看，“江、璧、合皆巴地，且省置无恒”。④ 尽管这一划分引起了邻县的一些不满，但管理局还是如期成立。从政治上看，从峡防局、三峡实验区到北碚管理局，经过了三次较大的变动，作为一个县级行政单位的北碚管理局才得以产生。值得注意的是，作为场镇或城镇的北碚，则自始至终是该区域发展、演变的中心所在。

---

① 孙承烈：《北碚聚落志》，《地理》1945 年第 5 卷第 3、4 期合刊《北碚专号》，“聚落”第 15 页。

② 社会部统计处：《北碚社会概况调查》，《民国时期社会调查丛编·二编·城市（劳工）生活卷》（上），第 341 页。

③ 来元业：《北碚一带房租地租之研究》，《民国二十年代中国大陆土地问题资料》第 64 册，第 33282、33289 页。

④ 傅振伦：《〈北碚志〉例目》，傅振伦：《傅振伦方志论著选》，浙江人民出版社 1992 年版，第 539 页。

一、初期峡防机构

嘉陵江小三峡地区一水贯通上下，四围丛山深阻，自成一地理区域。由于分属四川省江北、巴县、璧山、合川四县，在进入民国后特别是四川陷入军阀割据的局面下，这一带就成为四县政府控制特别薄弱的一个区域。连年内战，导致民不聊生。没有生路的贫苦青壮男子，无奈铤而走险，沦为土匪。嘉陵江小三峡两岸群山蜿蜒，处于四县行政管辖边缘，政令难以到达。同时，嘉陵江小三峡又是重庆、合川间甚至是渝蓉间水上交通要道。匪徒在此设立关卡，任意抽税，特别是利用温塘峡峡口狭窄之便，拦截过往商船，肆意抢劫、绑票，致使行旅、客商视小三峡为畏途。鉴于匪患滋扰，小三峡区中稍有财力之家，纷纷迁居城市或峡区之外。这种情形延续多年，地方士绅忍无可忍，联络协商整治匪患的办法。1918—1919 年间，东川道尹王陵基令委周宝箴、王锡五成立峡防营，以北碚场为驻地，峡中其他各场自由参加联防。联防的大致范围，从合川南津街起，到巴县磁器口止，长约 200 余里。峡防营的联防区域有 39 个场镇，大过后来三峡实验区、北碚管理局约四五倍。由于防匪、剿匪的需要，北碚“遂成川东重镇”。①1920—1921 年，四川陆军第 1 军第 6 师师长石青阳委任该部军法处长吴象痴（江北县蔡家人）为峡防司令。吴象痴率队与匪交战数十次，以嗜杀著称。吴象痴且在庙嘴文昌宫后修建了一座碉堡，作为办公处所。②1922 年川军第 2 军军长杨森委任所部团副卢诚（即卢尔勤，卢作孚三弟）为峡防司令。③

---

①　傅振伦：《〈北碚志〉例目》，《傅振伦方志论著选》，第 536 页。

②　顾颉刚、杨家骆：《北碚志稿》，《北碚图书馆藏方志珍本丛刊》第 2 册，第 397—398 页。

③　《三峡小志》，嘉陵江三峡乡村建设实验区北碚月刊社编印：《三峡游览指南》，1938 年 12 月，第 2 页；卢国模整理：《卢尔勤回忆卢作孚》，转自张守广：《卢作孚年谱长编》，中国社会科学出版社 2014 年版，第 73—74 页。

卢诚担任峡防司令时，在峡区的北碚、盐井溪、乾洞子设卡征收过道船挑捐，其中碚卡、盐卡各置验卡经收员2人，乾卡置1人。这种设置，为后来峡防机构援例征收的根据。①1923年上半年，秦汉三旅长驻峡，自任峡防司令。②10月，江巴璧合四县绅民协议改组成立江、巴、璧、合四县特组峡防团练局（通常简称“峡防局”）。③

二、峡防局

峡防局成立于1923年10月，四川督军熊克武任命合川县团总胡南先、巴县北碚富绅熊明甫任正副局长，④局址设巴县北碚场。最初的峡防局章程据称是模仿合川名绅张森楷华防局章程而来，只是这两项章程全部遗失，⑤不得其详。实际上，华防局章程也好，峡防局章程也好，都不一定完备。卢作孚后来说：峡防局初成立时，一切幼稚得可怜，连办公室都没有，“当时只在碉楼上办公”。⑥成立峡防局的目的非常清楚，就是负责四属39个乡镇的“剿匪”。峡防局的成立，使北碚从嘉陵江小三峡的一个普通乡场一变而为峡区内的军事重镇。之所以把峡防局局址设于北碚，是因为这里地处渝合两地的中点，便于团队的指挥调动，在剿匪上可收指臂之效。

峡防局成立之初，经峡区团绅会议议决，各县成立峡防团练丁队一个大队，另编民团预备丁若干大队，以备辅助。此种场区常练武装，巴县驻

① 顾颉刚、杨家骆：《北碚志稿》，《北碚图书馆藏方志珍本丛刊》第2册，第9页。

② 庄泽宣：《陇蜀之游》，第152页。

③ 《三峡小志》，嘉陵江三峡乡村建设实验区北碚月刊社编印：《三峡游览指南》，1938年12月，第2页。胡南先、向靖庥：《合川县文献特刊》第1辑，《北碚图书馆藏方志珍本丛刊》第1册，第21页。

④ 胡南先、向靖庥：《合川县文献特刊》第1辑，《北碚图书馆藏方志珍本丛刊》第1册，第21页。

⑤ 顾颉刚、杨家骆：《北碚志稿》，《北碚图书馆藏方志珍本丛刊》第2册，第9页。

⑥ 卢作孚：《五年来的经过》，《嘉陵江日报》1932年2月17日，不分版页。

北碚，江北驻二岩，璧山驻澄江，合川驻沙溪庙，其余分驻各场要隘。经费来源为就地筹措，不久又由峡防局划分煤铁纸捐，作为辅助来源。后为统御方便，各县成立区队，而大队仍为其中坚。直到 1931 年 4 月，由于峡区匪患已经基本解决，场区各大队相继解散。

在四县各场民团之外，胡南先创设峡防局常练大队。此种常练队在 1923 年初创时，仅 40 名队员，设队长、教练各 1 人，统率训练。1924 年 8 月，常练队增加到 100 名，并增设教练长 1 人。1925 年，峡防局成立常练第 1 大队，设大队长、教练长、大队附、军需员书记、候差员各 1 人。各中队部设中队长 1 人、分队长 3 人，司务长、见习生各 1 人。1926 年 5 月，还一度改弁兵为手枪队，置队长 1 人。7 月废手枪队名目，仍归常练队训练。当时峡防局甚至还设有第一、第二两个修械厂，处理枪械修造并统制峡区内枪械修造买卖等事。①

胡南先任局长期间，"锐意经营，历大小数十战，匪风日敛，而峡防局根基于焉奠定"。② 在治理匪患、维持治安方面，草创时期的峡防局取得了显著成效，但与地方绅士关系紧张。1926 年春，璧山简绍雍等人以私嫌呈控撤销峡防局。4 月 18 日，峡区"开峡江团务会议，呈准保留，是为一大波浪"③。在被人联名控告的情况下，胡南先于 1926 年 12 月中旬辞职，同时推荐卢作孚自代。④

1927 年 2 月 15 日，卢作孚接受峡防团练局局长任命，抵达北碚。⑤16 日，胡南先交卸局长职，卢作孚到任，副局长熊明甫留任，管辖的治安区

① 顾颉刚、杨家骆：《北碚志稿》，《北碚图书馆藏方志珍本丛刊》第 2 册，第 10—11 页。
② 顾颉刚、杨家骆：《北碚志稿》，《北碚图书馆藏方志珍本丛刊》第 2 册，第 5 页。
③ 顾颉刚、杨家骆：《北碚志稿》，《北碚图书馆藏方志珍本丛刊》第 2 册，第 5 页。
④ 顾颉刚、杨家骆：《北碚志稿》，《北碚图书馆藏方志珍本丛刊》第 2 册，第 5 页；四川省合川县地方志编纂委员会编纂：《合川县志》，四川人民出版社 1996 年版，第 739 页。
⑤ 周开庆：《卢作孚传记》，台北：川康渝文物馆，1987 年版，第 7 页。

域缩小为20多个场。① 后来卢作孚说此时的北碚，一是治安不可靠，二是市容很难，三是无工作人员。② 卢作孚出长峡防局后，一方面呈准国民革命军第21军司令部，遵《惩治盗匪暂行办法》处理盗匪案件，③ 整顿团练武装清剿土匪，一方面训练人才建设北碚，并取得显著的成效。但是峡防局这样一个以治安为主要职责的临时性自治机关，难以适应峡区治理中标本兼治的需要。因为峡防局主要为治安而设，其主要任务在峡区的治安，不是行政机关，"事业推行之困难亦可想矣"。④ 为谋峡区事业的持续发展，卢作孚于1936年春呈请四川省政府把峡防局改组为嘉陵江三峡乡村建设实验区（以下简称"三峡实验区"）。

三、三峡实验区

1936年4月1日三峡实验区署正式成立。根据训令，三峡实验区以北碚、文星、黄桷、二岩、澄江五个乡镇为实验区域。三峡实验区的5个乡镇中，北碚乡原属巴县，地处三峡实验区辖境西北角；文星乡、黄桷镇和二岩乡（白庙乡从前分属文星、黄桷）原属江北县，地处三峡实验区辖境西边；澄江镇原属璧山县，在三峡实验区辖境东北角。因此，三峡实验区四周与上述三县邻界，只有西北角有一段地属于合川县。从三峡实验区整个范围看，东方是江北县静观乡、土沱镇和巴县蔡家乡；南方是巴县歇马乡；西方是璧山县临江乡、八塘乡和转龙乡；北方是合川县草街乡和江北县土主乡。上述5个乡镇的面积，由于此前没有举行过精确的土地测量，所以并无可靠的数字。三峡实验区当时根据1936年编组保甲时

① 卢作孚：《在通络画报社黄葛场开幕式上的演讲》（1929年6月20日），项绵熙编：《民国时期嘉陵江三峡地区演讲集》，人民日报出版社2017年版，第14页。

② 卢作孚：《我们要"变"，要"不断地变"》，《嘉陵江日报》1943年10月4日，第4版。

③ 顾颉刚、杨家骆：《北碚志稿》，《北碚图书馆藏方志珍本丛刊》第2册，第52—53页。

④ 顾颉刚、杨家骆：《北碚志稿》，《北碚图书馆藏方志珍本丛刊》第2册，第6页。

用简易测量法估计的数字，估出全区面积为500平方公里，折合2000平方市里。这就是卢作孚后来提到的“这个地方不管怎样穷，怎样小，总有五百平方公里的区域”说法的由来。①1942年4月，北碚当局商请经济部中央地质调查所根据十万分之一的地图重新计算，所得结果是辖区面积为203.15平方公里，折合812.60平方市里。两项数字相差巨大。当时各方面认为：二者比较，后者出自专业人士之手，可靠性相对较高。国民政府社会部在进行北碚社会经济调查时，采用了后一种估计。②1943年3月到1944年5月，北碚地籍整理处邀请中国地理研究所对辖区面积进行实测和计算，③结论是北碚管理局面积为160平方公里。④这个结论，成为此后北碚管理局认可的权威数据。1945年，中国地理研究所郭令智在其撰写的《北碚地形志》中，说北碚管理局所辖范围，“南北最长处约十八公里，东西最宽处约十七公里，面积约一百五十八平方公里”⑤。这个数据，与北碚地籍整理处的实测结果一致，而且更加准确。至于辖区的人口，根据三峡实验区社会调查组1936年6月完成的北碚户口调查，全区人口65648人，流动人口如矿工、力夫未予计入。⑥

因抗战爆发，煤炭需求旺盛，文星乡煤产突增，白庙子为煤炭出产码头，商贸辐辏，日趋繁荣，人口增加，社会组织也相应渐趋复杂。1940

---

① 卢作孚：《我们要“变”，要“不断地变”》，《嘉陵江日报》1943年10月4日，第4版。

② 社会部统计处：《北碚社会概况调查》，《民国时期社会调查丛编·二编·城市（劳工）生活卷》（上），第237页。

③ 北碚地籍整理办事处编：《北碚地籍整理业务报告》，1944年9月，第1、4—6页，重庆图书馆藏。

④ 北碚管理局编印：《北碚旅游指南》，1944年版，第38页；北碚管理局编印：《北碚旅游指南》，正中书局1945年版，第2页。

⑤ 郭令智：《北碚地形志》，《地理》第5卷1945年第3、4期合刊，1948年9月出版，“地形”第1页。

⑥ 黄子裳、刘选青：《嘉陵江三峡乡村十年来之经济建设》，《北碚月刊》1937年1月第1卷第5期，第2页；叶静涵：《嘉陵江三峡乡村建设实验区概况》，《四川月报》1938年2月第12卷第2期，第3页。

年春，四川省开始推行新县制，三峡实验区也奉命实行。1940年夏，三峡实验区把黄桷、文星原辖地面各划出一部分增设白庙乡，乡公所设白庙子，① 辖区面积没有变化。

在三峡实验区中，北碚乡所辖面积相对较大，因为交通便利在管理上也无困难，但不符合法定乡镇大小规定要求。1941年春，根据四川省政府视导人员意见，三峡实验区把原北碚乡拆分为北碚镇、金刚乡、龙凤乡3个单位，其中新北碚镇管辖北碚市区及天生桥一带，金刚乡管辖金刚碑及缙云山一带，龙凤乡管辖观音峡及龙凤山一带。金刚乡与澄江镇以缙云山脉为界，金刚乡与北碚镇以马鞍溪为界，龙凤乡与北碚镇以龙凤溪为界。由于经费原因，金刚、龙凤两乡到1942年夏尚未设立乡公所，行政事宜仍由北碚镇及由北碚镇改名而来朝阳镇公所兼理。②

1937年7月全面抗战爆发后，三峡实验区区署日常工作中增加了组训民众、办理兵役、慰劳抗属等战时职能。1939年重庆遭受日机大规模轰炸后，北碚被划入迁建区。随着数量颇多的机关学校纷纷迁来，北碚地区的人口数量迅速增加。加上战时重庆工业的兴起以及城市人口的增加，北碚煤业由于需求日增而日趋兴旺。北碚社会受到这种全般的刺激，行政方面的重要性进一步增加。1942年2月中旬，四川省政府下达命令到三峡实验区区署，限令于3月1日成立北碚管理局（以下简称“管理局”）。③

① 社会部统计处：《北碚社会概况调查》，《民国时期社会调查丛编·二编·城市（劳工）生活卷》（上），第247页。

② 社会部统计处：《北碚社会概况调查》，《民国时期社会调查丛编·二编·城市（劳工）生活卷》（上），第248页；顾颉刚、杨家骆：《北碚志稿》，《北碚图书馆藏方志珍本丛刊》第1册，第408页。

③ 社会部统计处：《北碚社会概况调查》，《民国时期社会调查丛编·二编·城市（劳工）生活卷》（上），第246—247页。

四、北碚管理局

北碚管理局于1942年3月1日在三峡实验区区署原址举行成立典礼，局辖区域和负责人员仍旧。从此，北碚正式成为一个县级行政单位，从而进入新的历史阶段。

北碚管理局境辖区的地理范围，与三峡实验区完全一致。为避免名称上的混乱，管理局成立前夕，北碚镇改称朝阳镇。这样，北碚管理局辖区就形成朝阳镇、黄桷镇、澄江镇、文星乡、白庙乡、金刚乡、龙凤乡、二岩乡三镇五乡的格局。朝阳镇、金刚乡、龙凤乡原属巴县，在县境的西北角；文星乡、黄桷镇、二岩乡、白庙乡原属江北县，在县境西边；澄江镇属璧山县，在县境东北角。北碚的四周与上述三县邻界，只有西北角一段地原属合川县。从北碚疆界看，东边是江北县静观乡、土沱镇和巴县蔡家乡，南边是巴县歇马乡，西边是璧山临江乡、八塘乡和转龙乡，北边是合川县草街乡和江北县土主乡。① 正如一篇文章中说的那样：“它（北碚）是全国行政区域中，仅有的一个管理局。……若从北碚地图上看去，宛如一片很不完整的梧桐叶。嘉陵江是它的叶茎，几条小河，便是它的叶脉。北碚在地理上，和四川一般没有多少不同。除煤炭的生产，嘉陵江的交通，和北温泉的风景，天然给地方经济添了一点帮助以外，其余简直没有什么特殊之处。但是在政治上，却有其他地方比不了的长处。” ②

20世纪40年代初，国民政府社会部统计处曾在北碚进行过系统的社会调查，发现这里有三个北碚。③ 这三个北碚分别是：一个是北

---

① 因为地形的不规则，这里所说的方向，不能完全准确。

② 沙江：《传习教育在北碚》，《嘉陵江日报》1948年5月1日，第2版。

③ 社会部统计处：《北碚社会概况调查》，《民国时期社会调查丛编·二编·城市（劳工）生活卷》（上），第235—236页。

碚场上或朝阳镇，这是城镇化的北碚；二是北碚乡，这是农村形态正在消亡、城市形态正在增长的北碚；三是北碚是三峡实验区及北碚管理局辖区。

第三节 自然条件

尽管不是决定的因素，但自然条件在人类的社会活动确实有着重要的作用。北碚地处嘉陵江下游，境内的主要河流是嘉陵江，其余都是流向嘉陵江的小溪，民国时期北碚的几个乡镇都位于嘉陵江三峡的两岸。嘉陵江三峡的山川风貌、自然资源等基本状况，自然成为我们考察北碚城镇化、现代化历史变迁的逻辑起点。

一、山川形势

北碚境内有温塘和观音两背斜山地，以及澄江与北碚两向斜丘陵地，岩层大致呈东北西南走向，山脉丘陵也是东北东南连续成岭，嘉陵江贯切而过，形成峡谷。其中温塘峡内多处有温泉涓涓而出，善加利用后成为重庆附近名胜之区。①

北碚境内水系的主干是嘉陵江。嘉陵江有东西两源，其中东源出自陕西西南角，经阳平关入四川境，再经广元，到昭化与西源汇合，习惯上以东源为正源；嘉陵江西源出自甘肃舟曲县西北，经武都、碧口入四川境，到昭化与东源汇合，习惯上以西源为支流，又称白龙江。两源在昭化汇合后，到合川与渠江、涪江两河汇流，流量大增。从合

① 钟功甫、刘培桐：《北碚土地利用志》，《地理》1945 年第 5 卷第 3、4 期合刊，“土地利用”第 2 页。

川县盐井溪开始，进入嘉陵江小三峡。到江北县土沱镇出峡为止。[①]嘉陵江小三峡长约45公里，其中在民国时期北碚境内的部分约30公里。在冬春枯水季节，江岸沙滩和江心石礁露出水面；夏秋水涨时，江面随江水增加而增高。江水的深度变化很大，冬季水枯时，乘小轮船从重庆上行合川的旅客，则需要下船步行。重庆与北碚段，小轮船大致上可以通航无碍。这种大体上适于小轮船航行的水文条件，对于20世纪20—40年代北碚的发展具有十分关键的重要意义。合川就无法享受到这种便利，特别在冬季枯水季节，只能依靠木船运输。1926年7月23日，民生公司新建的民生轮第一次航行重庆合川间。之后，轮船航运就越来越方便。

嘉陵江流域巨流细支，江叉纷歧，两岸多崇山峻岭，形成万流汇注的态势。在洪水季节，合川以上嘉陵江上游涪江、渠江二水只要有一处支流涨水，则北碚境内江面水位就会大约增高1—2丈；如果两江同时涨水，则北碚境内水位加倍；若嘉陵江干流和两支流同时涨水，则北碚境内一定会发生严重的水灾。1920年和1934年的严重水灾，都是如此。如果嘉陵江上游三江涨水的同时，又遇到嘉陵江下游的长江同时涨水甚至发生长江洪水倒灌进嘉陵江的情况，那就要造成极为严重的水灾。清同治九年（1870）和光绪二十五年（1899）的两次特大水灾，即因此造成。因此，嘉陵江小三峡一带乡人，视江水一年一涨为常例。北碚境内较大的沟溪，朝阳镇为马鞍溪、龙凤溪，黄桷镇为明家溪。这些沟溪，通常夏季时有溪水或溪水较多，冬季则干涸或溪水较少。此外，宝源煤矿公司在20世纪30年代澄江镇开凿了一条从官斗石到河边堰河口的运河，长约3800多米，宽约20米，用于运送该

① 重庆市北碚区地方志编纂委员会编：《北碚自然地理》，西南师范大学出版社1986年版，第117页。

公司出产的煤炭。①

北碚境内及附近主要山脉均发脉于华蓥山。华蓥山属于小巴山脉的余脉，小巴山脉是横亘于秦蜀交界处的大巴山脉的分支。②华蓥山自米仓山向南延伸到嘉陵江下游的巴县、璧山之间，为重庆万县间长江北岸第一雄山，最高处1700多米。宝鼎高峰，是旧重庆府属15县的朝山圣地，山麓距北碚市90多华里。山如狮子形，西北面绝壁数千仞，较夔峡尤为雄伟。③

缙云山又名巴山，也叫相思岩，奇峰耸翠，风景秀丽，为川东名山。据著名森林学家郝景盛考察，缙云山上高等植物的种类，在千种以上。④此山最高处951米，横亘200余华里。山有九峰，由北到南分别为朝日、香炉、狮子、聚云、猿啸、莲花、宝塔、玉尖、石照。九峰林木茂盛，特别以香炉、狮子两峰尤其秀丽挺拔。狮子峰顶有巨石狰狞，宛若狮子头顶。俯望山麓，悬崖绝壁，令人心悸。1939年2月初，汉藏教理院太虚法师诸弟子为祝贺太虚50岁诞辰，在狮子峰最高处建太虚台。伫立太虚台上，北可眺望华蓥山，南可眺望歌乐、真武等山，全峡山川景物，尽收眼底。⑤

嘉陵江三峡位于嘉陵江下游，从地形上看，是四川盆地东南部褶曲山脉的一部分，因其受嘉陵江横切成为三峡而著名。四川盆地东南诸褶曲山脉，都是背斜所构成，走向上为从东北趋向西南。嘉陵江从北向南流，到

① 社会部统计处：《北碚社会概况调查》，《民国时期社会调查丛编·二编·城市（劳工）生活卷》（上），第239页。

② 来元业：《北碚一带房租地租之研究》，《民国二十年代中国大陆土地问题资料》第64册，第33289页。

③ 北碚管理局编：《北碚概况》，1949年10月，第56页。

④ 顾颉刚、杨家骆：《北碚志稿·北碚森林志》，《北碚图书馆藏方志珍本丛刊》第3册，第191页。

⑤ 北碚管理局编：《北碚概况》，1949年10月，第55页。

合川后，折向东南，横穿山脉，依次形成沥濞峡、温塘峡、观音峡，俗称头峡、二峡、三峡。三个峡口，相距大约各有 3 里。

从三峡实验区到北碚管理局，所辖区域除北碚镇为一小平原地外，“余均为山地，岗峦峥嵘，不宜种植。高山环绕四周，大雨后万流归宗，汇聚成溪，沿江两岸循势而下，俱入于江。流经温塘峡之尾，有鮀口。观音峡之首，有毛背沱，皆峡中大回水沱。遇水涨冲击成巨漩涡，木船难行。大时小汽船也为之停驶。惟为时一二日即退去”①。由于山川形势险要，北碚自古为“军事要冲”。② 同时，嘉陵江三峡中的温塘峡和观音峡均在北碚境内，又使这里成为嘉陵江流域风景最为优美的区域。一旦社会秩序安定下来，自然风景得到合理的开发和利用，峡区便会具有吸引人前来参观甚至居住的巨大潜力。

二、矿产资源

受地质结构特点的影响，嘉陵江小三峡一带煤炭资源的分布相当广泛，各山均有出产。著名的产煤区域，为文星场麻柳溪、芦梯桥、后峰岩、老龙洞、石荀沟等处，分别处于观音峡、沥濞峡和温塘峡。据当时四川地质调查所研究，华蓥山及各背斜全部煤储量约为 4.77 亿吨。其中，属于二叠纪者储量约为 392269600 吨，占该区总储量 80%，皆分布在观音峡。侏罗纪煤层储量约为 85283300 吨，约占总储量 20%。如果以各背斜山脉为单位，考察煤炭资源储量分布情形，则观音峡除以上所述二叠纪煤外，还有侏罗纪煤 14281000 吨，与二叠纪煤合计达 406550600 吨，占该区煤炭资源总储量 83%。其次是沥濞峡，有侏罗纪煤 34004200 吨，最后为龙王洞，有侏罗纪煤 6119800 吨。二叠纪煤层甚厚远胜于侏罗纪，凡二

① 来元业：《北碚一带房租地租之研究》，《民国二十年代中国大陆土地问题资料》第 64 册，第 33297 页。

② 北碚管理局编：《北碚概况》，1949 年 10 月，第 2 页。

叠纪煤层露出之处，便是煤业最盛之区。在小三峡地区，二叠纪露出之地以观音峡背狭为最广，所以这一带为小三峡煤业中心。由于嘉陵江小三峡两岸山势陡峭，煤炭资源的利用长期停留在分散、土法开采状态。加上煤炭产品为笨重而价廉的原料，其运输不便，运费竟占成本30%—70%。①运输成本高昂，成为嘉陵江小三峡煤炭业发展的巨大阻力。

峡区的矿产资源开发甚早，直接间接依赖矿产资源开发者数量巨大。②

三、耕地资源

北碚所在的嘉陵江小三峡地区，农田大多数都在白垩纪地带里面，多为紫色土，小部分为红棕色土。其中紫色土大致在海拔500米以下丘陵地带，土层厚薄不一，通常在20—100厘米。此类农田大部分得到耕种，土壤肥沃，利于作物生长。西山坪上高地有三种不同的土壤：一为黑沙泥，土质疏松，带黑色，富于有机质，适合农耕之用；一为死黄泥，黏性较强，只适合造林；一为灰色泥，缺乏有机质。沿嘉陵江的沙滩上还有一部分灰黄色的冲积土，冬季可以种植小麦和豆类，但是土层极薄，产量甚微。③

北碚管理局成立后，在国民政府地政署及四川省地政局的帮助和指导下，曾着手整理地籍、测量土地、登记土地、评定地价等项工作。通过地籍整理，统计全局土地面积共计239134亩，其中可耕地面积13万亩，稻田面积4.4万亩。以全局常住人口分配，人均耕地面积仅1亩有余。以农民约5万人计算，人均耕地面积不足3亩，每户不足18亩。显

① 林超：《嘉陵江三峡煤业地理》，《地理》1942年6月1日第2卷第1、2期合刊，第49—53页。

② 来元业：《北碚一带房租地租之研究》，《民国二十年代中国大陆土地问题资料》第64册，第33305页。

③ 社会部统计处：《北碚社会概况调查》，《民国时期社会调查丛编·二编·城市（劳工）生活卷》（上），第241页。

然，耕地过少，不能满足农户耕种需要。①北碚管理局时期，人地矛盾进一步突出，“山多田少，年产粮量，不足两月之需”②。国民政府统计部主计处在 1942 年调查后也得到结论说：北碚境内山脉绵延，平原甚少，致水田面积仅及旱地三分之一，加上因气候不良，旱象时现，“并非一良好的农业区域”。③

显然，北碚所在嘉陵江小三峡地区，农村和农业面对的耕地太少，时有旱涝灾害的发生。农业的改良，经济作物的种植，家畜的饲养，农村家庭手工业的提倡，都是缓解乡村经济和社会问题必须注意的问题。但是如果想通过单纯的乡村建设，发展和繁荣农业经济并使社会进步，显然非常困难。从根本上解决北碚所在的嘉陵江小三峡该地区经济发展和社会进步问题，必须进行艰苦的探索、试验和努力。

① 北碚管理局编：《北碚概况》，1949 年 10 月，第 15 页。

② 顾颉刚、杨家骆：《北碚志稿》，《北碚图书馆藏方志珍本丛刊》第 2 册，第 201 页。

③ 社会部统计处：《北碚社会概况调查》，《民国时期社会调查丛编・二编・城市（劳工）生活卷》（上），第 407 页。

第二章

峡防局与北碚城镇化的开端（1927—1936）

北碚管理局的成立，追根溯源，最初“起于峡防”。[①] 峡防局作为临时性治安机构，主要职责在于剿匪。不过，卢作孚没有局限于“剿匪”，而是在“剿匪”的同时，注重进行现代化建设。卢作孚说：“在我们初到峡的时候，就拟定了许多计划”，[②] 并依计划进行建设试验。后来在回顾这些建设试验的时候，卢作孚说：当时“因为负了嘉陵江三峡的治安责任，准备将那一个区域，布置经营成一现代乡镇的模型。”[③] 这是一件筚路蓝缕的开创性工作，“战胜困难多多”。[④]

第一节　卢作孚关于北碚试验的主要论述

卢作孚出任峡防局局长时 34 岁，在社会上已经摸索了 14 年，初步形成了一套基层社会治理的理念。担任峡防局局长期间，卢作孚的社会

---

① 傅振伦：《〈北碚志〉例目》，《傅振伦方志论著选》，第 542 页。

② 卢作孚：《过去一年中所做的事》，《嘉陵江》1929 年 1 月 9 日，无序号。

③ 卢作孚：《一桩惨淡经营的事业——民生实业公司》，《卢作孚全集》第 3 卷，人民日报出版社 2016 年版，第 1147 页。

④ 卢作孚：《五年来的经过》，《嘉陵江日报》1932 年 2 月 17 日，不分版页。

治理理念在建设实践中得到进一步完善。卢作孚地方治理理念的基本点是：以城镇化建设为中心，以发展生产、改善民生为根本，推进峡区的发展和进步。

一、早年经历与市村经营设想

卢作孚所受正规教育只有小学程度，但勤奋自学，读书甚多。清末四川保路运动爆发时，身处运动旋涡成都的卢作孚，目睹保路运动过程中的种种社会乱象，对于暴力革命的惨烈有痛彻的观察，产生了强烈的拒斥情绪。① 同时，他对于在四川推进社会改良、创办诸多现代事业的周孝怀以及立宪派人物蒲殿俊、保路同志会的张澜等人则十分推崇。民国初年，他还到南通拜会过张謇。他得到合川蚕桑公社创办人张森楷的赏识，还应张森楷的邀请，参加了《民国合川县志》的编纂。

卢作孚早年主要从事教育和新闻工作。作为青年知识分子，卢作孚于1920年底上书驻扎泸州并有一定新思想的四川军人杨森，陈述自己的社会改造主张。他在上书中提出：政治改革应从教育入手，建议杨森设立专门机构延揽人才。卢作孚的上书和建议，引起杨森的重视。杨森后来回忆说：卢作孚建议“深获我心”。② 杨森邀卢作孚到泸州会面，双方“约谈洽欢”。之后，应杨森之邀，卢作孚到泸州任永宁道尹公署教育科科员。不久，杨森以卢作孚“谙练有识，劲气内敛”，③ 特聘他担任道尹公署教育科长。由此，卢作孚有了施展平生抱负的重要舞台。

1920—1921年，杜威、罗素先后应邀来华讲学。正在川南从事新文

---

① 卢作孚说：“革命不是一时的冲动，说得好听，是要计划的继续努力。在民国十六年，个人在二十一军的一个研究班里上课，曾提过这问题：在革命高潮中，人人讲革命，请观察我，我是不讲的。”见《卢作孚全集》第3卷，第942页。

② 周开庆：《卢作孚传记》，第6、22页。

③ 杨森：《九十忆往》，台北龙文出版社1990年版，第49页。

化运动的卢作孚密切关注着两人讲学的动态，他不仅接受了杜威的进步主义教育主张和试验观念，而且深受罗素社会改造思想的影响，① 进一步坚定了从事社会改造的人生选择。通过友人的联络，卢作孚聘请恽代英到川南师范学堂任教，并通过恽代英等人的介绍，在川南加入少年中国学会，② 成为这个全国性青年知识精英群体的一员。后由于杨森在四川的军阀战争中失利退出泸州，卢作孚积极从事的新川南建设无奈中途夭折。作为川南社会改造的经验总结，卢作孚于 1923 年写下了《局部改造以模范全局》一文，③ 即《一个根本事业怎样着手经营的一个意见》。该文强调经营事业的根本方法是“大处着眼，小处入手”。④ 尽管该文是一篇建言性的文章，但我们可以从中感受到卢作孚关于创业、建设、试验的基本思路以及既有梦想又立足现实的踏实作风。

1924 年春，率部占领成都的杨森，罗织人才，“厉行新政”。⑤ 其新政措施包括修马路、开辟公共体育场、创办市立通俗教育馆、提倡朝会等项。其中成都市市立通俗教育馆由卢作孚负责。3 月下旬，在卢作孚主持下，成都市市立通俗教育馆修缮房屋、添置设备、添筑道路、布置风景、增辟运动场等项工程全面展开。经过卢作孚的几个月努力，到 8 月初成都市市立通俗教育馆筹建工作，包括博物馆、图书部、体育部、音乐部、出版部、新剧部、讲演部、游艺部等基本完成，整个馆区布置精当。而通俗教育馆筹建期间，建设事务无论大小都由卢作孚躬亲指导，不畏劳苦，不避嫌怨，“卒使一片荒凉之地，乃一变而为锦绣之场”。⑥ 后来，卢作孚把

① 卢作孚：《自述》，《卢作孚全集》第 3 卷，第 1396—1397 页。
② 《少年中国学会消息：四川会员近况》，《少年中国》第 3 卷第 7 期，1922 年 1 月，第 62 页。
③ 黄立人主编：《卢作孚书信集》，四川人民出版社 2003 年版，第 144 页。
④ 卢作孚：《一个根本事业怎样着手经营的一个意见》，《卢作孚全集》第 1 卷，第 35 页。
⑤ 杨森：《九十忆往》，第 50 页。
⑥ 林恕：《成都市市立通俗教育馆周年报告叙》，《成都市市立通俗教育馆周年报告》，1926 年，“叙”第 11 页。

经营成都市市立通俗教育馆的一套办法，称为他主张的创造现代集团生活的第一个试验。可惜的是，杨森在1925年夏的军阀战争中失败退出成都，使卢作孚顿失依凭。

卢作孚没有气馁，决心另起炉灶。在其负责经营成都市市立通俗教育馆的后期，他不仅开始谋划创办实业，而且撰写了一份社会改造的计划书——《两市村之建设》。该项计划书分在合川办试验市和在北碚办试验村两个部分，其中的设想尽管在合川碰了壁，但在北碚的建设试验中得到了切实体现，并取得了显著的成效。

二、经营峡区经验的初步总结

1929年4月，卢作孚出长峡防局已经两年。为此，峡防局对两年的经营进行了初步总结，并编印出《我们两年来的经营》。9月，在《我们两年来的经营》基础上，峡防局又编印出《两年来的峡防局》。10月，四川省江北县自治研究所又刊出卢作孚在该所的讲演稿《乡村建设》。该讲演稿可以被看作《我们两年来的经营》的姊妹篇。

《我们两年来的经营》分“我们做些什么”“我们的生活”“我们两年来的经营”三个部分以及附录“三峡可以经营的地方产业”。其中“我们做些什么”中明确表示：我们的工作，是希望从这社会的黯淡中“开辟出一条光明平坦的生路来”，希望“把三峡经营成一个灿烂美妙的乐土，影响到周围的地方，逐渐都经营起来，都成为灿烂美妙的乐土。”①“我们的生活”责任包括办事、讲学、游戏、集会、饮食起居等，实际上是后来卢作孚所说的“创造现代集团生活”的实际情形。②“我们两年来的经营”包括交通、教育、实业、卫生、团务、地方治安、市政、公共娱乐、社

① 江巴璧合四县峡防团务局编：《两年来的峡防局》，1929年9月，第1—2页，北碚图书馆馆藏。

② 江巴璧合四县峡防团务局编：《两年来的峡防局》，第13页。

会调查等方面的建设工作。“三峡可以经营的地方产业”包括煤业、水力、水泥、纸厂、森林、织造业、玻璃厂等，是准备大力发展的现代产业。可以看出，这是一个基于地方自然条件，又力图挣脱自然条件束缚的雄心勃勃的区域现代化建设的探索、实践和初步发展规划。这一探索、实践和规划，注重从精神、组织、合作、能力等方面对人进行集团生活的训练，注重从煤业、水力、水泥、纸厂、森林、织造业、玻璃厂等方面发展现代工业，注重从交通、教育、实业、卫生、团务、地方治安、市政、公共娱乐、社会调查等方面进行城镇化、工业化建设并推动社会进步。

在注重城市化、工业化的同时，针对四川特别是嘉陵江三峡地区农村经济破产的状况，卢作孚明确提出了“乡村建设”的概念，并进行了系统论述。1929 年 10 月，重庆江北县自治研究所刊出了卢作孚在该所的讲演稿《乡村建设》。① 该讲演分 8 章，分别为建设的意义、乡村地位的重要、乡村的教育建设、乡村的经济建设、乡村的交通建设、乡村的治安建设、乡村的卫生建设、乡村的自治建设。在此时的卢作孚看来，乡村建设包括教育建设、经济建设、交通建设、治安建设、卫生建设 5 个大的方面，5 个方面综合起来说到底是建设秩序的问题。既然乡村的人民不能自治，建设的责任自然要由乡村之外的力量充任承担者，而承担秩序建设重担的人或机构怎样去经营，怎样去组织就成为关键问题。其中，人的训练，谁来训练，怎样训练，又是最核心的关键问题。不过，我们也应该注意到，卢作孚此处所讲的乡村建设，与后来梁漱溟、晏阳初乃至于全国其他各处乡村建设的根本差异在于，卢作孚所讲的“乡村建设”说到底只是全面社会改造、经济建设中的一环。

---

① 卢作孚：《乡村建设》，重庆江北县自治研究所，1929 年 10 月 1 日刊。后来卢作孚作过《乡村建设概要》《乡村建设》等讲演，于此文结构、内容同。只有极少的变动。

三、经营峡区理念的逐步形成

尽管峡防局和卢作孚在1929年对峡区的经营问题进行了初步的总结。不过，经营的方法、方向是否正确，峡防局和卢作孚似乎并不敢过分肯定。卢作孚之子卢国纪说：当时，包括民生公司的发展，川江航业的整顿，北碚地区的建设，都到了关键时刻。如何规划，如何决策，如何更好地推动事业前进等问题已经相当突出。于是卢作孚决定出川考察，“带着问题出去，求得办法回来”。① 考察的设想产生于1929年，组团成行则在1930年春。考察团由北碚峡防局、北川铁路公司、民生公司等各方面人员组成，全部成员不到10人。1930年3月8日，考察团从重庆出发。8月21日，考察团返回重庆。

这次出川考察耗时5个月零13天，参观的主要区域按照考察的先后分别是华东的江浙沪，华北的青岛、东北以及华北的平津。卢作孚出川考察过程中，“深感峡局之事业要图巩固，只有自造生产事业。”② 因此，考察团到沪后，就订购了一批染织机器运川，并采购了各种科学仪器、药品、意大利鸡种、法国梧桐树苗等。③ 在东三省的考察中，卢作孚认为日本人侵略满蒙最厉害的两个武器是满铁殖产部所属的满蒙资源馆和中央试验所。④ 青岛和东北考察使卢作孚感到“日本则方进取未已，为东北最可顾虑的问题”⑤。参观中卢作孚一方面对于德国人特别是日本人在中国的土地上锐意经营感到惊讶，另一方面对于诸如沈阳偏僻街市中“道路积满灰尘，任风飞扬；秽水、秽物，点缀左右，任他奇臭。人则局促于破烂的房

① 卢国纪：《我的父亲卢作孚》，人民出版社2014年版，第104页。
② 《三峡染织工厂业务概况》，《嘉陵江日报》1931年1月22日，无版页序号。
③ 周永林、凌耀伦主编：《卢作孚追思录》，重庆出版社2001年版，第467页。
④ 卢作孚：《东北游记》，《民国史料丛刊》第806册，第286页。
⑤ 卢作孚：《东北游记》，《民国史料丛刊》第806册，第291页。

屋里，衣服面目亦同周围环境一样不肯讲究”等习以为常的苟且情形则感到极为痛心，深感东北的地方政治“同中原一样腐败”。[①] 他的结论是：“最要紧的办法是自己起来经营，才能灭杀日本人的野心。”[②] 从考察归来后，有人问卢作孚：“你要把北碚建设成‘南通’吗?”卢作孚回答说：“与其说我要把北碚建设成南通，不如说我要把它建设成‘南满’。”[③]

卢作孚有一个庞大宏伟的工业梦想。1931 年 7 月，卢作孚在北碚与到访的友人谈到，“他要使三峡工业化，大量的生产。”[④] 如采煤，造纸，利用水力发电，生产水泥，造成大森林，制造玻璃和其他器皿，创办大规模的丝棉织厂，把年值四五百万元的 20000 包以上的棉纱和价值几百万元的丝，制成适用市场需要的成品。

徐公桥乡村改进实验区的困难和移交对卢作孚深入思考和调整峡区经营理念，也是一个重要的刺激性因素。徐公桥是一个有 52 户居民，311 人的江南农村小市集，属江苏省昆山县第三区，位于安亭镇西 3 里。[⑤]1926 年 10 月，中华职业教育社与东南大学农科、中华教育改进社、中华平民教育促进会合组徐公桥乡村改进实验区，旨在进行乡村改进实验，1927 年春一度停办。1928 年 4 月，该试验区该由中华职业教育社独立承办，预定试验期 6 年，到 1934 年 6 月期满。在徐公桥试验的 6 年间，中华职业教育社为该试验区筹款 17308 元。若考虑全部经费，则 1933 年全年经费预算即达 25500 元。[⑥] 有人指出徐公桥乡村改造实验是“特制式乡村建

---

① 卢作孚：《东北游记》，《民国史料丛刊》第 806 册，第 221 页。

② 卢作孚：《东北游记》，《民国史料丛刊》第 806 册，第 196 页。

③ 中国民主建国会重庆市委员会、重庆市工商业联合会文史资料工作委员会编：《重庆工商史料》第 3 辑《重庆工商人物志》，重庆出版社 1984 年版，第 106—107 页。

④ 钟文：《嘉陵江下游游览记》（续完），《旅行杂志》1931 年第 5 卷第 11 期，第 57 页。

⑤ 姚惠泉、陆叔昂编：《试验六年期满之徐公桥》，上海中华职业教育社刊，1934 年版，第 15 页。

⑥ 姚惠泉、陆叔昂编：《试验六年期满之徐公桥》，第 5 页。

设”，靠向上海富商募集巨金进行，他处无从仿效。[①] 中华职业教育社的核心成员江恒源，曾经总结徐公桥乡村改进实验的经验教训为三条：1. 用钱较多，不能持久；2. 教育的目标应以经济、生产为唯一中心；3. 应以学术机关为后盾，使农民的生产和生活得到提高。[②]

应邀参加 1934 年 7 月 1 日徐公桥改进区移交典礼的卢作孚，显然受到了很大的触动。1934 年 8 月，卢作孚撰写了《建设中国的困难及其必循的道路》一文，在天津的《大公报》上发表。文章指出，中国建设现代国家的主要困难，在于延续已久的家庭和亲戚邻里朋友为基础的集团生活方式。中国要建设现代国家，根本要途在于建设现代的集团生活。他强调：“我们觉得复兴中华民族只有这一条道路……建设现代的集团生活，以完成现代的物质文明和社会组织的一个国家，才可以屹立在世界上。”[③] 这些论述，充分反映了卢作孚社会改造中“大处着眼”的宽阔视野。在这篇文章中，卢作孚第一次把他主持的成都市市立通俗教育馆、北碚建设、民生实业公司相关工作，称为创造现代集团生活的 3 个试验。

卢作孚说：第 2 个试验，即北碚试验，“（就是）以嘉陵江三峡为范围，以巴县的北碚乡为中心。始则造起一个理想，是要想将嘉陵江三峡布置成功一个生产的区域，文化的区域，游览的区域”。[④] 嘉陵江三峡有储藏丰富的煤炭资源，可以把土法开采改为机器开采，煤炭运输可以修建铁路，扩大煤炭用途可以修建炼焦厂，山中的石灰岩石和黄泥可以创办水泥厂，山中和溪流产竹可以创办造纸厂，矿业、工业、交通事业需要电力可以创办电厂。在嘉陵江三峡办起这些生产事业，就可以把这里建设成一个生产

① 杨家骆：《以科学论文方式撰写方志之实验——北碚九志序》，杨家骆主编：《以科学论文方式撰写方志之实验——北碚九志》，台北鼎文书局 1977 年版，第 2 页。

② 江恒源：《序言》，《试验六年期满之徐公桥》，第 3—4 页。

③ 卢作孚：《建设中国的困难及其必循的道路》（续完），《大公报》1934 年 8 月 11 日，第 4 版。

④ 卢作孚：《建设中国的困难及其必循的道路》（待续），《大公报》1934 年 8 月 8 日，第 3 版。

区域。以职业技能、新知识和新兴趣的培育为中心教育民众，以传授生产方法和创造新社会环境为中心创办新型学校教育，以调查生物、调查地质以及分析试验作应用科学的研究，并设立博物馆、图书馆、植物园、动物园供民众参考、游览。在嘉陵江三峡创办起这些文化事业，就可以把这里建设成一个文化区域。在峡区有市场的地方，有山水雄胜的地方，有茂林修竹的地方，有温泉或飞瀑的地方，开辟相应的公园，利用自然的美并加上人为的布置，就可以把这里布置成一个游览区域。这就是卢作孚最初关于嘉陵江三峡社会改造试验的理想目标。上述各项建设大部分在后来北碚管辖区域内，于是北碚社会开始由安定而踏上现代化发展道路。[①] 这些论述，反映了卢作孚“小处着手”的创业思路。

一个多月后，卢作孚又发表了《四川嘉陵江三峡的乡村运动》一文。卢作孚开宗明义指出：在四川江巴璧合数县交界的嘉陵江三峡地区，我们凭借峡防团务局这个团务机关，凭借峡防局训练的士兵和学生，选择北碚、夏溪口、矿山、北川铁路沿线，试作一种乡村运动，我们的目标是要赶快把这个乡村现代化建设起来。这个试验在北碚、夏溪口这样的城镇以及天府煤矿、北川铁路这样的工矿交通事业中进行。试验的程序，是在剿匪和创办各种事业过程中训练有现代观念和知识、有国家社会观念、致力于现代物质建设和社会组织建设的人。第一步是剿匪以创造一个适合于建设的社会秩序，第二步是进行经济事业、文化事业、社会公共事业的创造，并通过这些事业让乡村的人们认识到应该使生产变成现代的，将来还要经营水泥厂、发电厂、炼焦厂等。文化事业和公共事业的创办和经营，“先以北碚乡而且以北碚市的市场为中心”，[②] 然后，推广到璧山县属的夏

① 社会部统计处：《北碚社会概况调查》，《民国时期社会调查丛编·二编·城市（劳工）生活卷》（上），第245—246页。

② 卢作孚：《四川嘉陵江三峡的乡村运动》，《中华教育界》1934年第22卷第4期，第108页。

溪口、宝源和遂川两矿场，北川铁路沿线的文星、黄桷两镇。北碚城镇为中心的建设包括训练骨干、创办地方医院、图书馆、运动场、公园（有博物馆、动物园）、嘉陵江日报、乡村电话总机关、中国西部科学院（附设三峡染织厂、兼善中学、实用小学）以及民众教育（提倡现代生活、推动识字、增进就业、营造城市公共空间）等。从上述论述中，可以清晰地看到，卢作孚在北碚进行的建设试验，以现代化为根本宗旨，而北碚、夏溪口、矿山、北川铁路沿线是建设的着力点，在创造事业的过程中从现代观念和知识、国家社会观念、现代物质建设和社会组织建设能力三个方面训练人才。这是一个相当系统完整的北碚现代化改造和建设方案，其要点是：以北碚城镇化为起点，工业化为前提，以人的现代化为根本。在该文的最后，卢作孚特标“将来的三峡”一节，从经济、文化、人民、地方四个方面提出了嘉陵江三峡发展的宏伟战略方向和目标：1. 经济方面，有煤厂、铁厂等现代矿厂，有大农场、大果园、大森林、大牧场等现代农业，有发电厂、炼焦厂、水泥厂、造纸厂、制碱厂、制酸厂、大规模织造厂等现代工业，有轻便铁道、汽车路等现代交通运输业和电话、电报、邮政等现代通讯事业；2. 文化方面，注意生物、地质、理化、农林、医药等应用科学的研究以及社会科学的研究，有试验小学、职业中学、综合性大学，有图书馆、博物馆、运动场、民众教育等文教事业和体育设施；3. 人民有职业，能接受现代教育，能为公众服务，无不良爱好及不良习惯；4. 地方清洁、美丽、有秩序、可住居、可游览。① 上述四个方面的建设规划简明扼要，综合起来看，首先是强调发展现代经济和公用事业以解决民生问题，其次是强调发展现代科学教育，第三是城市公共空间和现代社会秩序建设，第四是生态环境建设。总的看来，这个规划成为此后北碚城市化建

① 卢作孚：《四川嘉陵江三峡的乡村运动》，《中华教育界》1934 年第 22 卷第 4 期，第 112 页。

设的长远目标，也成为北碚地方当局经济社会发展的长远规划和施政方针。[①]1934 年 11 月 16 日，上海《长城》（半月刊）第 1 卷第 22 期刊载程石泉撰写的《卢作孚先生再访记》。该文记载访问卢作孚的谈话内容颇为详细："想把北碚乡作为中心，建立起这种新生活的理想。"[②]

第二节　峡防局组织演变与建设团队的凝聚

峡防局主要职责是清剿峡区土匪维持峡区的治安，根本解决剿匪和治安问题则需要进行经济建设以改善民生。卢作孚鉴于峡区各地都重视办团，军队也重视剿匪，于是，峡防局便主动"联络他们，协助他们。很短时间之后，周围也就都清静了"，于是"乡村运动开始了"。[③] 卢作孚在峡区的乡村运动并非在 20 多个乡镇全面展开，而是有重点地在北碚、夏溪口（也称下溪口）、主要的矿场及北川铁路沿线进行，特别是"先以北碚乡而且以北碚市的市场为中心"进行建设。[④] 因此，嘉陵江三峡乡村运动的开始，实际上也是北碚城镇化进程的开始。

一、峡防局组织状况与财政

卢作孚启动嘉陵江小三峡区域地方社会治理和城镇化进程的启动的杠杆是峡防局，因此，峡防局组织构架的重构就显得非常关键和重要。

胡南先任局长时期的峡防局，办公地点位于北碚庙嘴文昌宫后山岗上

① 徐亚明：《四川新建设中之三峡》，《复兴月刊》1935 年第 3 卷第 6—7 期，第 13—14 页。

② 程石泉：《卢作孚先生再访记》，《长城》（半月刊）1934 年第 1 卷第 22 期，第 426 页。

③ 卢作孚：《四川嘉陵江三峡的乡村运动》，《中华教育界》1934 年第 22 卷第 4 期，第 108 页。

④ 卢作孚：《四川嘉陵江三峡的乡村运动》，《中华教育界》1934 年第 22 卷第 4 期，第 111 页。

的碉堡中，组织上单纯幼稚。卢作孚就任峡防局局长后，经交涉于3月1日正式租借关庙正殿文昌宫作为办公地点。① 关庙位于西山东端的庙嘴，于此处“登山俯瞰，江流滚滚，从脚下而过。远揽山河，尽在眼底”②。此处视野开阔位置适中，便于观察和掌控峡区全局。

就峡局组织架构而言，卢作孚继任峡防局长后，初时为维持稳定局面一仍旧规。在第二年学生第1队毕业后，卢作孚才开始对峡防局组织架构进行重大调整，设立了训练处，内分总务、政治、军事、稽核四股。其中总务股设主任1人，初分文书、庶务、会计、保管、电话五室（有时候称处）。政治股专任政治训练及各种形式文本的编辑，并指导全局职员读书、运动、游艺诸事，设主任1人综理股务，并设政治训练员1人，股务员四五人，分任其事。1930年春，政治股有所扩展，分编辑、训练、公益、宣传、收发五组。同时，政治股兼办图书馆、实用小学及嘉陵江日报。后来，图书馆、实用小学及嘉陵江日报的规模逐步扩展，先后各自独立办理。1930年，政治股附设民众教育办事处，办事处主任由股主任兼任，民众教育办事处有一定独立性。军事股职责是监督峡局各队训练，设主任1人综理股务。其下分教育、文书、兵器、特务4组，各有服务员负责业务，但特务组增1—2人。1931年冬，总务股电话室拨归军事股。稽核股设主任1人，服务员若干人，专司稽核银钱及公物各项收支账目。1931年11月，总务股会计室划并稽核室并改为审计股后，内分会计、审查两组，设会计、记账员、审核员各1人，查船员3人，分任其事。③

峡防局作为团务机关，经费来源主要依靠“从来养团抽收之过道

① 卢作孚：《五年来的经过》，《嘉陵江日报》1932年2月17日，不分版页。

② 来元业：《北碚一带房租地租之研究》，《民国二十年代中国大陆土地问题资料》第64册，第33298页。

③ 顾颉刚、杨家骆：《北碚志稿》，《北碚图书馆藏方志珍本丛刊》第2册，第24—25页。

捐”,[①] 此种过道捐又称“船捐补助费”。这一办法于 1924 年呈准四川省团务机关，奉令抽收。抽收办法最早依船只等级，装载量可至几十万斤重者为 1 等，收费 1 元，次等者 6 角，再次者 4 角，揽载船只免收，继后乃改为收货捐。1927 年以后名为过道船捐补助费，税率上货照重庆所收的渝北护商费额收 3/10，下货照合川所收护商费额收 4/10，药材、牛羊山货 1/2，盐巴每载收洋只 20 元，居草街子收税额六百分之一，丝则粗丝每箱 2 元，细丝 3 元，厂丝 4 元。从 1933 年起打 8 折收，1934 年起免收。每年收入最少月份只有 2800 元，最多时可达万元，十、冬、腊、三月为旺月，正、二、三、四为淡月，其余为平月，收入各有等差，历年平均收入每月六七千元。到 1935 年 3 月 13 日奉令停止征收后，峡防局的补助费，由四川省政府按月拨款 5000 元以供开支。[②]

表 2—1　1927—1935 年峡防团务局历年补助费收入统计表

年份	数量（元）
1927（2 月 16 日起）	43463 131
1928	93864 923
1929	89471.028
1930	90331.649
1931	87515.864
1932	78682.028
1933	73834.674
1934	73596.394
1935（3 月 13 日停）	11982.394

资料来源：黄子裳、刘选青：《嘉陵江三峡乡村十年来之经济建设》，《北碚月刊》第 1 卷第 5 期，1937 年 1 月 1 日，第 19 页。

① 邓少琴：《邓少琴西南民族史地论集》，巴蜀书社 2001 年版，第 1067 页。

② 黄子裳、刘选青：《嘉陵江三峡乡村十年来之经济建设》，《北碚月刊》第 1 卷第 5 期，1937 年 1 月 1 日，第 19 页。

1935 年 12 月李涛参观北碚后发表的《四川北碚的乡村建设事业》一文，也谈到峡防局的财政状况，文中说：“该局经费收入：船捐补助费年约七万元，各方面事业补助费年约一万元，而每年支出经常费九万元，临时费二万四千元，以故截至廿三年止，负债四万三千元。”①这就是说，在船捐补助费约 7 万—8 万元之外，尚有向各方募捐的补助费约 1 万元。

二、峡防武装的重组

峡防局的中心工作是维持峡区的治安，因此组织、训练和管理地方武装是基本工作。当时峡防局的基本武装为常练大队（简称“常练队”），大队长由陈鸿恩担任。

卢作孚首先花大力气对常练队进行整顿。上任第三天，卢作孚即于 2 月 18 日以江巴璧合四县特组峡防团练局局长身份，向常练队大队长陈鸿恩宣布旧有人员“一律留供原任”的命令。②2 月 26 日，卢作孚又颁布命令，委任卢子英为常练队副大队长，协助大队长陈鸿恩改编常联队。③当天，卢子英“到队宣布就职”。④2 月 27 日，卢作孚决定实施新兵教育，交涉租借关庙正殿为教室，添设杠架平台，试办背囊，规定教程表等。28 日，常练队 1 中队长易茂萱以大队长陈鸿恩名义呈文卢作孚、熊明甫，报告峡防局常练队改编完毕，并造册呈报。⑤3 月 10 日，常练队完成整理改

---

① 李涛：《四川北碚的乡村建设事业》，《教育与民众》1936 年第 7 卷第 6 期，第 1186 页。

② 卢作孚：《训令大队部人员一律留任令》（1927 年 2 月 18 日），北碚管理局档案，档案号 0081—1—21，重庆档案馆馆藏。

③ 卢作孚：《委任卢子英为大队附委任令》（1927 年 2 月 26 日），北碚管理局档案，档案号 0081—1—21，重庆档案馆馆藏。

④ 陈鸿恩：《呈为呈报到差日期事》（1927 年 2 月 26 日），北碚管理局档案，档案号 0081—1—21，重庆档案馆馆藏。

⑤ 陈鸿恩（易茂萱代）：《常练大队改编就绪造册呈报》（1927 年 2 月 28 日），北碚管理局档案，档案号 0081—1—21，重庆档案馆馆藏。

编。其间，为顺利展开工作，卢作孚还促请其三弟卢尔勤前来协助。① 此后，在峡区治理过程中，卢尔勤、卢子英都发挥了重要作用。3 月 16 日，卢作孚呈文川东团务总监部总监王陵基，准予峡防局在渝合间电杆上附搭电线，安装乡村电话。到 29 日，峡防局人事调整交接完毕，并具文呈报川东团务总监部。

1927 年 5 月 31 日，卢作孚呈文刘湘等，请求裁减峡防局常练队第 1 中队，并其该队武器移交第 2 中队，在北碚创办第 1 期特务学生队，② 又称学生第 1 队。7 月 5 日，刘湘、王陵基以川康团务委员会政府委员长名义发布《川康团务委员会指令》，同意江巴璧合四县特组峡防团务局裁撤常练队第 1 中队并开办学生队。③ 这是卢作孚改组峡防武装，训练峡区建设骨干的先声。11 月，峡防局成立手枪队。手枪队设队长 1 人，队附 4 人，书记、司务长各 1 人，士兵 80 名，传令伕役 9 名，谍调 6 名，共 102 人，常年军费约 12420 元。手枪队“每日例有严格军事训练，暇则帮助民众干社会工作”。④ 手枪队的任务，是随时密查峡区各场及合、渝盗匪，其后逐渐发展，成为峡防局地方武装力量中的精锐。1928 年 6 月，峡防局改编常练队为常备队，下设 3 个中队，各有队长 1 人，分队长 3 人，司务长及工务管理各 1 人。9 月，增设督练长一职，由王绍业担任，负责 3 个中队的训练、督查事宜。⑤ 为维持峡区的治安，峡防局还规定各宿栈严格号簿登记事宜严查宵小，取缔烟馆深夜营业及江面深夜摆渡，严禁赌博，取

① 卢国模整理：《卢尔勤回忆卢作孚》，《卢作孚年谱长编》（上），第 117 页。

② 《陈鸿恩呈局长文》（1927 年 6 月 8 日），北碚管理局档案，档案号 0081—1—21，重庆档案馆馆藏。

③ 《川康团务委员会指令总自第 35 号》，《卢作孚年谱长编》（上），第 130 页。

④ 顾颉刚、杨家骆：《北碚志稿》，《北碚图书馆藏方志珍本丛刊》第 2 册，第 27—28 页；李涛：《四川北碚的乡村建设事业》，《教育与民众》1936 年第 7 卷第 6 期，第 1187 页。

⑤ 顾颉刚、杨家骆：《北碚志稿》，《北碚图书馆藏方志珍本丛刊》第 2 册，第 27—28 页。

缔巫卜星相。[①]1930 年底，卢作孚筹划在常备队外成立公安队，[②] 并呈报川康团务委员会。1931 年元旦，公安队成立，负责北碚警察事宜。不过，公安队的设置与当时通行法令相抵牾，卢作孚遂与川康团务委员会协商，改设特务队。2 月，峡防局奉令把公安队改为特务队。常备队则“士兵皆兼操农工各业，既省工帑，又习技术，一旦裁撤，不致失业。”[③] 从 1931 年 2 月特务队建立开始，常备队逐渐被裁撤。

经过改组而组建的特务队，“为负有军队和警察两种责任的军队”。[④] 两种责任中，又以警察责任为主，剿匪责任主要由手枪队担任。1931 年 2 月，峡防局特务队成立伊始，就被派往文星场、北川铁路执行警察任务。1931 年春，峡防局成立北碚特务队，在市街和各要地执行警察任务。1933 年 2 月 15 日，卢作孚指示此后特务队分为 3 队，其中北碚为第 1 队，北川为第 2 队，夏溪口为第 3 队。[⑤] 同月，峡防局成立特务第 3 队，驻夏溪口。特务队此后逐步扩大规模。1935 年，驻北碚的第 1 特务队，有队长 1 人，队附 2 人，书记、司务长各 1 人，队丁 60 名。驻扎北川铁路沿线的第 2 特务队设有 3 个分驻所，有队长 1 人，队附 4 人（本部及分驻所各 1 人），书记、司务长各 1 人，士兵、伕役 130 名。驻扎夏溪口的第 3 特务队分设西山坪、黄桷沟、新门洞 3 个分驻所，有队长 1 人，队附 4 人（本部及分驻所各 1 人），书记、司务长各 1 人，士兵、伕役 130 名。[⑥]3 个特务队合计 229 人，其中士兵 210 人。特务队加上手枪队，峡区团防武装合计 335 人，其中士兵 290 人。

在重组峡防武装的同时，峡防局还提出了明确的治匪口号：要匪不安

---

① 江巴璧合四县峡防团务局编：《两年来的峡防局》，第 21 页。

② 黄立人主编：《卢作孚书信集》，第 227—228 页。

③ 顾颉刚、杨家骆：《北碚志稿》，《北碚图书馆藏方志珍本丛刊》第 2 册，第 387 页。

④ 《工作周刊》第 3 期，1933 年 4 月，第 7 页。

⑤ 黄立人主编：《卢作孚书信集》，第 271 页。

⑥ 顾颉刚、杨家骆：《北碚志稿》，《北碚图书馆藏方志珍本丛刊》第 2 册，第 27 页。

宁，老百姓才得宁；要周围安宁，本地才得安宁。因此，遇有匪警，不分昼夜，不分区域，不计远近，迅速派队出击，并协助周围 13 县清剿土匪。峡防局先后出击剿匪一百余次，击退匪首陈聚五、赵蚊子等，大股匪徒活动受到遏制。经数年清剿，峡区民众“始得安居乐业”。① 卢作孚作为峡防局局长曾亲自指挥剿匪，如 1928 年 4 月 1 日，卢作孚亲率峡防局精锐武装——手枪队前往剿匪，并迅速将该匪包围消灭。② 峡防局还非常重视嘉陵江水上交通安全，为此专门置办了巡江的伶俐巡船 10 多只。峡防局的常备队、学生队、模范各队的官兵、学生和训练处职员，常常在空闲或游戏时间，到江边练习驾驶巡船。到 1928 年 3 月，峡防局职员、官兵中很多人都学会了驾驶巡船的技能。③

以电话为代表的现代通讯，在军情、警情传达中的重要作用不言自明。1928 年秋，峡防局购买机器及杆线材料，从事架设。峡防局内率先安装了 30 门交换机，之后次第架设电话线并在实用学校、峡区图书馆、农村银行、地方医院、常备队、三峡厂、消费合作社、温泉公园等处安装电话，9 月 12 日上述各处全部实现通话。没有工程师，线路就由卢作孚设计并指挥峡防局士兵安杆架线。此后，距离峡防局 10 里的温泉公园常备队第 2 队、西山坪中国西部科学院农场，也架设电线并实现通话。1929 年 1 月，峡防局着手架设和安装与辖区各乡镇电话、北碚与重庆间电话、北碚与合川间电话设施，5 月间全部相关工作实现通话。下半年，江巴两县全境相继安设了乡村电话。④1930 年 3 月，峡防局各场乡村电话全部开通。峡防局成为川渝地区开通乡村电话最早的区域。

① 北碚管理局编：《北碚概况》，1949 年 10 月，第 10 页。

② 《卢作孚率队打匪》，《嘉陵江》1929 年 4 月 2 日。

③ 《峡防局长卢作孚沉没江心》，《嘉陵江》1928 年 3 月 6 日。

④ 黄子裳、刘选青：《嘉陵江三峡乡村十年来之经济建设》，《北碚月刊》1937 年第 1 卷第 5 期，第 33 页。

值得注意的是，随着常备队的裁撤，手枪队和特务队的组建并担负相关军事、警察任务，峡防武装力量已经发生根本性的变化。同时，随着民生公司统一川江的行动的逐步展开，卢作孚必须把更多的精力用在公司事务。为此，1932 年末，峡防局军事股改组为督练部，卢子英被任命为督练长，成为峡防局地方武装的实际负责人。对于这种安排，卢子英后来回忆说："（川康团务委员会委员陈学池）主动将我原任峡局军事股主任改为督练长。陈事后曾对我说：'你这样就不需同常备队长再商量办事而可以训练他，提调他了'。"①1933 年 1 月，21 军军部训令峡防局，增设团务指导员 1 人并委卢尔勤任其事，襄助峡防局正副局长卢作孚、熊明甫处理团务。② 此后一段时间，卢尔勤在峡防局地位十分重要，实际负责处理各种事务。资料载："峡防局为峡区负责治安之机关，亦即各事业之推动领导机关。该局设在北碚，卢作孚任局长。惟其经常住局办公之时间甚少，一切事务多由其弟卢尔勤负责。"③

三、基本建设人才的组训

方志学家傅振伦在参与《北碚志》的修撰时曾注意到："近世倡行训练干部，而北碚之人事训练为尤早。"④北碚试验的特点之一，是非常注重人的训练。当时，通常认为现代化建设中遇到的困难，主要是财力不足，人力缺乏。⑤卢作孚作为一个正在创业进程中的企业家，当然知道人、财、物的重要，尤其是钱的重要。不过正如前文提到的，在卢作孚看来，"钱从何处来"这个看似根本困难的问题"真不成问题"，真正的问题是人有

① 卢子英：《我与 21 军的关系》，《卢作孚年谱长编》（上），第 321 页。

② 顾颉刚、杨家骆：《北碚志稿》，《北碚图书馆藏方志珍本丛刊》第 2 册，第 12—13 页。

③ 薛绍铭：《黔滇川旅行记》，重庆出版社 1986 年版，第 138 页。

④ 傅振伦：《〈北碚志〉例目》，《傅振伦方志论著选》，第 546 页。

⑤ 社会部统计处：《北碚社会概况调查》，《民国时期社会调查丛编 · 二编 · 城市（劳工）生活卷》（上），第 265 页。

无训练的问题。① 卢作孚认识到乡村的人民不能自治，建设责任要由乡村外的力量充任。这些来自村外的人或机构怎样去经营，怎样去组织就成为关键问题。其中，人的训练和谁来训练以及怎样训练，又是最核心的问题。他认为：人的问题和人的训练问题又分两个，一个是谁来训练的问题，一个是怎样训练的问题。对于这两个问题，当时有个通俗易行的原则性办法，就是“大才过找，小才过考”。所谓大才，就是北碚各项事业的主干人员，即负责组织和训练的部门主要负责人，其来源依靠寻访、延聘而来。所谓小才，就是基层干部或职员、普通公职人员，通过考试招聘后，再经过组训，成为峡区事业的基本力量。所以，卢作孚在经营峡局的过程中，着重紧抓的第一件事就是骨干人才的组训。他说：现代由现代的物质建设和社会组织两个大的部分所组成，而这两个大的组成部分都是由人通过合作而经营起来，人又都是训练出来的。他指出：人的训练有三个要点：第一，要通过训练使他们的头脑与现代整个世界一样那样大，掌握现代的知识和技能；第二，要通过训练他们头脑中思考的问题与自己国家遇到的问题一样大；第三，要通过训练使他们在可能的范围内，在创造现代物质建设和社会组织中做好自己手中的工作。②

为实现训练人的计划，卢作孚和峡防局向各方寻求人才，从成都到上海，从四川各个事业到国内各学术机关，寻求能够布置公园、担任警察训练、担任民众教育、担任学校教育、担任金融事业、担任工厂管理、担任科学研究的各类人才。由于嘉陵江三峡的各项事业有待创造，经费没有着落，寻求人才尽管遇到了各种各样严重的困难，但是最后还是组建起来了一支骨干队伍。这些人中，有留用的峡防局旧有三干人员，如熊明甫、黄子裳；有卢作孚的旧友，如邓少琴、张博和；有从外省请来的专家，如

① 卢作孚：《乡村建设》，《卢作孚全集》第1卷，第162页。

② 卢作孚：《我们对于国家的责任》，《申报》1936年1月1日，第6版。

李乐元、郑献征等；有从邻县请来的专业技术人员，如唐瑞五、刘雨若、丁秀君等；有卢作孚的兄弟，如卢尔勤、卢子英。由峡局职员组成的这支骨干队伍，从 1927 年起，除正常办公外，每天要组织读书或上课一小时，每周组织读书报告一次，并举行各种集会，如每天各部的事务会议、逢五的财务会议、星期一的民教会议、星期五的军事会议、星期六全体职员会议。1930 年成立高等军事训练班，对机关全体职员训练一个月。①

依靠这支骨干队伍，峡防局开始遴选和训练青年。

峡防局自成立以后，以团务的名义，通过招考举办包括学生队、少年义勇队、特务学生队等训练班，训练各项人才，作为峡区建设中的基本干部，“成就极大，所造就之人才，多服务于本区各部门，成绩昭著，历历在目。”② 受训人员大部分由考试遴选而来的。

举办学生队的目的主要是为“培养各场团务人才”。③1927年5月31日，卢作孚经呈文刘湘等，裁减峡防局常练队第1中队，其武器移交第2中队。得到川康团务委员会同意后，峡防局在当年秋招收峡区境内青年学生，在北碚创办第 1 期特务学生队，④ 又称学生第 1 队。受训队员被授以军事知识及乡村建设常识，毕业后分派峡区常备队，或新兴事业机关服务。⑤ 学生第 2 队成立于 1928 年春，也称特务学生队第 2 队。其训练与学生第 1 队相同，区别在于其中设有学生模范队。⑥学生模范队也成立于1928年春，是后来的警察学生队或公安队的前身。⑦

---

① 黄子裳、刘选青：《嘉陵江三峡乡村十年来之经济建设》，《北碚月刊》1937 年第 1 卷第 5 期，第 12 页。

② 顾颉刚、杨家骆：《北碚志稿》，《北碚图书馆藏方志珍本丛刊》第 2 册，第 545 页。

③ 江巴璧合四县峡防团务局编：《两年来的峡防局》，第 20 页。

④ 《陈鸿恩呈局长文》（1927 年 6 月 8 日），北碚管理局档案，档案号 0081—1—21，重庆档案馆馆藏。

⑤ 顾颉刚、杨家骆：《北碚志稿》，《北碚图书馆藏方志珍本丛刊》第 2 册，第 546 页。

⑥ 顾颉刚、杨家骆：《北碚志稿》，《北碚图书馆藏方志珍本丛刊》第 2 册，第 548 页。

⑦ 卢作孚：《社会改造的第一步》，《嘉陵江》1928 年 3 月 19 日。

少年义勇队系“仿照英国少年义勇队办法”，[①] 两年毕业。少年义勇队第 1 队成立于 1928 年 11 月，以卢子英为队长。[②] 该队队员共 24 人，接受军事、政治、旅行生活三个阶段的训练。[③] 卢作孚勉励他们要“忠实地做事，诚恳地对人”。峡防局还请周孝怀为少年义勇队写下了颇有气势的队歌歌词，请人谱曲，由队员演唱。[④] 旅行训练是通过艰苦工作的磨炼训练意志品质，同时在旅途中培养团体合作精神和对外接洽的能力。少年义勇队各队历年旅行区域为：1929 年 7 月赴峨嵋山、峨边、越秀及大凉山。1930 年分三组，其中一组赴西康，一组赴青海由甘肃绕道北平返蜀，一组参加合组考察团赴华东华北东北考察。1931 年分三组：一组赴云南，一组赴安徽九华山，一组赴松、理、茂、汶。训练期满后，队员即分配到峡防局、中国西部科学院、北川铁路公司及民生实业公司服务。[⑤]

特务学生队第 3 队成立于 1933 年 1 月，招收 118 人，预定 6 个月毕业，其训练程序是：军事训练 3 个月，政治训练 2 个月。政治训练分组实习，其中警察 2 个月，民众教育 1 个月，社会调查 1 个月。1933 年因社会需要，曾选派学生 60 名，分赴川北特定区域，在四川安抚委员会领导下，从事救济工作 3 个月。其救济办法包括登记难民、组织难民、收容难民，救济区域有十多个县，救济难民在百万以上。[⑥] 特务学生队第 3 队毕业人数 99

① 江巴璧合四县峡防团务局编：《两年来的峡防局》，第 20 页。

② 顾颉刚、杨家骆：《北碚志稿》，《北碚图书馆藏方志珍本丛刊》第 2 册，第 390 页。

③ 李涛：《四川北碚的乡村建设事业》，《教育与民众》1936 年第 7 卷第 6 期，第 1186 页。

④ 周永林、凌耀伦主编：《卢作孚追思录》，第 130 页。

⑤ 江巴璧合四县特组峡防团务局编：《峡区事业纪要》，江巴璧合四县特组峡防团务局印，1935 年 3 月，第 44—45 页；黄子裳、刘选青：《嘉陵江三峡乡村十年来之经济建设》，《北碚月刊》1937 年第 1 卷第 5 期，第 13 页。

⑥ 江巴璧合四县特组峡防团务局编：《嘉陵江三峡游览指南》，1933 年 8 月，第 12 页；江巴璧合四县特组峡防团务局编：《峡区事业纪要》，江巴璧合四县特组峡防团务局印，1935 年 3 月，第 45—46 页。重庆图书馆馆藏。

人，被分配到峡区各事业机关服务。①

少年义勇队第2队成立于1934年3月，旨在训练青年用科学方法学习、做事、对待自然、对待社会，并适应北碚新兴事业的需要，培育实用人才。此次少年义勇队的招考，受试者教育程度通常为中学肄业或毕业，报名者登记在册者多达1156人，尚有100多人由于报名较晚没来得及编入。②由于受试者人数众多，当天晚上北碚的栈房不敷使用，有四五个人挤在一铺的。实在住不下的，只好到嘉陵江对岸的黄桷树、东阳镇，或到金刚碑、温泉公园等地去住。第一天身体检查，通过者有699人。第二天，这些受试者参加笔试。考试结果，有99人被录取，最终有96人成为少年义勇队第2队队员。少年义勇队第2队训练时间共为1年，分3期：第1期训练内容包括军事学术科、童子军训练、服务训练（如文书、簿记、统计等），第2期训练内容包括警察服务训练、社会调查训练、社会教育训练，第3期训练内容包括旅行边地、调查边地少数民族生活、采集自然标本。③1936年少年义勇队第2队毕业队员20多人组成的社会调查组完成北碚户口调查，计全区人口65284人，男35460人，女29824人，12477户。④1935年11月，少年义勇队第3队成立并开始训练，队员70余人。⑤

峡防局先后训练的学生第1队、第2队被分配在团练各队和各事业服务，少年义勇队1队被分配到各学术机关和各事业服务，特务学生队1队被分配到特务各队和各事业服务，少年义勇队2队被分配到相关各事业

① 黄子裳、刘选青：《嘉陵江三峡乡村十年来之经济建设》，《北碚月刊》1937年第1卷第5期，第13页。

② 缪成之：《考试场上》（一），《工作周刊》第20期，1934年3月，第19页。

③ 江巴璧合四县特组峡防团务局编：《峡区事业纪要》，江巴璧合四县特组峡防团务局印，1935年3月，第46—47页。

④ 庄泽宣：《陇蜀之游》，第152页。

⑤ 李涛：《四川北碚的乡村建设事业》，《教育与民众》1936年第7卷第6期，第1187页。

服务。此外，峡防局还帮助峡区外的各事业训练青年。受到训练的青年虽被分到各队各事业服务，但其生活仍然充满社会内容，他们不是生活在亲戚邻里朋友的集团中，而是生活在一种新的相互倚赖、比赛标准和道德规范中。

北碚行政人员主要来自峡防局时期的学生队和少年义勇队的学员，各期学员的总数约500人。他们多半是峡区及附近各县的人，学历相当于初中毕业，当时受过卢作孚严格的精神训练。他们确实是具有苦干精神的一个干部群体，在峡区各项事业的创造和发展中发挥了重要的作用。①

人的训练是一项长期艰巨的工作。在整顿重组峡防武装、训练基层行政人员、凝聚峡防局核心团队的过程中，卢作孚采取多种方式，持续不断地加强团队建设，明确团队共同目标，培养服务社会旨趣，推敲工作方法与技能，从潜移默化中显成效。

峡防局对于年轻职员，仍持续进行各种形式的训练。如从1927年5月开始，卢作孚改进峡防局管理，规定各股各机关每天有事务会议，星期二有民众教育会议，星期六有军事会议、局务会议，每月逢五有财务会议，星期五与科学院、三峡厂、农村银行各主任人员开联合会议，星期日开周会，报告工作，每月开联合周会一次。②1928年1月14日，卢作孚出席峡局队长会议，议决此后每周星期六、星期日两天召开队务会议，局长亲自参加，峡局各方联席会议改为每周举行一次。③此外还有锻炼身体的运动会、读书会等。为提高大家的兴趣，峡防局通过戏剧的形式影响职员和受训练的学生。1931年元旦上午，峡防局职员在公共体育场举行庆

---

① 社会部统计处:《北碚社会概况调查》,《民国时期社会调查丛编·二编·城市（劳工）生活卷》(上)，第266页。

② 峡防团务局编:《峡区事业纪要》，峡防团务局，1933年版，第7页。

③ 《峡局队长会议录》(1928年1月14日)，北碚管理局档案，档案号0081—1—436，重庆档案馆馆藏。

祝大会，下午峡防局职员、少年义勇队学生、实用校师生等在北碚庙嘴的坝子上演新剧。该剧共演4出，第4出戏《孝子复仇记》由卢作孚临时编排剧情，由实用小学的老师临时准备后登台演出。第四幕“孝女在法庭上的一番悲痛陈述和自戕，使人感动不已”①。演剧的方法只能偶尔为之，难以持续，峡防局从1931年1月13日起，把年轻职员的读书会改为上课。首次上课为星期二，由卢作孚讲授《世界交通问题》，听讲者有峡防局职员、峡防局所属士兵警察、实用小学教师、兼善中学学生等。②在把工作重点转移到民生公司之后，卢作孚仍尽可能出席峡防局的各类会议，对峡防局职员进行耳提面命式的指导。北碚当局还先后创办《工作周刊》《工作月刊》《北碚周刊》《北碚月刊》等刊物，作为峡区建设中工作经验、工作方法交流的重要平台。

为扩大职员的眼界和见识，峡防局不仅组织职员走出去考察，而且请各方面的专家到峡防局为职员们就各种问题进行讲演。从1929年到1949年，除卢作孚外，应邀在北碚讲演的名流、学者为数很多，如翁文灏、马寅初、陶行知、张伯苓、梁漱溟、邵力子、李石曾、褚辅成、杜重远、张寿镛、田汉、文幼章、董时进、洪琛、杨芳毓、马客谈、刘湘、陈立夫、释太虚等。从1929年至1949年纵贯20年，演讲的内容从时势的分析判断，到学术与思想的介绍，再到地方事业的发展概况，也有观感杂谈，更有大量关于北碚乡村建设工作的总结与横向比较，题材与内容皆十分丰富。这对北碚地区的公众是难得的对外沟通制与讯息传递的媒介，演讲内容与讯息会在《嘉陵江日报》上刊登并流传到更为广阔的公共空间。③

① 《卢作孚元旦导演新剧》，《嘉陵江》1931年1月3日，无版页序号。

② 《卢作孚讲世界交通问题》，《嘉陵江日报》1931年1月16日，无版页序号。

③ 《编辑说明》，项锦熙编：《民国时期嘉陵江三峡地区演讲集：北碚公众社会侧影（1929—1949）》，人民日报出版社2017年版，第1—2页。

第三节　城镇化进程的初步展开

卢作孚在峡防局之前，没有农村生活的经历，其城市经历和城市经验，其现代知识和现代观念，使他自觉不自觉地把嘉陵江三峡地区的建设朝着城市化和工业化的方向推进。

一、工业化进程的初步展开

在《两市村之建设》一文中，卢作孚就提出要开发小三峡的煤矿。北碚的工业化运动，“实发轫于卢作孚氏出任峡防局之后”。[①]1927 年召开峡防会议的时候，北碚就提出了发展实业的初步方案。此后，先后创办了干洞子洪济造冰厂、东阳镇大利养蜂场、温泉公园油漆厂、农民银行、消费合作社、漂染厂、缙云石印社、照相馆、民众俱乐部、蚕桑馆等。[②]1929 年，峡防局拟定了《三峡可以经营的地方产业》的产业开发计划，该计划包括煤业、水力、水泥、纸厂、森林、织造业、玻璃厂在内 7 个部分。从实际情形看，峡防局时期的工业化运动，以煤炭工业为主，其他中小工业为辅展开。煤炭工业的发展又与民生实业公司关系密不可分的。

嘉陵江小三峡地区的煤炭资源丰富，尤其是观音峡背斜带更集中了 80% 的储量，但制约该区域煤炭资源开发的重大障碍是矿区到江边的陆路运输问题。早在 1925 年初，江北唐建章、合川李佐臣等人就发起组织北川铁路公司，公推唐建章、李云根为筹备员，在重庆设立办事处，[③] 并

① 社会部统计处：《北碚社会概况调查》，《民国时期社会调查丛编 · 二编 · 城市（劳工）生活卷》（上），第 314 页。

② 江巴璧合四县峡防团务局编：《两年来的峡防局》，第 17—18 页。

③ 民生实业公司十一周年纪念刊编辑委员会编：《民生实业公司十一周年纪念刊》，第 159 页。

聘请测量工程师刘杰（字敬之）进行测量工作。发起人唐建章曾就读北京大学以及美国康奈尔大学、哈佛大学，主攻电机、机械专业，并获得硕士学位、工程师资格。1918 年回国后，唐建章曾任川东职业甲种工业学校校长等。① 李云根为四川省合川县（今重庆合川区）三汇乡人，毕业于上海南洋公学，一生主要从事实业。② 由于资金募集、技术力量、地质结构等方面的重重困难，此次筹备无疾而终。

出任峡防局局长并在峡区工作基本就绪后，卢作孚与四川江北、合川县士绅唐建章、张艺耘等邀集江北县、合川县绅商以及文星场附近各煤矿业主，商议重组北川民业铁路公司，获得多数人赞同。于是，卢作孚、唐建章、何鹿篙、文化成、李云根、张艺耘等 7 人为筹备处常务委员，筹备处设立在蔡家湾。筹备处拟定公司股本定为 35 万元，以 100 元为一股，总额 3500 股，由江巴合三县分别负担募集。其中，民生实业公司独任股本 8 万元。③

1928 年 1 月，筹备中的北川公司在上海聘请丹麦工程师守尔慈氏来北碚主持工程。守尔慈学识渊博，经验丰富，曾任胶济铁路总工程师，虽为六旬老人，但精神健旺，用 9 个月时间完成路线测勘，并列具预算书，预计全部工程款约需 30 万元即可。不过，股份募集并不顺利。民生公司耿布诚回忆说：北川铁路公司测勘路线时，曾征求民生公司的同意加入投资。当时卢作孚认为民生公司获利虽厚，但到底在经营上存在许多不可测的因素，如果投资陆上事业，如果水上事业有事，可借陆上事业撑持。但民生公司开股东会时，“少数股东则以公司股款仅得 5 万，而乃欲投 8 万元于北川铁路公司，过于突如。于是会议结果，仅投资 5 千元”，甚至有

① 重庆市江北区地方志编纂委员会编纂：《重庆市江北区志》，巴蜀书社 1993 年版，第 972 页。

② 四川省合川县地方志编纂委员会编纂：《合川县志》，第 751 页。

③ 《川北矿业铁路行将开会》，《申报》1928 年 6 月 23 日，第 9 版。

个别股东，“因不同意此举而出卖股份退出公司”。到后来，民生公司才“复行投资 4 万 5 千元于北川”。①10 月，张艺耘被聘为北川铁路公司经理。②修筑工程采用分段分期办法修筑，按照计划，10 月动工，先修麻柳湾到黄桷树段。

就在准备施工时，黄桷树的一位富商得悉铁路要经过他家祖坟，坚决反对。③结果，北川铁路只得改道到白庙子。由于改道风波，北川铁路的开工日期推迟到 1928 年 11 月 6 日，第 1 期修水岚垭到土地垭一段，计 17 华里，1929 年 10 月建成。④其间，1929 年 5 月 31 日，北川铁路公司在江北县文星场召开成立大会，推选尹锡之为董事长，张秩九为总经理，卢作孚当选监察。⑤1930 年 1 月 3 日，北川铁路举行水岚垭到土地垭段试车典礼，卢作孚出席了典礼。

1930 年夏，北川铁路修筑水岚垭到白庙子段，计程 5 里。随后接修土地垭到戴家沟段，计程 3 里。该两段铁路均于 1931 年 5 月通车。⑥1931 年 4 月 21—22 日，北川铁路公司在重庆召开股东大会，21 日修改简章，22 日闭会。选举董事 9 人，监察 4 人。董事为张艺耘、唐建章、季叔平、文化成、李云根、罗希孔、郑东琴、张守权、卢作孚。监察为张绍初、李熙宇、张茂芹、雷义荣，聘唐瑞五位经理。⑦1933 年 6 月，北川铁路自戴家沟向大田坎延伸工程开工，到 1934 年 3 月完工，计程 8 公里。同时，白庙子码头及斜坡道下河绞车第 1 段，也分别布置完工。白庙子码头因

---

① 《谈话会（三）旧话》，《新世界》1933 年第 14 期，第 53 页。

② 民生实业公司十一周年纪念刊编辑委员会编：《民生实业公司十一周年纪念刊》，第 159 页。

③ 天府矿务局志编审委员会编纂：《天府矿务局志》，1991 年版，第 471 页。

④ 江巴璧合四县特组峡防团务局编：《峡区事业纪要》，1935 年 3 月，第 53 页。

⑤ 《北川铁路公司开创立会》，《嘉陵江》1929 年 6 月 1 日，无版页序号。

⑥ 江巴璧合四县特组峡防团务局编：《峡区事业纪要》，1935 年 3 月，第 53 页。

⑦ 《北川铁路改选董事监察人》，《嘉陵江日报》1931 年 4 月 27 日，无版页序号。

“傍观峡山岗，故其工程浩大”。① 白庙子第2绞车于1935年3月完成。②至此，川渝近代第条铁路北川铁路正式建成。修成后的北川铁路，从白庙子到大田坎全长16.6公里，分设11站，轨距24英寸，有110匹马力车头1部，5吨车厢自卸煤车60部，卸煤桥4座，绞车2部，各种修理机械，其主要作用在于运输煤炭。起点在嘉陵江边白庙子。此处“初仅有房屋一所，铁路修成后，新建街房百余间，俨若一新市场焉”③。

煤炭既是工业和交通业的主要动力燃料，又是民众生活必需用品，在第一次和第二次工业革命中曾经发挥着重要的作用。嘉陵江下游是四川省主要产煤区域之一，尤其北碚境内由夏溪口以达观音峡，两岸煤矿密布。

运输困难是长期以来阻碍嘉陵江流域煤炭业发展的严重问题之一，运费最低的煤矿，其运费也占成本20%以上。④北川铁路修成后运输的便利，推动了煤炭同业的联合。1933年6月24日，嘉陵江小三峡枧槽沟的同兴厂、老龙洞的福和厂、石笥沟的又新厂、芦梯沟的天泰厂、后峰岩的和泰厂、麻柳湾的公和厂计6家煤矿，与民生公司、北川铁路合作，相约以矿厂资产作为股份，合组天府煤矿股份有限公司，资本额24万元，推举卢作孚为董事长。⑤9月，天府公司聘邓少琴为经理。⑥ 邓少琴以自己不适宜此项工作为由，未赴任。1934年3月，刘宗涛被聘为天府煤矿公司总

---

① 徐亚明：《四川新建设中之三峡》，《复兴月刊》1935年3月第3卷第6—7期，第7页。

② 江巴璧合四县特组峡防团务局编：《峡区事业纪要》，1935年3月，第53页；天府煤矿股份有限公司编：《天府煤矿概况》，大东书局1944年版，第5页。

③ 黄子裳、刘选青：《嘉陵江三峡乡村十年来之经济建设》，《北碚月刊》1937年第1卷第5期，第35页。

④ 陪都建设计划委员会编：《陪都十年建设计划草案》，1947年版，第233—234页。

⑤ 天府煤矿股份有限公司编：《天府煤矿概况》，第4—5页。

⑥ 民生实业公司十一周年纪念刊编辑委员会编：《民生实业公司十一周年纪念刊》，第163页。

工程师兼经理。①1935年，黄云龙被天府煤矿公司聘为经理。② 此时的天府公司，尽管仍用土法采煤，但由于管理较集中，且运输之便，因此生产效率大为提高。

宝源煤矿公司也是嘉陵江流域较大的煤矿之一，该煤矿总公司设在重庆，办事处设在澄江夏溪口，厂址在缙云山西，由蓝绍侣发起创办于1928年。初创时，该公司仅有炭窑1口，1929—1930年相继买入2口，以后又相继添凿4口，使炭窑达到7口，资本达到25万元。该煤矿还附设煤球厂，每小时出煤球5吨。③1935年，宝源公司投资14万元，自梁家嘴到官斗石间，修成长12里、水深约1米以上的宝源运河，并筑全长4公里的宝源窄轨轻便铁路，用于煤炭运输。

三才生煤矿公司为解决运输问题，从1931年到1932年建成全长12公里的戴黄铁路。改路起自戴家沟，直达黄桷树码头。

创办于1927年的燧川煤矿公司，矿址在缙云山西面石碓窝，工人有400多。复兴隆煤矿即甲子洞煤矿，位于二岩嘉陵江边，是嘉陵江流域历史悠久的老矿厂。

洪济造冰厂在白庙子附近的干洞子，由工程师骆敬瞻发起创办，资本5万元，1928年筹备，1929年建成投产，利用水力造冰。该厂有70匹马力立式水力涡轮机1部，造冰机1部，每日出冰1万磅。该厂生产的冰产品，主要供应重庆及附近地方所用。

北碚在工业化运动中，对农林畜牧的经营也相当重视，并进行了相关的初步探索。如提倡养猪、养蚕，尝试并鼓励发展较大规模的农场、林场

---

① 刘宗涛：《四川之动力》，《新世界》1934年第43期，第7页。

② 民生实业公司十一周年纪念刊编辑委员会编：《民生实业公司十一周年纪念刊》，第163页。

③ 峡防局编印：《嘉陵江三峡游览指南》，1933年8月，第21页；黄子裳、刘选青：《嘉陵江三峡乡村十年来之经济建设》，《北碚月刊》1937年第1卷第5期，第27页。

等。其中，聚兴诚银行附设的重庆义瑞桐油公司和峡防局开创的西山坪农场具有比较大的影响。20年代末30年代初，北碚峡防局职员当局还集资创办了农村银行，唯资金薄弱，业务大约与合作社相仿佛。1939年，以不符合相关法规，自动停业。

二、科教文卫事业的起步

经济事业之外，峡防局还着手在北碚镇开创一系列的文化事业和社会公共事业。如创办学校、公共运动场、平民公园、地方医院、图书馆、嘉陵江日报馆、中国西部科学院等。

峡防局推进教育的方针是多元的。如在学校方面，先后创办了实用小学、兼善中学和女子职业学校。① 原来，北碚场没有高级小学，地方人士多次筹划创办，均未成功。1927年底到1928年初，地方人士又提议创办小学校事项，并请峡防局协助经费。卢作孚、熊明甫召集峡防局会议，决定以峡防局学生队毕业后留下的房舍、用品为基础，添加小孩用桌子、凳子等必需品，图书教材由峡局图书馆提供，教师由峡局各部分职员担任，整个教职员中有两位常住的职员稍加津贴。就这样，在没有花费多少钱的情况下，创办了实用小学。1928年2月17日，峡区实用小学举行了隆重的开学典礼。实用创办之初就明确要把小孩子教得能干而诚实，培养实用建设人才。该校教法教材非常特别，如开学典礼之前，就先教了学生开会的礼节。开学典礼结束后，将来宾、学生、家长汇集一堂吃饭。每桌两位老师，通过提问等方法，教会学生辨别席位的上下方，何人当坐上方，结果学生通过一餐饭，学会了许多社会的知识。② 稍后有关报道说："这个学校，是应北碚及北碚各场的需要，又是想从根本上改良现在一般小学的

① 徐亚明：《四川新建设中之三峡》，《复兴月刊》1935年第3卷第6—7期，第3页。

② 《别开生面的实用小学》，《嘉陵江》1928年创刊号，无版页序号。

教法和管理，使学校一切都完全化为实用的，这个学校名称，就叫实用小学。”①实用小学含初级小学、高级小学两部分，是一完全小学。卢作孚创办该校有两个目的：1.“改革一般读死书的陈法，训练儿童有应用知识的能力，可靠的行为”；2.“预备以此校实验新的教学方法，并养成新的小学人材，进而改良其他的学校。”该校教学方法也比较特别：“每科都从实际生活中提出问题，作为教材，不限于讲堂上，不限于教科书，随时随地用各种方法训练儿童运思、谈话、作事、作文。”②1928年6月3日，《嘉陵江》报报道：北碚实用小学鉴于此时正是昆虫繁盛的时候，决定从本周起，由在学校住宿的教师带领部分学生，每天在附近采集一次标本，每周进山采集两次，采集对象包括动物、植物、矿物三类。③

东北考察结束后，郑献征、刘雨若随卢作孚到北碚筹建兼善中学及农场，平地基建筑养鸡场。④9月15日，兼善中学正式开学，招收学生23名，聘郑献征为校长，校舍在北碚火焰山山麓东岳庙下殿。⑤后该校在平民公园火焰山上修西式建筑一幢作为教室，学生入学年收费（含学费、食宿、体育卫生、书籍文具、制服、杂费等）130元。⑥兼善学校在办学理念上有自己的鲜明特点，“本校……乃以洒扫整理一切劳作悉委之于学生，校园之铲除，花木之种植，亦由教师领导学生工作。而小学则设一农场，由教师领导学生自为耕作自行播种，以至收获，均由师生担任，不假他人、凡此种种，在使学生习于劳作，一扫从前轻视劳动之腐败观念，而造成

① 《峡防局新办的各种事业》，《嘉陵江》1928年3月10日，无版页序号。

② 《两年来的峡防局》，江巴璧合四县峡防团务局，第15页。

③ 《实用小学采集标本》，《嘉陵江》1928年6月3日，无版页序号。

④ 《中国西部科学院十九年度进行概况》，《嘉陵江日报》1931年1月4日，无版页序号。

⑤ 《中国西部科学院廿年度报告书》，中国西部科学院档案，档案号0112—1—19，重庆档案馆馆藏。

⑥ 叶静涵：《嘉陵江三峡乡村建设实验区概况》，《四川月报》1938年2月第12卷第2期，第21页。

将来社会之活跃分子。”[1]1931 年峡区实验小学改组并入兼善学校为兼善小学，校舍也在北碚火焰山山麓。

鉴于女子职业教育的重要性，1934 年，峡防局辅助创设巴县县立女子职业学校，招收学员 30 多人。[2]

在社会教育方面，希望有大而能普及的图书馆、博物馆和民众教育的运动，希望人民“皆有教育，皆能为公众服务”。[3]1930 年设立博物馆，1932 年扩充体育场，并于 1931 年设立民众教育办事处。

中国西部科学院的创办，是北碚城镇化进程中具有深远影响的一件大事。创办中国西部科学院的最初机缘，是峡防局于 1929—1930 年少年义勇队队员随同中外学术团体赴四川西北各地采集标本。随着标本采集的进行，卢作孚决心创办一个具有一定规模的科学院。1930 年 3 月，卢作孚开始在重庆筹款，获得川军将领王缵绪、蓝文彬等数千元捐助。同时，峡防局派士兵清理了北碚火焰山东岳庙，作为建立科学院博物馆的馆址。[4]德国傅德利为采集标本于 3 月 19 日到北碚，[5]28 日中国科学社生物研究所和静生生物调查所合组的四川生物调查团也抵达北碚。[6]1930 年的此次大规模采集活动，被认为是影响中国西部科学院创办的重要科学事项。[7]4 月 2 日，《嘉陵江》报刊载卢作孚所拟《科学院计划大纲》。根据该大纲，科学院包含自然方面的植物、动物、地质、理化用具与药品 4 院，也包

① 《北碚兼善学校设立的意义》（续），《嘉陵江日报》1933 年 7 月 14 日，无版页序号。

② 黄子裳、刘选青：《嘉陵江三峡乡村十年来之经济建设》，《北碚月刊》1937 年第 1 卷第 5 期，第 2 页。

③ 卢作孚：《四川嘉陵江三峡的乡村运动》，《中华教育界》1934 年第 22 卷第 4 期，第 112 页。

④ 《打毁菩萨要建博物馆》，《嘉陵江》1930 年 3 月 9 日，无版页序号。

⑤ 《傅德利已来峡局》，《嘉陵江》1930 年 3 月 22 日，无版页序号。

⑥ 《峡局又要派人采集》，《嘉陵江》1930 年 3 月 29 日，无版页序号。

⑦ 《中国西部科学院之缘起经过及未来的计划》，中国西部科学院档案，档案号 0112—1—6，第 131 页，重庆档案馆馆藏。

含社会方面的衣食住与用（农工商业与交通）、政治与战争、教育与宗教4院，还包含图书馆、实验室、教室等设施。在标本采集方面，计划中采集的范围，省外、日本、南洋部分，为第1集团，约有10多人，由川江航务管理处、峡防局、民生公司、北川铁路人员合组。四川省的松潘、打箭炉、宁远部分，为第2集团，约20人。所采集的标本，既与中国科学社南京、北平两研究院交换，也要与日本交换，还要通过德国昆虫学家傅德利的帮助与德国交换，商请华西协和大学毕启帮助与英美交换。计划中的研究院拟建在嘉陵江小三峡中东阳坝上坝，从1930年秋季开始每年完成一院建筑，经费向省内外及国内外募集。① 卢作孚所率领合组考察团在1930年出川考察时，还携带大量植物、昆虫、矿物标本和川边彝族风物与南京中央研究院、中国科学社、中央大学、浙江省和江苏省相关部门等进行交换。中央研究院院长蔡元培等人对考察团的这些标本很有兴趣，对卢作孚的做法深表赞赏。② 受此鼓励，卢作孚在上海设立了“中国西部科学院筹备处”③。6月7日，时任南京中国科学社生物研究所所长和北平静生生物调查所所长的秉志，在北平就与拟议成立的中国西部科学院进行科学研究合作的问题致函卢作孚，④ 表示了积极支持的态度。6月11日，中央研究院自然历史博物馆主任钱天鹤，就接待筹备中的中国西部科学院人员到馆学习等事宜致函卢作孚。⑤6月15日，卢作孚致函熊明甫，就峡防局、科学院、设立中学以及此后行程等情况作了通报，表示已经聘请到“最热心事业之良友”郑献征到峡区开办中学，并商得中央研究院、中国科学社、中央大学农学院各介绍人员到科学院担任研究，并兼任中学

① 卢作孚：《科学院计划大纲》，《嘉陵江》1930年4月2日，无版页序号。

② 卢作孚采集，林蕙祥编述：《猡猓标本图说》，国立中央研究院社会科学研究所集刊第3号，1931年版。

③ 高孟先：《卢作孚与北碚建设》，《文史资料选辑》（全国）第74辑，第105页。

④ 黄立人主编：《卢作孚书信集》，第189—190页。

⑤ 黄立人主编：《卢作孚书信集》，第194页。

教员，“中学办法迥与普通中学不同，归来详谈”。同时要熊明甫派员到合川东里、来里招募工人，因为这里的人“比较能吃苦并易待遇故也”①。合组考察团在江浙和东北考察时，进一步认识到科学技术对于农矿工业开发的重要性，从而进一步坚定了创办中国西部科学院的决心。②1930年8月24日，卢作孚自重庆回到北碚峡防局。筹备中的中国西部科学院自上海等地购买的大批机械、仪器、药品运回，设理化研究室、博物苑、养鸡场、动物园等。9月7日，《嘉陵江》载：“川江航务管理处捐中国西部科学院洋一万元。”③

1930年9月，中国西部科学院在北碚火焰山东岳庙成立，“以研究实用科学，辅助中国西部经济文化事业之发展为宗旨”。④10月，中国西部科学院理化研究所成立，聘王以章任研究员兼任主任。1932年冬增聘李乐元为研究员，1933年春增聘徐崇林为研究员。⑤徐崇林不久报告：理化所主要工作是分析化验煤，还与刚从德国回来的傅德辉共同分析了文星场等地的石灰石和泥土。⑥这种对煤、石灰石、黏土的分析，是当时理化所的经常性工作。⑦4月，中国西部科学院成立农林研究所。初聘刘雨君担任主任，设农场2个：一在江北县东阳镇，面积116亩，场长由刘雨君兼任。一在江北、合川两县间之西山坪荒地，面积2190亩有奇，1932年秋成立，初聘孟舍予任场长。1936年春主任由农林所诸人张博和兼代。

---

① 卢作孚：《致熊明甫函》（1930年6月15日），《卢作孚书信集》，第196页。

② 《中国西部科学院之缘起经过及未来的计划》，中国西部科学院档案，档案号0112—1—6，重庆档案馆馆藏。

③ 《峡局要闻》，《嘉陵江》1930年9月7日，无版页序号。

④ 《中国西部科学院简章》，中国西部科学院档案，档案号0112—1—6，重庆档案馆馆藏。

⑤ 《中国西部科学院概况》（1937年），中国西部科学院档案，档案号0112—1—6，重庆档案馆馆藏。

⑥ 徐崇林：《理化研究所工作报告》，《工作周刊》1933年第7期，第1—2页。

⑦ 黄治平：《理化研究所工作报告》，《工作周刊》1933年第9期，第1页。

1931 年夏，中国西部科学院生物研究所成立，分设植物、昆虫两部。俞季川（又名俞德浚）任植物研究员兼植物部主任，德国人傅德利担任昆虫部研究员。从实际情况看，该院创办后，主要“从事于科学之探讨，以开发西南，富裕民生”①。卢作孚创办中国西部科学院，目的在于要把北碚试验和相关建设建立在科学的基础之上。

1931 年 7 月 25 日，卢作孚主持召开中国西部科学院院务会议，议决聘何北衡为科学院主席董事，康心如、汤壶桥、郑东琴、温少鹤、刘航琛等人为常务董事，甘典夔、温少鹤、康心如、何北衡、任望南、汤壶桥、郑东琴、刘航琛、郑璧成等人为董事。②11 月 20 日，中国西部科学院召开第 1 次常务董事会议，会议决定以 21 司令部政务委员长李公度为董事长，由郑璧成起草简章。③ 院务会议通过了《中国西部科学院简章》共计 15 条，规定该中国西部科学院以研究实用科学、辅助中国西部经济文化事业发展为宗旨。该院总务处办理全院事务，总务处之下设生物、理化、农林、地质研究所，并附设博物馆、图书馆、兼善学校。④12 月 5 日，卢作孚主持召开中国西部科学院院务第 19 次院务会议，报告筹款并宣布董事会正式成立。⑤ 并由何北衡、郑东琴、周季诲、张富安、任望南、张茂芹、康心如、汤壶桥、郑璧成、杨粲三、温少鹤、刘航琛计 12 人为常务

---

① 《中国西部科学院概况》（1937 年），中国西部科学院档案，档案号 0112—1—6，重庆档案馆馆藏。

② 《第五次科学院院务会议录》（1931 年 7 月 25 日），中国西部科学院档案，档案号 0112—1—11，重庆档案馆馆藏。

③ 《第十九次科学院院务会议录》（1931 年 12 月 5 日），中国西部科学院档案，档案号 0112—1—11，重庆档案馆馆藏。

④ 《中国西部科学院简章》，中国西部科学院档案，档案号 0112—1—6，重庆档案馆馆藏。

⑤ 《第十九次科学院院务会议录》（1931 年 12 月 5 日），中国西部科学院档案，档案号 0112—1—11，重庆档案馆馆藏。

董事，以21军司令部政务委员长李公度为董事长。[①]至此，中国西部科学院组织逐渐健全。1932年1月，卢作孚聘张博和为中国西部科学院总务主任兼兼善中学校长。实用小学并入兼善学校为小学部。5月，峡区图书馆、三峡染织工厂并入中国西部科学院。6月，卢作孚就申请中华教育文化基金会资助中国西部科学院等事致函秉志。[②]经过协商，中华教育文化基金董事会自1932年开始在经费上每年补助中国西部科学院两三千元。[③]1932年10月4日，中央研究院自然博物馆为从中国西部科学院标本中发现新种致函卢作孚。[④]10月，中国西部科学院成立地质研究所，聘常兆宁担任研究员兼主任。[⑤]1933年下半年，经任鸿隽推荐，中国西部科学院举聘李乐元为化验员。[⑥]李乐元（1908—1969）为湖南人，北京大学化学系毕业，后来李乐元在中国西部科学院担任研究员、理化研究所主任、中国西部科学院博物馆馆长、中国西部科学院代理院长等，发挥了极为重要的作用。1934年1月，卢作孚倡议设立的北碚东阳镇石子山气象观测所建成并投入使用。

1934年6月16日，由杨森捐款3万元、峡防局副局长熊明甫捐赠地基的中国西部科学院理化研究所——惠宇（工字大楼）举行数千人参加的盛大落成典礼，甘典夔为主席。[⑦]中国西部科学院惠宇大楼修建是西部科学院发展过程中最为重要的基础性工程，位于北碚柏树林山堡。中国西部科学院的成立，不仅为峡防局推进的工业化提供了重要的技术支撑，而且

① 《西部科学院成立董事会》，《商务日报》1931年12月16日，第6版。
② 黄立人主编：《卢作孚书信集》，第190—191页。
③ 杨翠华：《中基会对科学的赞助》，"中研院"近代史研究所，1991年版，第203页。
④ 黄立人主编：《卢作孚书信集》，第265页。
⑤ 《中国西部科学院概况》（1937年），中国西部科学院档案，档案号0112—1—6，重庆档案馆馆藏。
⑥ 黄立人主编：《卢作孚书信集》，第280—281页。
⑦ 甘南引：《端午节朝贺北碚》，《新世界》1934年第49期，第22—23页。

为北碚中小学的发展提供了一个重要的科学实验平台。

图书馆、嘉陵江日报、工作月刊、峡区博物馆、汉藏教理院、公共体育场等文化体育事业的兴办，也是北碚城镇化进程中值得注意的重要方面。

1927年冬，峡防局利用北碚关庙一角作为馆舍，购置图书数百册，提供给公众阅览，① 北碚峡区图书馆即由此发端。1928年5月27日，峡区图书馆在关庙正式开馆。② 卢作孚强调图书馆的重点在于供读者阅览并重在指导人阅览。③1934年春，北碚三峡染织工厂移设新屋后，旧有房屋由峡区图书馆接管移驻。于是图书馆规模得以扩大，增辟了可容纳80人的阅览室，陈列120多种报纸杂志供读者阅览，并开辟乡村建设、剿匪、东北问题等各种专门问题研究的图书室，④ 到此阅览图书的读者逐渐增加。

北碚自办报刊开始于1927年夏。1927年8月，卢作孚创办北碚《学生队周刊》。该刊出版到30期时，改组为《峡声》。1928年3月4日，卢作孚改组《峡声》为三日刊《嘉陵江》报，并兼任社长。⑤《嘉陵江》三日刊每期出版500份，主要刊载四川省内外及嘉陵江三峡各种事业的消息，印好后派人送峡区各场以及江巴璧合四县。《嘉陵江》还附刊《新生命画报》,1930年夏该画报停刊。⑥1928年10月《嘉陵江》报改为两日刊。

---

① 黄子裳、刘选青:《嘉陵江三峡乡村十年来之经济建设》,《北碚月刊》1937年第1卷第5期，第2页。

② 《峡区图书馆昨日开幕》,《嘉陵江》1928年5月31日，无版页序号。

③ 《峡局周年来经营的事业》,《嘉陵江》1928年6月30日，无版页序号。

④ 黄子裳、刘选青:《嘉陵江三峡乡村十年来之经济建设》,《北碚月刊》1937年第1卷第5期，第2页。

⑤ 峡防团务局编:《峡区事业纪要》，峡防团务局1933年印，第22页。

⑥ 黄子裳、刘选青:《嘉陵江三峡乡村十年来之经济建设》,《北碚月刊》1937年第1卷第5期，第9页。

1931年1月8日，《嘉陵江》报改为《嘉陵江日报》，① 并从峡防局分出独立办理。

1933年3月23日，中国西部科学院与峡防局联合创办北碚《工作周刊》，每期印约千份。② 卢作孚为《工作月刊》撰写了发刊词，强调《工作周刊》的创办，就是要留下工作的痕迹，并以此推动工作加速前进。③

1930年3月，峡防局开始筹建北碚火焰山东岳庙峡区博物馆。4月，峡防局派士兵清理火焰山东岳庙偶像，筹款修造博物馆馆舍。9月，火焰山北碚峡区博物馆馆舍落成。10月10日，峡区博物馆建成开馆，王以章为负责人，该博物馆在组织上分陈列室、动物园两部分，发行博物馆专刊，并附设录制部分及合川科学馆。峡区博物馆的陈列品来自赠品、搜集、购制等，有风物、盐井、煤层、农业、园艺、工业等各种陈列室，有各种标本3490余件，各地照片2000余张，除珍贵物品不便估价外，普通展品约值银2万元，每日观众百人上下，"对于社会教育意义，贡献极大"。④ 该馆创办之初由峡防局主持，不久并入中国西部科举院，改称博物苑。⑤

1930年11月中旬到12月，太虚法师应邀到四川弘法路过重庆。其间某日，刘湘设宴欢迎太虚，并向太虚说明四川省拟派汉僧入藏学习，以作沟通汉藏的桥梁。太虚也向刘湘介绍自己正在筹组世界佛学苑的情况，

---

① 葛向荣：《北碚的民教活动》（1942），北碚管理局编：《北碚概况》，1949年10月，第47页。

② 黄子裳、刘选青：《嘉陵江三峡乡村十年来之经济建设》，《北碚月刊》1937年第1卷第5期，第9页。

③ 孚：《〈工作周刊〉所贡献的和所贡献于〈工作周刊〉的》，《工作周刊》1933年第1期，第1页。

④ 黄子裳、刘选青：《嘉陵江三峡乡村十年来之经济建设》，《北碚月刊》1937年第1卷第5期，第3页。

⑤ 《中国西部科学院廿年度报告书》，中国西部科学院档案，档案号0112—1—19，重庆档案馆馆藏。

并向刘湘建议在四川办一所藏文学院，培养汉僧学藏文，沟通汉藏文化。刘湘采纳了太虚的建议，并商定学院名称为“世界佛学苑汉藏教理院”，任命何北衡为建院筹备主任。至于建院地点，几经周折，最后根据何北衡建议选定在当时破败不堪的缙云寺。于是太虚法师溯嘉陵江而上，受到卢作孚热情接待而畅游北碚。太虚参观了北碚的建设事业，并在峡防局作了《创造人间净土》的讲演，① 称北碚“颇有革故鼎新转秽为净的趋势”。②1932年3月20日，汉藏教理院开始招生，额定60名，对象为初中文化程度，僧俗兼收，4年毕业。8月20日，汉藏教理院在北碚缙云山举行开学典礼。太虚为汉藏教理院确立的宗旨是：“研究汉藏教理，融洽中华民族，发扬汉藏佛教，增进世界文化。”③汉藏教理院成立后，以董事会为最高权力机构，公推刘湘为名誉院长，刘文辉为名誉董事长，以潘文华、李公度、张富安为常务董事，以潘昌猷、王晓西、张斯可、甘典夔、卢作孚等24人为董事。④ 汉藏教理院还在院属地山前马鬃岭、山后转龙寺，各设义务小学各一所。⑤1934年夏，法尊和尚从西藏归来，被太虚聘为训育主任并代理院长。法尊到院后，于当年冬在汉藏教理院添设专修科，选成绩优者为专科生。⑥

峡区传统社会中，民众常在闲暇时间饮酒、赌博，习为风尚。峡防局一面治匪，一面禁止民众不良嗜好。同时，为使民众在闲暇时间进行有益身体健康的正当娱乐活动，峡防局于1927年在北碚市区西南鞍子坝租地

---

① 释印顺编：《太虚法师年谱》，宗教文化出版社1995年版，第171页。

② 太虚法师：《创造人间净土》，《太虚法师西来讲演集》，四川简阳刘氏1930年印送本，第109页。

③ 顾颉刚、杨家骆：《北碚志稿》，《北碚图书馆藏方志珍本丛刊》第5册，第11页。

④ 世界佛学苑汉藏教理院编：《世界佛学苑汉藏教理院开学纪念特刊》，世界佛学苑汉藏教理院1932年12月刊，第76页。

⑤ 汉藏教理院编印：《世界佛学苑汉藏教理院特刊》，世界佛学苑汉藏教理院1944年刊，第31页。

⑥ 顾颉刚、杨家骆：《北碚志稿》，《北碚图书馆藏方志珍本丛刊》第5册，第15、17页。

一幅，长宽约50米，辟为体育场。从此峡局官兵既有了训练的场地，又有了体育锻炼的地方。1928年扩充租地地幅，长约100米，宽约60米，于9月20日建成北碚民众体育场。1932年，进一步扩充到长120米，宽80米，改为公共体育场。关于修建体育场，卢作孚说：刚开始的时候，峡防局的兵操练都谈不上，因为根本就没有操场。①体育场隶属于峡防局体育部，设主任一人，场址全年租金240元。其中有1处足球场，2处篮球场，1处网球场，1处排球场。还有各种长短距离竞赛跑道，以及铁球、铁饼、标枪、跳远、跳高等田赛设备，并有秋千、浪桥、单杠、双杠等设备，供民众使用。②在卢作孚倡议下，1928年10月10—11日北碚首次举办秋季运动会，卢作孚、熊明甫为大会正副会长。运动会设22个比赛和表演项目，邀请峡区团学人员参加，聘请渝合各学校体育教师相助。1929年4月22日，有22个团体，共计1161人参加的嘉陵江运动会在北碚举行，卢作孚亲自组织了这次运动会并在开幕式上致辞。③4月26日，嘉陵江运动会结束。此后，北碚体育场经常举行体育比赛，旨在养成民众以运动为正当娱乐，并培养国防上应有的技能。每天到体育场上运动的人数颇多。④在北碚的影响下，澄江镇、夏溪口、文星场、白庙子、二岩镇等处，也开始设置体育场，⑤并得到北碚协助。附近各乡镇先后设立简易体育场8所，各乡保设立游戏场80所，峡防局还经常指导民众各项运动。

峡区的卫生事业也逐步展开。1927年4月6日，峡防局组织常练队

① 卢作孚：《五年来的经过》，《嘉陵江日报》1932年2月17日，不分版页。

② 黄子裳、刘选青：《嘉陵江三峡乡村十年来之经济建设》，《北碚月刊》1937年第1卷第5期，第3页。

③ 《嘉陵江运动会专号》，《嘉陵江》1929年4月29日，无版页序号。

④ 葛向荣：《北碚的民教活动》（1942），北碚管理局编：《北碚概况》，1949年10月，第47页。

⑤ 黄子裳、刘选青：《嘉陵江三峡乡村十年来之经济建设》，《北碚月刊》1937年第1卷第5期，第3页。

开始在各场点种牛痘，此次种痘人数达1万多人。1927年秋第2次种痘，人数2万多。1928年春第3次种痘，人数5000多人。1928年冬第4次种痘，人数1万多人。1929年春第5次种痘，人数1万多人。[①]此后，每年春秋举行，从未间断。种痘范围以峡区为限，先后放种30万人。开始的时候，居民怀疑拒绝，到峡防局后期，民众已经“欢迎乐从”[②]。

1927年7月1日，卢作孚就北碚天上宫庙宇租设、创办北碚地方医院，以全用周为院长，所需每月600元经费由峡局支给，[③]为民众预防和治疗疾病。当然此时的所谓医院，实际上仅有一间诊疗室，就是一个诊所而已。之后，该院修造下殿为内科室、外科室、待诊室、药剂室及病室。1930年购置大批内外科器械及干蒸消毒器等，并增聘1名产科医。同时，购置卫生标本数千幅，病理模型60多件，并改修上殿为5间男女病室。1933年春，地方医院招收男女护士7人，5月开始训练护士班，并募捐扩建地方医院为新医院。1935年再招收护士6名，并增聘护士长1人。医院每月经费开始达350元。1935年开始募集经费开办新医院。[④]其间，地方医院指导澄江镇、黄桷镇、水岚垭、二岩、文星场等各镇乡分诊业务，并随时派人调查各镇乡孕妇，提示孕妇产前卫生相关问题，1935年举办1岁以下婴儿比赛会，参赛婴儿55名。

除开办地方医院外，峡防局方面还帮助北碚水土沱、八塘场扫除街道；在北碚实施杀蛆运动，减蝇运动，在各处宣传剪指甲，洗牙齿，以及

---

① 江巴璧合四县峡防团务局编：《两年来的峡防局》，第19页。

② 黄子裳、刘选青：《嘉陵江三峡乡村十年来之经济建设》，《北碚月刊》1937年第1卷第5期，第6页。

③ 峡防团务局编：《峡区事业纪要》，峡防团务局1933年版，第8页；黄子裳、刘选青：《嘉陵江三峡乡村十年来之经济建设》，《北碚月刊》1937年第1卷第5期，第6页。

④ 黄子裳、刘选青：《嘉陵江三峡乡村十年来之经济建设》，《北碚月刊》1937年第1卷第5期，第6页。

天天不断地检查街面清洁，帮助各场的小孩子点种牛痘。①

对于孤老，北碚也设法照顾。北碚设有峡区养老院，收养孤寡老人30多人。北碚还设有孤儿院养育孤儿，待其稍长，使习工艺。②

三、市政建设与场镇人口

从峡防局时期到三峡实验区时期，北碚镇历年经济建设，偏于北碚场镇一隅，“且独重道路，道路复集于四五六之三保，精华所在，人物咸归。故资本集中，人口集中、商业集中”。③当时，北碚场街市的范围异常狭小，仅局限于火焰山和马鞍山（西山）之间。在这样狭小的街市区，却“建筑凌乱不堪，沟渠不整，污水停积，街道亦弯曲狭小，不能通车”④。峡区其他市场也与北碚场差不多，“大都街道狭小，渣滓遍地，尿缸乱设”⑤。从1927年开始，峡防局从北碚场街市着手进行市政改良，注重道路的开辟、市街环境的整治、行道树的栽植、公园的创修。特别是队北温泉公园、平民公园的创修，非常用心，并取得了极大的成功。

城镇无论大小，无不以开辟道路为首要的工作。1927年以前，北碚镇断巷曲径，毫无市政规模。1927年起，开始注意市政。清户口，辟街道，先后一一兴办。各市街中最先开辟出来的马路，是西山路、歇马路，两路共长480公尺，开辟的时间在1927年。⑥

1928年4月，北碚市政革新继续推进。先试修正街下半段，撤去过

---

① 卢作孚：《过去一年中所做的事》，《嘉陵江》1929年1月9日，无序号。

② 徐亚明：《四川新建设中之三峡》，《复兴月刊》1935年第3卷第6—7期，第10页。

③ 来元业：《北碚一带房租地租之研究》，《民国二十年代中国大陆土地问题资料》第64册，第33502页。

④ 顾颉刚、杨家骆：《北碚志稿》，《北碚图书馆藏方志珍本丛刊》第3册，第6页。

⑤ 黄子裳、刘选青：《嘉陵江三峡乡村十年来之经济建设》，《北碚月刊》1937年第1卷第5期，第7页。

⑥ 来元业：《北碚一带房租地租之研究》，《民国二十年代中国大陆土地问题资料》第64册，第33446页。

街凉亭。1929 年 9 月，动员全部改修，撤去全市过街凉亭，新建禅岩路，开筑嘉陵码头，全市街道最宽约 2 丈，稍窄的 1.6 丈。1928 年 9 月，北碚成立自治会，选举市代表及执行委员，办理北碚场市场公安、教育、建设、卫生、评判诸事务。①

1928 年 10 月，峡防局开始致力于开辟码头、整齐街道、规划市场、设立路牌和揭示牌、取缔土地祠、清除随地安设的尿缸、开辟公共运动场、成立市民自治会、组织市民代表会、市执行委员会等市政工作。② 卢作孚曾说："碚市原有一个地方名叫九口缸，因为有九口屎尿缸子，故而得名。这东西就只一口，也已臭得不了，何况九口！"③ 峡防局整治街道首先就从九口缸开始。设法解决了九口缸问题，除去了市政卫生上的一大障碍。在到 12 月为止的两个月中，用常练队士兵横街通禹庙地方修筑民生路，市民自动修筑新码头，随后"拆房子扩张街面，从王爷庙街起，到正街，又过关庙街。两旁住户，各自锯短簷口，让宽街面，宽逾两丈。街的两边，接近铺面每边复有人行道六尺。连日各街拆修通了，此外各小街亦尚陆续拆修。以前窄狭不堪的北碚场，至今忽然一变而为地阔天宽的新北碚"④。上述措施，涉及市容市貌、环境卫生、经营秩序，特别是拆房子、锯短簷口，让宽街面工作的难度当然很大。卢作孚说：为整个北碚场打算，又不便公布计划，担心居民误解和恐慌，就从峡防局所属个别房屋开始，改修建筑，把房檐退进去，把街心让宽，然后劝左邻右舍向我看齐。再由这条街渐及别条街。其中有一条街里有一户居民坚决不肯改修房子，向他劝说也不生效，就暂时不管。后来等别家都改修完毕，独独

---

① 黄子裳、刘选青：《嘉陵江三峡乡村十年来之经济建设》，《北碚月刊》1937 年第 1 卷第 5 期，第 7 页。

② 江巴璧合四县峡防团务局编：《两年来的峡防局》，第 21—22 页。

③ 卢作孚：《五年来的经过》，《嘉陵江日报》1932 年 2 月 17 日，无版页序号。

④ 《新北碚开完成了》，《嘉陵江》1928 年 12 月 19 日，无版页序号。

剩他一家人的房子还伸出长长的屋檐暴露街心。这时他才感到自己不改修房子不美观，于是自愿照样改修。① 经过改造，市政面貌在短时期内有了显著的改观。

1929 年 9 月 26 日，峡防局在《嘉陵江》报刊载布告整理北碚市政。该布告明确规定：限期以阴历九月底止撤废街上篾篷，明年正月初一日起各铺户一律悬挂布篷，禁止当街晒晾衣服及养猪，场期买卖猪仔须走背街，各铺户每晨扫除的渣滓须堆在各阶簷边以便清道夫挑运，河边栈房禁止揽客，河街禁止当街倾倒汤水，禁止街心摆设摊担，属于小菜类者迁移小菜市售卖。② 在整理市政后，管理也随之加强。在北碚市政得到整治后，峡区土沱场、黄桷场、静观场街道也开始进行整治。

1931 年前，北碚主要的道路是岗上人口聚居的西山路和歇马路。1931 年，峡防局在北碚场市街修筑文华路、清和路、学园路、公园路。1932 年，又修筑完成金佛路。1933 年开辟嘉陵、缙云、和睦、人和 4 路。1934 年，修筑民众马路（征民工修筑，路成予参与工作者每人得路旁地皮一块，大小以普通一屋建筑基地为限，使用权 10 年，并免租）、温泉路。经过四年的不断修筑，北碚市街的主要马路，到 1934 年大体修筑完成。之后，1937 年又修筑完成黄山路，1939 年拓修民众马路使之与金佛路衔接，拓修路段被命名为均和路。从马路和市街道路修建的先后秩序看，北碚镇在整理街道时，首先修筑居民集中的西山、歇马两路，以便居民出入市街。随后修筑学园路、文华路、公园路等。随着水路交通的兴起，又修筑缙云路、和睦路、人和路、嘉陵路等，以便于与水路交通衔接。之后，又修筑民众、均和等路，以连接陆路对外交通。③

---

① 卢作孚：《五年来的经过》，《嘉陵江日报》1932 年 2 月 17 日，无版页序号。

② 《峡防局布告整理北碚市政》，《嘉陵江》1929 年 9 月 26 日，无版页序号。

③ 来元业：《北碚一带房租地租之研究》，《民国二十年代中国大陆土地问题资料》第 64 册，第 33446—33447 页。

在整治街道的同时，峡防局还开始有计划地在北碚植树。1929 年 3 月 12 日，峡防局在局署前面河岸及局署后面的马鞍山上，造出一片保安林，除瑞香、笔柏及灌木树不计外，种植杷豆、松柏、摇钱、洋槐、青杨等树共 3005 株，面积在百亩左右。1930 年 3 月 12 日，峡防局召集当地绅耆团保，在公共体育场举行植树典礼。随即在公共体育场四周，栽植法国梧桐、美国白杨柳等 500 多株，在缙云路两旁植树 400 多株。① 以此为起点，法国梧桐开始出现在北碚的城市景观之中。1930 年 12 月 1 日，北碚城区开始使用电灯照明，全市街灯，送电四个月。② 为此，峡防局创设电力厂，电力厂设备由三峡染织厂提供。③《嘉陵江日报》在 1931 年春回顾半年来北碚城镇建设的时候载：

> 半年来北碚事业积极振饬，把民众俱乐部扩大了，街上的电灯安照得光明了。三峡工厂日夜机声轧轧，远远可闻。火焰山上成立了博物馆、兼善校，并建了公园，实用校也成立了分校，马鞍山也开辟来种了树。原只有一邮务代办所，也改设了三等邮局，河边又设立了囤船。远近各界人士特别多来参观。因之，一切都比去年上半年特别有起色。现在俱乐部里每天有不绝的市民在里喝茶，下棋，阅报，看书，奏乐。三峡厂的门市部和缝纫室，常有顾客照顾生意，大门外常有不少的人看自动机器。火焰山公园、博物馆，常有远近人士去游观。实用、兼善两校，常有远处的人也送子弟来学。邮政局里也常有包裹、款子汇来汇去。每天上下汽船都须在江边靠码头。④

---

① 黄子裳、刘选青：《嘉陵江三峡乡村十年来之经济建设》，《北碚月刊》1937 年第 1 卷第 5 期，第 23 页。

② 《江巴璧合特组峡防团务事业进程一览》，峡防局 1934 年刊，北碚图书馆藏。

③ 来元业：《北碚一带房租地租之研究》，《民国二十年代中国大陆土地问题资料》第 64 册，第 33323 页。

④ 《半年来的北碚》，《嘉陵江日报》1931 年 3 月 20 日，无版页序号。

1931 年 11 月上旬，北碚市区编订门牌、更新街名，安设指引牌工作完毕。这项工作的目的在于便于“警察活动”“访问速确”“促进识字”“艺术欣赏”等。① 此项工作完成后，市民涉足市中，有今昔之感。

1933 年夏，因为天气久旱不雨，北碚发生火警三次，于是，驻扎北碚的特务队组织北碚市民消防队。②

从修建市街马路开始，北碚镇市街 6 保地租开始上涨。但总体上看，从 1927—1936 年，北碚市街地价的上涨较为平缓。③

公园是现代城市的标志性景观，平民公园的修建是北碚市政和生态建设的标志性市政工程之一。

北碚公共体育场左侧火焰山，原为东岳庙旧地。旧历 3 月 12 日为该庙无常会期，每届此时，有从数百里外前来献香的善男信女，颇为热闹。进入民国以后，由于住持乏人，庙宇失修已久，山坡地一片荒芜。1929 年春，峡防局筹议就火焰山东岳庙加以改筑，周围则开辟为北碚市公园。东岳庙四周，当时是荒冢累累的山坡。当年秋，峡防局开始迁移该地坟墓，修筑道路。1930 年夏，移出东岳庙内偶像，募捐改建为博物馆陈列室。陈列室四围栽植花木，布置地上景观。同时，峡防局向近邻王姓租地一幅，并购得熊姓山坡地一幅，栽植花草树木。10 月，峡防局在火焰山划出南山一区域辟为动物园，建造鸡舍、雀笼、鸟房、兽窟、熊屋，培养鸟兽。1931 年，峡防局租得冯姓土山一幅，建豹窟熊窟。3 月中旬，继续在公园内种树。1932 年，峡防局在公园内栽植风景林落叶松 1500 棵、三角枫 1000 棵，沿路及空地栽植法国梧桐、白杨、青杨、合欢、铁树、西湖柳、棕竹、龙爪柳、冬青、杨柳、柑、桃、李、梅、杏、石榴、桂花、

---

① 《北碚新市政观》，《嘉陵江日报》1931 年 11 月 9 日，无版页序号。

② 黄子裳：《峡防局周会工作报告 · 主席讲评》，《工作周刊》1933 年第 12 期，第 7 页。

③ 来元业：《北碚一带房租地租之研究》，《民国二十年代中国大陆土地问题资料》第 64 册，第 33585 页。

夹竹桃、紫薇、紫荆、海棠、玉兰、木笔、芙蓉等 2.4 万棵。①1934 年，增租冯姓山地一幅，募捐建大豹窟 1 个，可容两只大豹，并能供饲育狮虎之用。公园初名火焰山公园，不久改为平民公园。入园路有 2 条：一为公园路旧门，在公共体育场侧，一在中山路卫生院左侧。新门门前有圆形花坛，紧接石级道大半段为黄桷镇士绅王尔昌捐修。该道两旁有专门栽植的花圃，依据地势高低，呈一致的梯形。春来百花盛开，万紫千红，不啻绣壤。沿石级直上达动物园。园中曾饲养各种奇禽珍兽，如白熊、老虎、豹猫、熊猫、马熊、野猪、豺狼、狐狸、金鸡、孔雀等不下数十种。全园修筑三合土道路，搬运湖堤鹅石，全靠峡防局官兵学生与民生公司工友等公余劳作。②

1935 年，卢作孚的母亲年满 60 岁，北碚民众捐款 3400 多元，在公园内东北“之字路”底建筑“慈寿阁”为其祝寿，并请川籍著名书法家赵熙提写了“慈寿阁”的匾额。卢作孚闻知后要求有关方面摘下了匾额。全面抗战爆发后，国民政府主席林森曾于 1937 年 12 月 25 日到北碚游览，次年 5 月林主席应峡防局方面之请，改题“清凉亭”三字，被做成匾额。全面抗战爆发后，陶行知到北碚之初曾在“清凉亭”暂住。③

非农业人口的集聚是城镇化的关键性指标。1929 年 1 月（旧历 1928 年底），卢作孚组织峡防局官兵调查北碚乡户口。④此次调查是峡防局第一次对辖区人口进行有针对性的普查和统计，结果显示：北碚市区户口 475 户，1595 人。北碚乡全境 3348 户，17007 人。⑤1929 年中期统计，

---

① 黄子裳、刘选青：《嘉陵江三峡乡村十年来之经济建设》，《北碚月刊》1937 年第 1 卷第 5 期，第 23—24 页。

② 北碚管理局编：《北碚概况》，1949 年 10 月，第 51—52 页。

③ 卢国纪：《我的父亲卢作孚》，四川人民出版社 2003 年版，第 211 页。

④ 卢作孚：《过去一年中所做的事》，《嘉陵江》1929 年 1 月 9 日，无版页序号。

⑤ 《四年以来的峡防局》（续），《嘉陵江日报》1931 年 9 月 22 日，无版页序号。

结果北碚场上有 400 多户，1900 多人，北碚四乡有 15900 多人。[①]1931 年 10 月调查，结果北碚镇有 687 家，3093 人。其中识字者 605 人，入学儿童 147 人，吸食鸦片者 179 人，这在四川已为不可多得之数。有职业能生利者，1173 人，苦力劳动者居多数，有肺病者 120 人。[②]1933 年 8 月，峡防局对北碚场上进行第二次人口普查统计。结果显示，北碚城区人口 739 户，4178 人。1934 年 5 月，峡防局进行第三次人口普查统计，结果显示北碚场上户口 818 户，4321 人。[③] 从调查的结果看，北碚场上的人口增加快速，刚开始的时候只有 1500 多人，六七年间，增加了两倍多。这是北碚城镇化加速的重要体现。

四、场镇为主的民众教育

峡防局时期北碚的民众教育，以北碚镇的场上为中心进行，"要使蠢人变成聪明的人，一件事不懂得的人，要变成什么事都懂得。所以我们就拟定峡区各场办设图书馆，办设小学校。于是在去年（1928 年）二月间，在北碚就把图书馆办起，实用小学办起。后来又办一次秋季运动会，提倡一般人的体育。"[④] 峡防局举办民众教育，目的之一是为了提高常练队士兵的识字程度，"把全队的士兵依识字的程度高低，分为低级高级两组，每组又分成两班，初级不识字的，教平民识字课，高级略识字的，就依成人教育的标准，自编国语常识，是要使他们几个月后，能看书报，能写信记账，有相当的常识。"[⑤] 目的之二是启迪民智，减少建设的阻力。卢作孚曾经说：

① 《峡区的两盛会》，《嘉陵江》1929 年 9 月 19 日，无版页序号。

② 恽震：《参观四川小三峡社会事业日记》，《旅行杂志》1933 年第 7 卷第 3 号，第 17—20 页。

③ 《江巴璧合特组峡防团务事业进程一览》，峡防局 1934 年刊，北碚图书馆藏。

④ 卢作孚：《过去一年中所做的事》，《嘉陵江》1929 年 1 月 9 日，无版页序号。

⑤ 《峡防局的兵工并进》，《嘉陵江》1928 年 3 月 8 日，无版页序号。

> 我们要改良巴县北碚市场的街道，许多老百姓便大骂特骂起来。说是：自有北碚场，便是这个样的街道，至少也有几百千年，大家走得好好的，你偏偏一来就见不得，走不得了！真怪！又一个例是：我们不要一个钱帮助各乡场的小孩子点种牛痘，许多人都劝别的人切不要抱小孩子来点种。他说：哪有这样做好事的？他今天不问你要钱，等害得你的小孩子要死了，他才问你要！①

因为少数没有见识的人的反对，卢作孚甚至“愤欲辞职”。② 只是刘湘没有同意才作罢。高孟先也曾记述说：面临场上民众的反对，“卢(作孚)教育同人采取以事实来教育群众的办法。对改建街道，进行说服，先从容易的阻碍小的着手，逐步进行，把最困难的几户留着。待周围的环境改变了，这些人有的自行拆去自己的屋檐，有的请求峡防局帮他拆去，以归划一。种痘的问题，经过事实证明对自己确有好处，反对者也就变成欢迎者了”③。这是北碚民众教育与他处乡村教育的重要区别。

禁赌、禁娼是卢作孚在北碚为移风易俗采取的强制措施。1929 年 2 月 10 日，为农历正月初一，卢作孚派出巡查队，在街面巡查，劝人不赌钱，一旦发现赌博，则没收赌具。2 月 17 日，为农历正月初八，峡防局职员、官兵、学生，在公共活动场举行周会，卢作孚专门讲了春节期间的禁赌问题，在讲了赌博的危害后，他说：“我们认为禁赌这件事，对于人民有利，精神是要贯彻到底的，纵然有少数的人民怨我们恨我们，我们还是要做。以至于要杀我们，亦还是要做的。”④ 工作方法显然有很大的改

① 卢作孚：《乡村建设》，第 1 页。

② 《杜少棠、何北衡之演说》，《嘉陵江日报》1931 年 9 月 3 日，无版页序号。

③ 高孟先：《卢作孚与北碚建设》，《文史资料选辑》第 74 辑（合订本第 25 卷），中国文史出版社 2000 年版，第 84—85 页。

④ 《卢局长演说禁赌》，《嘉陵江》1929 年 2 月 21 日，无版页序号。

进，特别是启迪民众的教育受到高度重视。不仅禁赌，北碚还厉行禁娼。北碚厉行禁娼后，一些娼妓寄居对岸的黄桷树。为彻底解决禁娼问题，峡防局特务队特别派一个班的力量到黄桷树晓谕流寓于此的娼妓立即离开。这些娼妓只好“包船下重庆去了”①。

为减少建设的阻力，在峡防局将匪患肃清，治安底定以后，便大力开展民众教育，使民众教育“为此间的一个中心运动时代。那时全峡区的工作同仁，几乎无一人不参加民教活动。每日傍晚，都必担任一两个小时挨户教育，每晚都必轮番出席民众会场报告或表演。几乎无事不富有民教的意义，例如警察在巡逻的时候，必利用机会，报告时事消息作新知识的广播。职员在为民众普遍种痘的时候，必劝导民众剪指甲，不缠足，爱清洁和种种卫生方法。因为那时纯以社会运动的立场，来推进这个乡村现代化的工作”②。这种民众教育，“最初在北碚试办，后来各乡镇亦仿行”。③1931 年 11 月，峡防局在北碚缙云路成立峡区民众教育办事处，该办事处以办理民众教育、推行社会运动为宗旨，全年经费 600 元。④ 办事处成立后，先后兴办民众教育 13 项，包括挨户教育、船夫学校、力夫学校、妇女音乐班、民众学校、书报阅览室、民众问事处、职业介绍所、民众会场、民众俱乐部、工余休息所、露天教育、识字运动等，有力地推动了北碚的民众教育。其中挨户教育把北碚全市划分 3 区，以 4 个月完成一区，以使全市民众皆能识字、写信、记账为标准，先调查文盲，后分派峡防局职员分段进行教育。第 1 区包括学园路、公园路、东山路，毕业生 70 人；第 2 区

---

① 林高翔：《特务学生队警察部报告》，《工作周刊》1934 年第 20 期，第 15 页。

② 葛向荣：《北碚的民教活动》（1942），北碚管理局编：《北碚概况》，1949 年 10 月，第 40—41 页。

③ 黄子裳、刘选青：《嘉陵江三峡乡村十年来之经济建设》，《北碚月刊》1937 年第 1 卷第 5 期，第 4 页。

④ 李涛：《四川北碚的乡村建设事业》，《教育与民众》1936 年第 7 卷第 6 期，第 1181 页。

为西山路、歇马路，毕业生 54 人，计划在第三区完成后由北碚镇的场上推及农村和峡区各场。船夫学校设在河下趸船，有学生 60 人，每晚上课两小时。力夫学校设在温泉路，有学生 40 多人。当时船夫、力夫两校初办时极为困难，后利用风琴、留声机等吸引学生入校，从活动入手，逐渐教学生认门牌、路标、平民千字课等，取得明显成效。妇女音乐班有学生 20 人，都是三峡染织厂女工，利用工余时间每晚教学舞蹈和简单音符乐理。民众学校共有 6 处，北碚市区 4 所，白庙子、澄江各 1 所，各校有学生 100 多人，教材有农民千字课、常识、画报、图片等。书报阅览室设在北碚者有 3 处，设在澄江、白庙子者各 1 处，各处陈列报纸、杂志、常识书籍等，并贴各种新生活标语、科学照片、挂图数百份，每天开放 8 小时，每月各处阅览人数达 3000 人。民众问事处除代人写信、念信，每日公布简报外，还负责接洽参观旅客，场期开放留声机讲解卫生、治安等常识，报告时事新闻。职业介绍所负责代人介绍职业。民众会场每周星期二晚演新剧、星期四晚演旧剧。民众俱乐部设置各种中西乐器，并以各种各样挂图、照片、标语等布置北碚各茶馆、酒店，场期派人解说，介绍新知识，处处给民众识字需要和机会。工余休息所设在力夫校内，暑天备有茶水，供给力夫及一般贫苦民众吃茶休息、谈说故事。午后及晚间派人教音乐、常识、新知识。露天教育是通过联络特务队、中国西部科学院、博物馆等施行，注意安排在适合的季节进行。识字运动是利用各种机会，创造识字环境，对识字者予以便利。民众教育办事处还特别规定端午节为实施民众教育纪念日，每年在次日举办活动提倡有用、武术、划船、新知识比赛、各机关开放让民众参观，并有引导解释介绍，有宣传队沿街宣传。① 峡防局力图通过上述各种民众教育活动，使民众们对北碚实

① 徐亚明:《四川新建设中之三峡》,《复兴月刊》1935 年第 3 卷第 6—7 期，第 8—9 页。

验中兴办的各种新兴事业和社会改革由反对变为同情，进而协助，甚至更进一步要求扩大建设。[①] 可见，以北碚市场为中心的民众教育是北碚城镇化建设的一项重要内容，也是北碚乡村建设区别于别处乡村建设的一个重要关键。这种潜移默化的努力，到 1935 年底已经取得明显的成效，“据说民众们已由反对变为同情，进而协助，更要求扩大建设矣”[②]。

民众学校是这个时期民众教育的重要方式，先后办有民众夜课学校 10 余所，分设北碚、龙虎山、金刚碑、东阳镇、白庙子、夏溪口等地。此外，曾办妇女职业班、三峡厂工人夜校、女子音乐班、船夫学校、力夫学校等，毕业者 1000 余人。[③] 还以西山坪农场为中心办了两个农民学校。[④]

峡防局时期，很注意演剧。表演是一种艺术教育，同时也是一种集合人群的工具，必利用表演的空隙机会，作简短精粹的报告或讲演。题材着重于政令的宣扬、建设兴趣的培养及科学新知识的广播等。[⑤]

1929 年 1 月，峡防局在北碚设立民众俱乐部，购置有中西乐器，供人娱乐。1931 年 7 月，峡防局在火焰山创设平民露天娱乐场，设置幻灯，实行识字教育。8 月 25 日，为提高北碚平民教育效率，此前开办了平民俱乐部，晚上放映有关近代知识的幻灯片，卢作孚感到仅仅放映还不够，要善于解释，效果会更好，于是本日晚他来到平民俱乐部临场施教，手持话筒，就幻灯屏幕上放映的各时代的汽车和船进行讲解。卢作孚“口中不断的解释幻灯片中各时代的车和船等，中间的口吻不少传神处，故很能引

① 葛向荣：《北碚的民教活动》（1942），北碚管理局编：《北碚概况》，1949 年 10 月，第 45 页。

② 李涛：《四川北碚的乡村建设事业》，《教育与民众》1936 年第 7 卷第 6 期，第 1182 页。

③ 黄子裳、刘选青：《嘉陵江三峡乡村十年来之经济建设》，《北碚月刊》1937 年第 1 卷第 5 期，第 4 页。

④ 葛向荣：《北碚的民教活动》（1942），北碚管理局编：《北碚概况》，1949 年 10 月，第 41 页。

⑤ 葛向荣：《北碚的民教活动》（1942），北碚管理局编：《北碚概况》，1949 年 10 月，第 44 页。

人入胜，洗耳静听”①。

1933年4月，北碚建成民众会场。②民众会场实际上是把禹庙（当时北碚旧建筑中最宏伟的建筑之一）改修而成，有剧台、座次、园墙。同时在体育场附近修筑露天娱乐场，暑天就把民众集会移到此地举办。民众会堂有价值200元的1部旧式幻灯机、价值1400元的1部德国造幻灯机、价值400元的1部无线电收音机。无线电收音机能收播南京、广州、北平、天津、哈尔滨、日本、海参崴等地新闻及音乐。每周星期日，开放民众会场，有新剧、川剧、幻灯、电影表演和播放，其间联络各机关人员讲演常识、报告时事、介绍新知识。③

通过民众教育，使民众对新事业的态度由反对变为同情以至于协助，这正是举办者的目的所在。

北碚的民众教育，从一开始就强调“用力集中”和“尽量渗透”两个原则。所谓用力集中，在一开始就是特别集中于北碚的场上，扩展于东阳镇、白庙子及夏溪口，乃至于西山坪农场等附属事业。依民众习俗，峡防局特别把民教活动集中在每年的三大节期间，即元旦节、端午节、双十节。在峡防局时期，甚至动员全部工作人员，从事于最盛大的民教活动，在小小一区，曾集中民众到三万人以上。举行盛大的集会、盛大的检阅、盛大的展览，举行集团参观；举行各种运动竞赛，各种游艺表演。每项活动，都力求其有计划和安排，有组织和秩序，有趣味及内容，有教育意义，一方面教育民众，一方面训练自己。④

嘉陵江小三峡的民众只有少数知识分子使用阳历，多数仍按阴历行

① 《卢局长实施平民教育》，《嘉陵江日报》1931年8月27日，无版页序号。

② 《江巴璧合特组峡防团务事业进程一览》，峡防局1934年刊，北碚图书馆藏。

③ 黄子裳、刘选青：《嘉陵江三峡乡村十年来之经济建设》，《北碚月刊》1937年第1卷第5期，第4页。

④ 葛向荣：《北碚的民教活动》（1942），北碚管理局编：《北碚概况》，1949年10月，第42、43—44页。

事。一年中有新年、端午、中秋尤其受到重视，俗称“三节”。[①]1934 年 6 月 16 日的端午节，北碚就精心组织、举办了这样一个盛大的民教活动。1934 年 6 月 8 日，距离端午节还有 8 天，卢作孚就主持峡防局主任联席会议，熊明甫、徐崇林、卢子英、卢尔勤等参加，安排北碚端午节的各种活动以及招待活动。[②]6 月 16 日为农历端午节，北碚举行各种宣传、娱乐活动。上午 8 点半到 10 点半，民生公司新知识广播宣传团 24 人分 4 组，每组 6 人，在北碚十字街游人最多的地方高声讲演。他们讲演的材料，多是各国发明、制造的新成果，如英国最新海轮吨位 7 万吨，世界最快的汽车有 2500 匹马力，有 11 个汽缸，每小时可跑 176 公里等。这一天，北碚各机关、事业单位，包括中国西部科学院、兼善中学、火焰山公园、博物馆、农村银行、朝阳小学、图书案、新营房、三峡染织工厂、地方医院、民众俱乐部等，完全开放，任民众参观。当天下午 1 时，中国西部科学院举行理化研究所大楼“惠宇”落成典礼，甘典夔、何北衡、郑璧成、康心如、任望南、熊明甫等出席典礼，“与会之众约数千人”。[③] 典礼结束后，龙舟竞渡开始。晚上民众会堂有川剧、京剧的演出。第二天尚有民生公司的船员游泳比赛。周围半径 50 里之内的农民纷纷前来参观、游览。[④]

这种民众教育，与梁漱溟那种冷冷清清、民众不动的情形，形成强烈的反差。这样的民众教育好玩，因为其内容丰富多彩，有龙舟比赛，有戏剧表演，更重要的是有许多新知识的传播，还有新的生活方式、生产方式。这种新的生活方式和生产方式实际上就是现代城市秩序：“北碚，它是近代化城市尚未完全成功的一个雏形，同时也是四川各乡村甚至于中国

① 社会部统计处：《北碚社会概况调查》，《民国时期社会调查丛编・二编・城市（劳工）生活卷》（上），第 402—403 页。

② 《主任联席会议》（1934 年 6 月 8 日），北碚管理局档案，档案号 0081—1—241，重庆档案馆馆藏。

③ 黄立人主编：《卢作孚书信集》，第 319 页。

④ 甘南引：《端午节朝贺北碚》，《新世界》1934 年第 49 期，第 19 页。

各乡村想要变成近代化城市的一个模型，或者一个先导。”① 北碚试验吸引民众的地方，就在于其致力于把旧的残破的乡村变成现代的城镇。

北碚的地势原来像一个半岛，一边为山洪大沟，一边有会龙溪大沟，深约 5 丈。北碚的街市，就夹大沟两侧建筑，其间以小桥连接。沟的北侧地面窄狭，房屋简单，仅马鞍山上沿大路有一条长街。沟的南侧地面较平，是街市的主要部分所在。② 夏季洪水暴发，常贯于沟而包围旧北碚市区。因此，北碚人士欲图平安，遂有填沟筑路的倡议，外人无不视此“为愚公之举”。③ 但北碚当局却不以为然，召开民众大会，并由大会作出决定、拟具办法。先请工程师测量计算，需要 30 万担土方工程。随即挨门挨户分派工作，各家出人出钱共办。1935 年春集合官兵民 2000 多人动工，挖泥万担以上。尽管没有能够填平该沟，修成道路，但初步显示出市民动员起来的力量。

五、现代市镇格局初步形成

卢作孚当时的目标是把北碚布置成为一个现代市镇。但是在一个相当长的时期内，北碚场镇的功能自然形成行政、商业、工业、文化、住宅、风景、交通、平民窟等区域。峡防局位于乡场北端马鞍山东部一隅临嘉陵江的山阜上，峡防局武装驻扎在火焰山麓及市街的中心，其他各个行政官署散处街市南北各处。总之，行政单位没有集中的区域。有局址，没有礼堂等建筑。第一保和第二保距离市街很近但独处一隅，在市街外的马鞍山山岗上，是北碚镇主要的住宅区，中产阶级及普通从业人员以薪水为生活来源者，大多聚居在该区域。住宅区分布较为散漫，但各处自成段落并能

① 甘南引:《端午节朝贺北碚》,《新世界》1934 年第 49 期，第 3 页。

② 林超、楼同茂、王成敬、孙承烈:《嘉陵江流域地理考察报告》下卷，(中国地理研究所)《地理专刊》1946 年第 1 号，第 132 页。

③ 徐亚明:《四川新建设中之三峡》,《复兴月刊》1935 年第 3 卷第 6—7 期，第 12 页。

维持联络。总体上看，住宅都分布在市街的外围北部、马鞍山顶的西部；南部在火焰山以南。所属三处，看似隔绝，实则有山路贯通其间。商业区处于北碚马鞍山与火焰山之间右临嘉陵江，大致上呈正方形。北碚镇有两家工厂，其一是大明电力厂，其二是三峡织布厂，皆在局址后马鞍山北边。这里地势临江，在用水和燃料运输上，较为便利。同时，由于有马鞍山隔离以及风向上的考虑，两厂轮机的噪音和煤烟不易侵入和影响市街以及居民区。① 平民窟集中在嘉陵江江滩，位于市街东西外围，这里棚舍鳞次栉比。由于地处江滩，与市街既然分离，所以尽管窟内空气污浊，秽物充斥，但不影响市容。后来，这里被划为北碚镇第 3 保。中小学分布在市街南边郊外，火焰山西麓；中国西部科学院、畜种保育等学术研究机构分布在市街北郊外。与行政机关内一样，文化机关也不能够构成一个独立的区域。

市地与农地的巨大差异是城市和农村巨大差别的突出表现之一。市地的关键在于地段，农地的关键在于肥力。在利用上，市地的利用高度集约，需要巨额投资和交通便捷，用途一旦确定便会相对稳定。② 对于人口密集，田土不足、地力贫瘠的北碚而言，城市化和非农产业无疑是解决人口、土地和发展问题的一个重要途径。

游览区建设是北碚发展非农产业的重要目标。从峡防局时期开始，北碚当局一直非常重视游览事业。经过建设和布置，到 20 世纪 30 年代上半期，以北温泉公园—缙云山、北碚场各项事业、北川铁路为主，嘉陵江小三峡旅游观光为主体的游览区建设取得显著的成效，北碚的魅力初步显现，访客迅速增多，并广受好评。此类资料极多，此处不赘述。北碚打动

① 来元业：《北碚一带房租地租之研究》，《民国二十年代中国大陆土地问题资料》第 64 册，第 33305—33306 页。

② 来元业：《北碚一带房租地租之研究》，《民国二十年代中国大陆土地问题资料》第 64 册，第 33486—33488 页。

和吸引游客的东西实际上包含两个方面的实质性内容。其一是北碚城镇建设和北川铁路为代表的煤炭工业等诸多新兴事业，实际上代表着一种新的生产、生活方式和新的社会秩序的初步形态，使人感到新奇、舒适。社会改造的全面推进，不仅基本解决了峡区的匪患，而且发展实业，提倡教育，培植风景，使区域社会取得显著进步，城镇中心作用明显提高。由此，“使北碚渐入近代化之路，而成为国内闻名的区域”①。其二是优良的自然生态环境可以通过人为的努力得到有效的保护、建设和利用。如北温泉浴室里流淌着的清流及弥漫着的含巯黄味，缙云山上的茂林修竹、松涛阵阵和纷繁植物，嘉陵江小三峡的激流、帆影、渔火，使人流连其中，乐而忘返。

北碚的建设成绩，开始对周边产生影响而不乏模仿者。如接近1933年，就有四川达县教育局局长符静僧，“来函索取峡防局本局各种单据表册，意在仿效此间办事办法”②。北碚对岸黄桷树，一个在此地经收旱道挑捐的峡防局总务股职员童某，见该处挑炭力夫以小孩子居多。这些小孩子白天辛苦挑炭，居住条件恶劣，闲暇赌钱抽鸦片或吵嘴打架。童某了解到这些小孩子全不识字后，与一位很欣赏北碚事业的私塾先生决定办夜校，并得到峡防局支持，很快就在黄桷镇办了一所夜校。③还有璧山教育局建设局，会同地方人士筹商，请求峡防局帮助指导，在青木关建设一个新公园。④

无论从社会舆论，还是在周边的影响，北碚的建设成绩都得到肯定。只是在峡区特别是北碚建设试验的核心区域即北碚场上，卢作孚和峡防局

① 社会部统计处：《北碚社会概况调查》，《民国时期社会调查丛编·二编·城市（劳工）生活卷》（上），第407页。

② 杨绍险：《总务股工作报告》，《工作周刊》1933年第1期，第5页。

③ 童象元：《总务股报告》，《工作周刊》1933年第6期，第9页。

④ 宋在田：《督练部报告》，《工作周刊》1933年第15期，第13页。

的一套办法仍与居民有距离。卢作孚用民众教育的方式和建设的成绩尽力来缩小距离。毕竟，让大多数人接受一种迥异与过去的、城市化工商社会的生活方式和生产方式，不是一件容易的事情。

正如当时调查者所观察，北碚镇原为乡村，没有近代工商业都市形态。卢作孚接掌峡防局局长后，认定社会经济贫困是匪风炽盛的根本原因，所以其上任伊始就着重发展经济事业，同时以清剿土匪以收治标效果。如此办理十年，从不松懈，“结果僻壤穷乡，顿入城市规模矣”①。

① 来元业：《北碚一带房租地租之研究》，《民国二十年代中国大陆土地问题资料》第64册，第33588—33589页。

第 三 章

三峡实验区时期的北碚城镇化（1936—1942）

与峡防局时期不同，三峡实验区着重于地方建设。但三峡实验区行政权不完整，因此“与其他行政单位作风不同”。① 从1936年春到1937年春，三峡实验区在严重的干旱中度过了第一个整年。1937年全面抗战爆发后，三峡实验区成为内迁的目的地之一。1939年3月，三峡实验区被划入迁建区。同时，由于重庆工业区的兴起，加上重庆人口的增加，对煤炭的需求日益旺盛，嘉陵江两岸煤业日趋旺盛。在数次被日机轰炸后，北碚市区在重建中扩展了范围，市街道路得到拓展。从抗战爆发到1942年改组为北碚管理局的数年间，得天时地利人和之便，北碚的发展速度加快，从一个现代气息渐浓、“颇有小都市雏形”的乡场②，发展成为“近代化市镇”，具备了“五方杂处的都市型态”。③

① 社会部统计处：《北碚社会概况调查》，《民国时期社会调查丛编·二编·城市（劳工）生活卷》（上），第407页。

② 来元业：《北碚一带房租地租之研究》，《民国二十年代中国大陆土地问题资料》第64册，第333305页。

③ 社会部统计处：《北碚社会概况调查》，《民国时期社会调查丛编·二编·城市（劳工）生活卷》（上），第341页。

第一节　三峡实验区的成立与建设理念

1936 年 4 月 1 日峡防局改组为三峡实验区，北碚依然为区署所在地。三峡实验区沿着卢作孚直接管理时期确定的目标建设，由于煤炭工业不受旱灾影响，工业的优越性更加明显。北碚作为区署所在地，城镇化、工业化进程仍持续推进。

一、三峡实验区的成立

1935 年，随着国民政府中央的军事政治力量进入四川，四川的防区制时代终于走到了尽头。与防区制度相关的团务机关，其“爬梳整理，自属刻不容缓”。① 同时，随着日本侵华步伐的加快，国民政府开始考虑以四川为中心布置和建设抗战后方。峡防局所在的嘉陵江小三峡地区，煤炭资源丰富，是布置后方所要考虑的因素之一。② 三峡实验区的成立，是北碚由军事重镇向地域性行政中心和科学文化中心、煤炭工业转变的重要环节。与峡防局相比，实验区署的政府职能得到显著加强，自治职能在相当大的程度上得到保持。在这样的社会历史背景下，北碚城镇化进程得到新的动力而突然加快了前进的步伐。

1935 年 6 月，卢作孚以峡防局局长身份，把《拟改组峡防局为嘉陵江三峡乡村建设实验区计划大纲》呈四川省政府秘书长邓汉祥转军事委员会委员长行营秘书长杨永泰、四川省政府主席刘湘，获得批准。7 月，卢作孚拟定《嘉陵江三峡乡村建设实验区组织规程》23 条，并与黄子裳等

---

① 国民政府军事委员会委员长行营编：《国民政府军事委员会委员长行营参谋团大事记》(中)，第 729 页。

② 陈悫哉：《嘉陵江三峡乡村建设实验区土地分配》，《民国二十年代中国大陆土地问题资料》第 72 册，第 38120 页。

人拟定收支预算书反复请示修改后，呈四川省政府审核。①1935 年 12 月 12 日，卢作孚被任命为四川省建设厅厅长。14 日，卢作孚到任视事。

1936 年 1 月，峡防局和四川省政府方面拟定出改组峡防团务局为三峡实验区的计划。该计划确定三峡实验区实验的目标是：1. 实验乡村建设方法，2. 培养乡村建设人才，3. 造起乡村建设影响。该计划暂定三峡实验区辖 5 个乡镇，即：巴县属的北碚乡、江北县属的文星镇、江北县属的二岩镇、江北县属的黄葛镇、璧山县属的澄江镇。② 这 5 个乡镇的面积，如前所述为 160 平方公里（确数为 158 平方公里）。与峡防局相比，三峡实验区辖境范围大为缩小，不到原面积的四分之一。如何使已经开始的建设事业得以延续和继续发展，成为问题的关键。

2 月初，四川省政府第 57 次会议决议，准予设立三峡实验区，并规定实验区隶属于第三区行政督察专员公署。2 月 5 日，四川省第三行政公署饬令峡防局改组。2 月 25 日，四川省政府委任唐瑞五、卢子英为三峡实验区正副区长。4 月 1 日，三峡乡村建设实验区正式成立，从此，三峡实验区成为“自治行政之区”。③ 在大体上维持自治行政的情形下，北碚城镇化、工业化建设进入新的历史阶段。

根据区署组织规程：巴县、江北、璧山三县县政府，对于已划归三峡实验区的原属乡镇，除建设、教育及普通民政、保安等事项外，其国税、省税、地方税的征、解、催收，仍由各该县直接督查各乡镇联保办公处办理。组织规程还规定：三峡实验区内原有各县立教育机关未经明令划入者，仍由各县政府管辖，三峡实验区署负监督之责。因此，三峡实验区署

---

① 《嘉陵江三峡乡村建设实验区署第一周年大事记》，《北碚月刊》1937 年第 1 卷第 9—10 期，第 157 页。

② 黄子裳：《嘉陵江三峡乡村建设实验区成立经过》，《工作月刊》1936 年第 1 卷第 1 期，第 7—8 页。

③ 来元业：《北碚一带房租地租之研究》，《民国二十年代中国大陆土地问题资料》第 64 册，第 33589 页。

并不拥有完整的行政权。① 在没有税收权的情况下，实验区署的经费主要来自四川省政府经常补助费和地方事业补助费两项。三峡实验区署成立之初，每月补助费收入见表3—1。

表3—1　三峡实验区署补助费每月收入统计表

单位：元　年份：1936

补助机关	补助金额
四川省政府	5000
天府煤矿与北川铁路	220
燧川公司	120
宝源公司	120
民生公司	80
合计	5540

资料来源：叶静涵：《嘉陵江三峡乡村建设实验区概况》，《四川月报》1938年2月第12卷第2期，第9页。

三峡实验区地域虽小，但事业众多，收支平衡不多见，入不敷出是常态。1937年三峡实验区每月经常收入5629.18元，10月份有临时收入486.3元。支出相抵，基本平衡。1939年三峡实验区预算每月收入5873元，支出每月6355元，预算赤字每月482元。但实际上，三峡实验区署5月份实际支出9450元，赤字3335元。该赤字还仅仅是行政和内务一部分经费支出而已。②

① 《修正嘉陵江三峡乡村建设实验区署组织规程》，《工作月刊》1936年第1卷第1期，第55页。

② 来元业：《北碚一带房租地租之研究》，《民国二十年代中国大陆土地问题资料》第64册，第33516—33517页。

表 3—2　1939 年三峡实验区署预算

单位：元

预算收入经常门	数　额	预算支出经常门	数　额
1. 省政府补助行政费	60000	1. 行者内务费	76260
2. 地方商办事业补助费	10440	2. 卫生事业费	10800
3. 保甲经费	9750	3. 农业推广费	4320
4. 教育专款	22555	4. 督查特务费	4800
5. 肉税	14000	5. 保甲经费	15600
6. 社会教育经费附捐	4875	6. 教育经费	22555
7. 其他捐税	1600	7. 社会教育经费	4560
预算收入临时门		**预算收入临时门**	
1. 出征军人优待捐	2000	1. 出征军人家属优待费	9700
2. 防空捐	17450	2. 防空洞工程费	—
收入经常门、临时门合计	142670	**支出经常门、临时门合计**	148595
		赤字	5925

资料来源：来元业：《北碚一带房租地租之研究》，1939 年冬，见萧铮主编：《民国二十年代中国大陆土地问题资料》第 64 册，台北成文出版社 1977 年版，第 33517—33519 页。

此外，北碚在 1939 年开凿 15 个防空洞，费用尚未计入，加上峡防局时期尚有 18397.3 元欠债移交入账等，合计区署负债达 60800 多元。为因应财政收入不敷应用的局面，区署采用的办法有创行新捐和提高公产房屋土地租金等办法。新捐包括旅馆和筵席捐，从春节期间实施。公产房屋土地租金从 1938 年开始就陆续提高。而北碚镇市地属于公有者多，属于私有者少，公地地租高，私地地租底。① 具体情形见表 3—3。

① 来元业：《北碚一带房租地租之研究》，《民国二十年代中国大陆土地问题资料》第 64 册，第 33520、33462 页。

表 3—3　北碚镇市街主要马路公私地地租平均值

每方丈 / 元

1. 缙云路（后改称原汉口路）	公地	7.9295
	私地	6.0478
2. 和睦路（后改称广州路）	公地	4.278
	私地	4.039
3. 文华路（后改称北平路）	公地	8.767
	私地	7.174
4. 金佛路（后改称上海路）	公地	27.0325
	私地	9.125
5. 均和路（后改称南京路）	公地	8.17
	私地	27.366

资料来源：来元业：《北碚一带房租地租之研究》，1939 年冬，见萧铮主编：《民国二十年代中国大陆土地问题资料》第 64 册，台北成文出版社 1977 年版，第 33515 页。

城镇化带来的市地土地收益，成为推动北碚各项事业发展的一项重要物质基础。

区署成立后，司法权问题仍悬而未决。1936 年 4 月 30 日，卢作孚就峡区司法权问题致函四川省政府秘书长邓汉祥，为区署争取处理盗匪案件的司法权。①9 月 24 日，国民政府军事委员会委员长行营作出核示并向四川省政府发出指令："予该区署以处理盗匪事件特权，以区长唐瑞五兼行营军法官，区署内需设承审员一名（须专习法律并富有经验者）襄办审判事宜。②10 月又收到行营训令：依据"兼军法官暂行条例"，准予三峡实验区享有区长兼军法官的特权，并就原组织规程略予修正，厘为定章。由此，三峡实验区区署组织系统与权限，最终得以确定。随后，三峡实验区

① 《卢作孚致邓汉祥函》（1936 年 4 月 30 日》，四川省政府秘书处档案，档案号 41—3066，四川省档案馆馆藏。

② 《国民政府军事委员会指令》（1936 年 9 月 4 日），四川省政府秘书处档案，档案号 41—3066，四川省档案馆馆藏。

设行营军法承审室，由区长唐瑞五兼任军法官，并享有处理军事犯、烟犯、盗匪案件的司法特权。同时，三峡实验区署既与县府同一待遇，对于辖区行政案件拥有直接处理之权。尽管对于民事、刑事案件无受理之权，但若案情轻微，人民申请调解者，三峡实验区署也可以酌情进行处理。承审室组织，设承审员一人，由兼军法官甄选专习法律者呈委担任，其余员额，得随事委任。①

至于乡镇组织，三峡实验区署在成立之初，辖北碚乡、文星镇、黄桷镇、二岩镇、澄江镇、五乡镇。1940 年夏，实验区从黄桷镇、文星乡各划出一部分，增置白庙乡。1941 年，划北碚乡增设龙凤、金刚二乡。三峡实验区署在 1936 年成立时，遵照相关规定，划分全区为 100 保，1055 甲。1942 年 2 月改编保甲，计北碚乡 43 保，白庙乡 12 保，文星乡 16 保，黄桷乡 22 保，二岩乡 7 保，澄江镇 30 保，共 130 保，1345 甲。

峡局时代施行乡镇长制。1935 年 8 月 1 日遵令改组各乡镇为联保。1936 年 8 月，三峡实验区署为增进工作效率，责令各乡镇公安队与联保办公处联合办公。1938 年 2 月，区署又令公安队直隶于联保办公处。1940 年，四川省实施新县制，区署遵令改组联保办公处为乡（镇）公所，联保主任称为乡（镇）长。1941 年，四川省政府通令乡置户籍、干事各一人。镇乡以下，保有保长，甲有甲长。②

设置三峡实验区，旨在推行各种建设。因此，除普通行政与司法机构外，三峡实验区还设有各种事业机关。1940 年时三峡实验区就有 20 多个事业单位，包括：1. 教育：民众教育委员会、民教馆、博物馆、图书馆、体育场及 4 所中心小学。2. 社会：卫生所（戒烟所）、旅客服务处。3. 经济（附市政）：农业推广所、合作社、屠宰场及市整会、电力厂。4. 出版：嘉陵江

① 顾颉刚、杨家骆：《北碚志稿》，《北碚图书馆藏方志珍本丛刊》第 2 册，第 53 页。
② 顾颉刚、杨家骆：《北碚志稿》，《北碚图书馆藏方志珍本丛刊》第 2 册，第 73—80 页。

日报社、北碚月刊社。

二、治理理念的明晰化

在三峡实验区成立之初，区署机关刊物《工作月刊》在第1卷第1期转载卢作孚《四川嘉陵江三峡的乡村运动》一文，刊载了卢子英《我们应该一齐努力乡建》、罗中典《国内乡村建设运动的现势》等论著。如前所述，卢作孚《四川嘉陵江三峡的乡村运动》一文最初于1934年10月发表在陶行知主办的《中华教育界》。《工作月刊》对该文的转载表明，三峡实验区仍将奉行卢作孚在这篇文章所提出的建设方针。

三峡实验区区长唐瑞五（1901—1937）是四川江北县石坝乡人，是江北县实业家唐建章的侄子，毕业于天津北洋工学院采冶科，毕业后到唐山开滦矿务局实习两年。回川后，唐瑞五曾担任江北县第10区区长。随后应卢作孚邀请，唐瑞五担任天府煤矿公司经理兼工程师，有苦干精神。考虑到三峡实验区的5个乡镇中有3个原属于江北县，而唐氏家族在江北具有很高声望，加上北碚各项建设需要吸引江北绅商参与，因此当卢作孚出任四川省建设厅长，并建议设置三峡实验区时，就保荐唐瑞五为三峡实验区区长。担任三峡实验区区长后，唐瑞五亲率员属跑遍全区各地调查户口，工作态度十分积极。不过由于年龄较轻，唐瑞五处事稍显急进，引起一部分人的不满，甚至有人向四川省政府控告。卢作孚曾劝唐瑞五加以注意，遇事尽量用妥善方式处理。① 之后，唐瑞五把自己主要精力放在天府煤矿的技术工作上，而把区署日常事务交给副区长卢子英负责。② 因操劳过度，身染重病，唐瑞五于1937年英年逝世，时年36岁。

副区长卢子英是卢作孚四弟，青少年时得到卢作孚的关心和爱护。卢

---

① 社会部统计处：《北碚社会概况调查》，《民国时期社会调查丛编·二编·城市（劳工）生活卷》（上），第252页。

② 重庆市北碚区地方志编纂委员会编：《重庆市北碚区志》，第536页。

子英曾考入黄埔军校第四期，修业约半年，因病退学。卢作孚接任峡防局局长后，委卢子英为常练队队副。之后，卢子英先后担任峡防局学生队队副、少年义勇队队长、川江航务管理处护航队队长及峡防局军事股主任、督练部督练长等职。卢子英对社会发展趋势有清晰的见解，早在 1933 年 4 月 2 日的峡防局周会上，他就明确表示："中国未来需要的是大规模的新建设，如国内工业化，人们都是集团的生活着。这样为了企图工作的效能，组织的健全，都非军事化不可。"① 他的这种观点，与卢作孚的建设理念完全一致。唐瑞五逝世后，卢子英升任区长。卢子英的性格中保留着军人的豪爽气概，又很重视专家学者。到北碚游览的大部分学者名流，都曾受到卢子英的邀请到三峡实验区作讲演。在任三峡实验区区长的几年中，卢子英沿着卢作孚确定的建设目标，利用抗战全面爆发带来的历史机遇，进一步把北碚发展起来。②

卢子英认为：乡村建设运动在我国实属五花八门，莫衷一是。这种情形，一方面可见一般仁人志士注意到根本问题和下层工作，是可喜的现象；另一方面，又近于无政府状态，令人忧虑。在他看来，有二三十年历史的乡村建设运动，没有能够抵挡住国际国内的各种冲击，救不了破产的农村经济，但乡建对于培养民力、启发民智，仍有一定作用。卢子英还认为，当时各地乡建的缺点在于取得成效太慢，难以为社会提供亟需的人力物力，不能适应社会的急切需要。③ 卢子英的这种认识，可以说是洞悉社会发展大势的真知灼见。他还从八个方面总结和归纳了当时乡建的局限性：第一，政府没有制定相应政策以资倡导；第二，缺乏领导人才；第三，缺乏有效的计划与技术；第四，不能适应时代需要；第五，缺乏革命性的

① 卢子英：《督练部报告》，《工作周刊》1933 年第 3 期，第 9 页。

② 社会部统计处：《北碚社会概况调查》，《民国时期社会调查丛编·二编·城市（劳工）生活卷》（上），第 252 页。

③ 卢子英：《我们应该一齐努力乡建》，《工作月刊》1936 年第 1 卷第 1 期，第 10 页。

意义，解决不了生产技术和灾害问题，解决不了土地问题，解决不了苛捐杂税以及兵匪、战祸、土豪劣绅、帝国主义侵略、军阀榨取等问题；第六，无国际援助；第七，不与工商业有所联系；第八，不与城市文明有所联系。① 卢子英指出的领导人才、生产技术、与工商业相联系、与城市文明相联系、要适应时代需要等问题，都是北碚建设试验中得自实践、行之有效的经验，并非纸上谈兵的空洞理论。

罗中典在《国内乡村建设运动的现势》中指出：嘉陵江三峡实验区，承峡防团务局之后，建设工作“将由市镇而乡村，将由民众被动而辅导民众自动”。② 该文的特别之处还在于，清楚地点明了峡防局时期的建设都在市镇上进行这样的事实。舒杰、葛向荣《一年来的北碚民众运动》说北碚市场有 7 所私塾近 160 名学生，整个北碚乡有 37 所私塾 650 个学生。因为没有足够经费设学校予以安置，所以只能逐步改良。改良的步骤是“先从北碚市场改良起”，而民众会场是“实施社会教育的中心地点”。③ 总之，北碚市场是建设和社会教育的中心，也是改良工作的起点。

显然，三峡实验区成立后，其建设和实验的重点仍在北碚场。重要的变化是，试验变成了实验，而实验范围从北碚场扩大到了辖区其他乡镇的场上。三峡实验区在发展和进步中，坚持城镇优先，以及以城镇为中心带动周围乡村发展和进步的步骤，是相当明确的。

三、初期施政及其困难

唐瑞五主政时期的一个重要工作是户口调查和编查保甲。北碚人口统计调查和编组保甲在三峡实验区成立之初同时进行，两项工作都由内务股实际负责，并由区署派第 3 期少年义勇队毕业留署学员 20 人组成实施两

① 卢子英：《我们应该一齐努力乡建》，《工作月刊》1936 年第 1 卷第 1 期，第 10—11 页。
② 罗中典：《国内乡建运动的现势》，《工作月刊》1936 年第 1 卷第 1 期，第 18 页。
③ 舒杰、葛向荣：《一年来的北碚民众运动》，《工作月刊》1936 年第 1 卷第 1 期，第 23 页。

项工作的调查队。1936 年 4 月 4 日，调查队在区长唐瑞五督率下分赴各乡镇开始实地调查，6 月 15 日保甲编查完毕。[①] 调查结果，三峡实验区有 2477 户，65284 人。[②] 这次户口调查，是三峡实验区成立后北碚第一人口调查，精确度较高。而通过户口调查、编组保甲，三峡实验区当局对峡区的情况已经能够充分掌握。其相关数据，不仅对于侦破案件大有帮助，而且对于辖区的区域发展极为有益。

不过，三峡实验区在施政上一开始并不顺利。1936 年入夏以后，久不降雨，三峡实验区农田禾苗多半枯死，造成严重损失。秋季继续干旱，小春也告绝收。区内草根树皮都已吃尽，灾情惨重为百年所未见。此次旱灾，到 1937 年 4 月才结束，造成严重损失和困难，致使北碚“全部收成仅十分之三，乡民吃草根、树皮、白泥”[③]。区内受重灾者 5962 户，灾民 22000 人以上。全区稻谷损失约 3000 石，值 20 余万元。[④] 在 5 个乡镇中，黄桷乡和文星乡田土收成与损失约为对半，澄江镇田土收成分别约占 4 成和 3 成，二岩乡和北碚乡受灾最为严重，田土收成只有 3 成。1937 年 7 月，嘉陵江又发生洪水，“北碚、黄桷、澄江三镇水灾损失达五万元。”[⑤]

在此旱灾水灾交相逼煎的情形下，原本就非常困难的财政更加困难。在此情形下，欲举办大规模的建设事业，真是万分困难。尽管如此，在市政建设方面，三峡实验区仍取得了显著的成绩，特别是市政建设的范围扩大了：

过去市政经营，多偏重于北碚。今则普遍及于五乡镇，过去只及

① 唐瑞五：《嘉陵江三峡乡村建设实验区署工作报告》，第 5 页。
② 唐瑞五：《嘉陵江三峡乡村建设实验区署工作报告》，第 15 页。
③ 顾颉刚、杨家骆：《北碚志稿》，《北碚图书馆藏方志珍本丛刊》第 1 册，第 377 页。
④ 叶静涵：《嘉陵江三峡乡村建设实验区概况》（续），《四川月报》1938 年第 12 卷第 3、4 期合刊，第 85 页。
⑤ 顾颉刚、杨家骆：《北碚志稿》，《北碚图书馆藏方志珍本丛刊》第 1 册，第 377 页。

于市场，今则更及于较重要之幺店，及小小市集，如黄桷树、二岩、澄江口、夏溪口、白庙子、金刚碑，凡公安队所在之处，均曾为街市房屋之整理、街道之改修、阴阳沟渠之疏通，各种菜场粮米市场之规划，其余如教育、卫生等，举凡乡村建设应办之事，无不一一举办，地面虽小，规模亦如北碚之凡百粗具焉。①

这一时期特别值得一提的还有青北公路的修筑。北碚到璧山青木关的青北公路，修成后可以连接成渝公路。北碚当局对此路非常重视，1930年就开始组织力量进行测量，后因故中辍，到1931年春才得以测量完毕。1936年6月川黔公路局派人再行勘测，初拟由川黔公路局筹款兴工修筑，终因筹款困难，无法推进。青北公路修筑的困难之处在于，全长24公里，需要打通20多个涵洞，如包工修筑，费用在80万元以上。好在1937年3月由军事委员会委员长行营派陆军161师担任修筑任务，并于3月5日正式开工，1938年5月完工。青北公路从北碚起，经天生桥（4公里）、状元碑（2公里）、独石桥（8公里）、歇马场（11公里）、小弯（14公里）、凤凰场（18公里）最后达青木关，与成渝公路相接。由此，北碚可由公路直达重庆，陆上交通也便利起来。

第二节　全面抗战爆发后城镇化进程的加速

全面抗战爆发后，重庆成为战时首都。地处重庆远郊区的北碚，迎来了新的发展机遇。天府煤矿的机械化改造、北碚成为重庆附近的疏建区，

① 赵仲舒：《嘉陵江实验区署一年来之工作》，《北碚月刊》1937年第1卷第9、10期，第48页。

北碚被炸后的改造，对这一时期北碚城镇化影响巨大。曾经旅居北碚的著名工业家薛明剑追述他对北碚城镇化的观感时说：1938 年时“北碚市容不整，店铺须逢一、四、七日始开门，谓之赶场，居民亦不多”，而抗战后期“都市化之北碚面貌，完全不可同日而语”①。总之，全面抗战爆发后，北碚城镇化进程有了突飞猛进的发展。

一、教科文卫机构的迁建

经过 10 年建设，到抗战全面爆发时，三峡实验区已经是重庆远郊交通便利，社会秩序良好，生活设施较为完备，而且有缙云、温汤之胜的名胜区。1939 年，三峡实验区的北碚乡被划定为第一疏散区中 12 个乡的一个。1939 年 5 月，日机轰炸重庆，给重庆市中区造成巨大损失。经此大轰炸，迁移者更多，机关及学校及迁碚者络绎于途。据有关调查的不完全统计，到 1939 年夏，仅迁入北碚乡的政府机关和学术机构已经有 18 个单位、学校有 3 个单位。②1941 年上半年，由于重庆遭受空袭严重，迁碚单位较多，迁碚专家达 2000 多人。③

迁到北碚的政府机关实际上多是重要的科学研究和文化机构，只有少数是纯粹的行政机构。这部分迁碚机构主要有：中山文化教育馆、经济部中央地质调查所、中央工业试验所化学室、中央党史编纂委员会、中央研究院气象研究所、国立中央研究院动物研究所、中国科学社生物研究所、国民政府统计局、国民大会代表选举事务所、航空委员会油料研究所、国民经济研究所、中央农业推广所、经济部中央矿冶研究所、经济部煤业管

① 薛明剑：《五五纪年》，无锡市史志办公室编：《薛明剑文集》，当代中国出版社 2005 年版，第 62—63 页。

② 来元业：《北碚一带房租地租之研究》，《民国二十年代中国大陆土地问题资料》第 64 册，第 33546、33548 页。

③ 北碚管理局编：《北碚旅游指南》，1944 年春，第 39 页。

理处、全国禁烟督察处、经济部度量衡管理局、财政部北碚办事处、教育部教材用书编纂委员会、中国教育全书编纂处等。

中山文化教育馆成立于 1933 年 3 月 12 日，馆址初在南京。该馆由孙科院长任董事长，其主要工作在于研究中国历史、社会及文化思想，调查中国社会经济状况，介绍与翻译世界学术著述。1937 年 11 月，中山文化教育馆迁到北碚。①

经济部中央地质调查所成立于 1916 年，是中国地质研究领域历史最为悠久的学术研究机构。成立之初，该调查所隶属于北京政府农商部，所址设于北平。1931 年 12 月，该所所址由北平迁到南京新址，留北平的部分称为分所。从 1921 年起，翁文灏担任地质调查所所长 17 年，是地质调查所的核心人物。② 全面抗战爆发后，该所在所长黄汲清带领下，于 12 月初迁到长沙。1938 年 1 月，国民政府实业部改为经济部，地质调查所改隶经济部。1938 年 8 月，地质调查所迁重庆。应卢作孚、卢子英邀请，该所于同年 8 月再迁北碚，并借惠宇房舍办公。③

中央工业试验所化学室成立于 1930 年，属工商部。后工商、农矿两部合并为实业部，随之隶属实业部，所址在南京水西门金陵造币厂旧址。1934 年，顾毓瑔任该所所长。全面抗战爆发后，该所奉命西迁。该所机器、图书、仪器于 1938 年 1 月安全运到北碚，借惠宇房屋办公。该所在北碚区设有化学分析及油脂化学、药品、燃料、酿造计 5 个试验室，油脂化学、药品制造、淀粉及酿造示范计 3 个实验工厂。④

中央研究院气象研究所原设在南京钦天山，气象台在南京北极阁。全面抗战爆发后，该所经武汉、重庆，于 1939 年迁到北碚。迁到北碚之初，

① 顾颉刚、杨家骆：《北碚志稿》，《北碚图书馆藏方志珍本丛刊》第 1 册，第 379 页。
② 张九辰：《地质学与民国社会：1916—1950》，山东教育出版社 2005 年版，第 110 页。
③ 侯江：《中国西部科学院研究》，中央文献出版社 2012 年版，第 194 页。
④ 顾颉刚、杨家骆：《北碚志稿》，《北碚图书馆藏方志珍本丛刊》第 2 册，第 164—1168 页。

该所借中国西部科学院闲置房屋办公。1940 年 5 月，该所在北碚水井湾自建所屋，12 月迁入新址。① 著名科学家竺可桢担任所长。后竺可桢任浙江大学校长后，仍每年到北碚指导气象研究所的工作。

国立中央研究院动物研究所成立于 1928 年，初称中央研究院自然历史博物馆，1934 年改称动植物研究所，与中国西部科学院有长期密切关系。1939 年 1 月，该所从广西阳朔内迁到重庆北碚文星湾的西部科学院科学大楼——惠宇。在中国西部科学院的支持下，为适应战时的需要，该所于 1944 年扩大组织，分为动物研究所与植物研究所，分别由王家辑和罗宗洛任所长。两个研究所在利用中国西部科学院的设备和标本进行了大量研究工作的同时，还进行了大量的标本采集和研究交流工作。②

中国科学社生物研究所成立于 1922 年 8 月，由秉志发起。1926 年起，该所分为动物、植物二部，动物部由秉志主持，植物部则由胡先骕主持，其研究成绩多发表于《科学》及《科学画报》。③ 全面抗战爆发后的 1937 年 9 月 13 日，卢作孚就抗战开始后民生公司各项工作致函宋师度，其中提到“中国科学社已开始迁移，请告北碚科学院为酌让房屋并一切帮助”。④10 月，中国科学社生物研究所移碚，⑤ 初借中国西部科学院惠宇房舍工作。该所是抗战全面爆发后，最早迁移到北碚的科学研究机构。中国科学社生物研究所迁到北碚后，在卢子英全力帮助下解决了房屋问题，利用中国西部科学院的部分设备，研究工作偏重于学童健康以及桐、茶害虫

① 顾颉刚、杨家骆：《北碚志稿》，《北碚图书馆藏方志珍本丛刊》第 2 册，第 156 页。

② 顾颉刚、杨家骆：《北碚志稿》，《北碚图书馆藏方志珍本丛刊》第 2 册，第 147—148 页。参见叶静涵：《嘉陵江三峡乡村建设实验区概况》，《四川月报》1938 年 2 月第 12 卷第 2 期，第 49 页。

③ 顾颉刚、杨家骆：《北碚志稿》，《北碚图书馆藏方志珍本丛刊》第 2 册，第 170 页。

④ 黄立人主编：《卢作孚书信集》，第 591 页。

⑤ 顾颉刚、杨家骆：《北碚志稿》，《北碚图书馆藏方志珍本丛刊》第 1 册，第 378 页。

等问题。上海的中国科学社总办事，也在 1939 年 5 月迁到北碚，与生物研究所合在一处办公。[①]1940 年春，生物研究所在北碚檀香山桥建两层楼房为新所。

国民政府统计局成立于 1931 年 1 月，1939 年 6 月迁到三峡实验区金刚碑。该局分五科，有局长、副局长各一人，科长五人。其主要工作，是办理政府公务统计。[②]

国民政府经济部中央矿冶研究所成立于 1938 年 3 月，初在湖南长沙。1938 年 4 月，该所在所长朱玉仑的带领下从湖南长沙迁入北碚童家溪。该所分为采矿、选矿、冶炼、化验等 4 组。为试验及示范起见，该所还先后创设陵江炼铁厂、试验炼焦厂、试验铁矿 3 处厂矿。[③]

经济部度量衡管理局成立于 1930 年，1937 年随国民政府西迁重庆，1939 年从重庆迁北碚。该局分设三科及会计室，附设有度量衡制造所及度量衡检定人员养成所。制造所设工务、业务、总务、储存四课。养成所设总务、教育、训育三组。该局主要工作为制定全国度量衡制度，编制工业标准草案，训练度政人员，制造度量衡标准器具及检定用器，代兵工、粮政、交通以及其他机关学校制造各种度量衡器具，检定各种度量衡器及温度计、酒精计。[④]

教育部教材用书编纂委员会于 1939 年春迁到北碚新村蔡锷路，教育部次长张道藩任主任委员。梁实秋应张道藩之邀任该会中小学教科书组主任，李清悚为该组副主任并负责实际工作。教材用书编纂委员会还设有戏剧组、青年读物组等。其中戏剧组由赵太侔任主任。[⑤] 青年读物组主任是

① 侯江：《中国西部科学院研究》，第 198 页。
② 顾颉刚、杨家骆：《北碚志稿》，《北碚图书馆藏方志珍本丛刊》第 2 册，第 178—179 页。
③ 顾颉刚、杨家骆：《北碚志稿》，《北碚图书馆藏方志珍本丛刊》第 2 册，第 158—159 页。
④ 顾颉刚、杨家骆：《北碚志稿》，《北碚图书馆藏方志珍本丛刊》第 2 册，第 179—180 页。
⑤ 梁实秋：《梁实秋文集》第 4 卷，第 201 页。

陈之迈，组内人员有蒋碧薇、方令儒等。① 著名散文家赵清阁也曾在该委员会工作。②1942 年秋国立编译馆迁到北碚后，教育部教材用书编纂委员会、中国教育全书编纂处均并入国立编译馆。

国民大会代表选举总事务所于 1936 年 7 月 15 日成立于南京，负责国民大会代表选举法的解释与各种关系章则的撰议、国民大会代表各项选举事务的指导、监督及国民大会开会的筹备。1937 年 11 月 15 日总事务所奉令随国民政府迁川，12 月 4 日行抵重庆。1939 年 1 月 15 日迁来北碚天生桥吴家祠堂，并在此设立国民大会筹备委员会。1941 年 12 月末，总事务所及筹备委员会奉令结束。未完事务，交内政部接办。内政部遵令接收后，呈准行政院设立内政部办理国民大会代表选举事务处于原址，内部加以改组，而职掌依旧。③

正中书局原设南京，抗战爆发后随国民政府迁重庆，在东水门设印刷厂。1938 年 2 月，正中书局总管理处迁重庆中一路（后称中山一路）。1940 年因日机肆虐，该书局大部分迁到北碚金刚碑临时地址办公，城内仅留少数人员负责收发文件、配发书籍等工作。1939 年秋，该书局在金刚碑创办第二印刷所。之后，由于业务需要，一部分人员冒空袭危险迁回重庆，编审部及其所属第二印刷厂仍驻金刚碑。④

私立中国学典馆隶属于李石曾、吴稚晖等创办的世界学社，由杨家骆任馆长。1938 年 1 月 21 日，杨家骆在内迁途中自宜昌写信给卢作孚，请求予以帮助。⑤ 在卢作孚兄弟的帮助下，杨家骆很快把相关的学术研究用品搬到了北碚。⑥

---

① 梁实秋：《梁实秋文集》第 4 卷，第 201 页。

② 赵清阁：《浮生若梦》，华岳文艺出版社 1989 年版，第 201 页。

③ 顾颉刚、杨家骆：《北碚志稿》，《北碚图书馆藏方志珍本丛刊》第 2 册，第 188—189 页。

④ 顾颉刚、杨家骆：《北碚志稿》，《北碚图书馆藏方志珍本丛刊》第 2 册，第 189—192 页。

⑤ 黄立人主编：《卢作孚书信集》，第 618—620 页。

⑥ 周开庆：《卢作孚传记》，第 54 页。

此外，还有1938年2月迁北碚的中央航空委员会油料研究所、清华大学无线电研究室、中国国民党中央党史编纂委员会，[①]1939年5月迁入北碚温泉公园益寿楼的军政部陆军制药研究所。迁到北碚的还有国民经济研究所、中央农业推广所、经济部煤业管理处、全国禁烟督察处、财政部北碚办事处、中国教育全书编纂处。[②]其中一些机构后来又迁移别处，如中央党史编纂委员会。[③]

在此期间内，中国地理研究所、行政院水利委员会水利工范工程处、教育部中华教育电影制片厂等新的学术研究机构或政府部门在北碚成立。其中，中国地理研究所隶于中英文化基金董事委员会，1940年8月1日在北碚正式成立，由地理教育家、人文地理学家黄国璋任所长。[④]该所员工有五六十人，设有自然地理、人文地理、大地测量、海洋学4组。其中，自然地理组组长李承三，人文地理组组长林超，大地测量组组长曹谟，海洋组（该组不在北碚，常住厦门）组长马廷英。[⑤]

行政院水利委员会水利工范工程处成立于1941年11月。该工程处成立后，积极协助民众及各机关办理各项水利查勘测量、设计施工诸事宜，并拟定代办民营水利工程办法。[⑥]

教育部中华教育电影制片厂于1942年1月1日在北碚温泉公园松林别墅正式成立，正副厂长之下设总务、摄制、推广3组，还设有会计室、

① 顾颉刚、杨家骆：《北碚志稿》，《北碚图书馆藏方志珍本丛刊》第1册，第379页。

② 来元业：《北碚一带房租地租之研究》，《民国二十年代中国大陆土地问题资料》第64册，第33548页。

③ 顾颉刚、杨家骆：《北碚志稿》，《北碚图书馆藏方志珍本丛刊》第1册，第379页。

④ 周立三：《竺可桢与地理研究所》，《文史资料选辑》第131辑，中国文史出版社1997年版，第220页。

⑤ 施雅风：《从中国地理研究所到中国科学院地理研究所》，吴传钧、施雅风主编：《中国地理学90年回忆录》，学苑出版社1999年版，第239页。

⑥ 顾颉刚、杨家骆：《北碚志稿》，《北碚图书馆藏方志珍本丛刊》第2册，第181—188页。

材料室及编导委员会，编导委员有孙瑜、史东山等人，租用北温泉半山上的涛声阁为厂址，并租用松林坡的平房为同人及家属宿舍。从1942年到1945年，中华教育电影制片厂摄制了数十部相关影片。[①]

1941年10月，北碚开始兴建滑翔场。1942年2月15日，北碚滑翔机场落成。中国电影制片厂与北碚民众捐献的滑翔机在下午1时举行命名典礼后，进行了各种滑翔表演。[②]

除政府机关、科研机构外，还有不少学校内迁北碚，主要有：私立复旦大学、国立江苏医学院、国立国术体育师范专科学校、私立大公职业学校、私立勉仁中学、勉仁书院等。

私立复旦大学于1938年2月底迁北碚夏坝，3月21日在北碚开学，卢作孚被聘为校董。[③] 同年，复旦大学征购北碚夏坝土地400多亩，随后逐年大肆兴建，开辟农场，“原为一片荒凉野地，不旋踵而为一巍峨之最高学府矣。师生研读其间，陪都人士交相羡佩”[④]。复旦大学迁往北碚下坝后，陈望道鉴于下、夏同音，而夏坝较下坝为雅驯，并向学校提议更改地名，为校方采纳，下坝遂改为夏坝。之后，复旦大学在这里先后建成了登辉堂、相伯图书馆、大礼堂、教室、男女生宿舍、农场等。在院系设置方面，开始时有4院16系，后来又增设史地系、数理系、统计系、园艺系、农艺系、茶叶系以及两年制的统计专修科、银行专修科、农垦专修科、茶叶专修科，到1940年秋还设立了农学院，使复旦大学发展为5院22个系科。该校位于黄桷镇夏坝，濒嘉陵江岸，与市区隔江相对，农场广袤，黉

① 李清悚：《中国教育电影版制片公祖回顾与前瞻》，《中华教育界》1947年复刊第1卷第7期，第48页。

② 《北碚滑翔机场落成及滑翔机命名典礼今日举行》，《新华日报》1942年2月15日，第3版。

③ 复旦大学档案馆编：《抗战时期复旦大学校史史料选编》，复旦大学出版社2008年版，第31页。

④ （学府介绍）《国立复旦大学概述》，《申报》1948年7月10日，第7版。

舍并峙，莘莘学子，攻读游息期间，自成一文化区，已使夏坝在后方各学区中，与华西坝、沙坪坝等量齐名矣。①

国立江苏医学院于1939年5月迁北碚牌坊湾（后改苏医村）。②1939年9月该校成立附属医院，1940年1月成立附设公共卫生事务所，1942年6月创办附设高级护士职业学校，并成立医科研究所寄生虫学部，从事寄生虫专门研究。③该院还协助北碚管理局卫生院，办理卫生行政有关事项，并共同防治“北碚水积病”，嘉惠地方匪浅。又复协助中国育婴保健会，办理妇婴卫生及婴儿施诊工作。④其学生人数计有：研究生2人，医本科239人，医专科84人，附设高级护士职业学校59人。⑤在碚期间，办理医本科毕业7届，有毕业生232人。代中央政治学校办理卫生教育专修科1届，有毕业生10人。自办卫生教育专修科1届，有毕业生12人，并附设高级护士职业学校1届，有毕业生9人。⑥

国立国术体育师范专科学校于1940年5月迁北碚。该校初称中央国术体育传习所，由中央国术馆馆长张之江自兼所长。迁北碚之初在金刚碑购址建校，继于1942年3月迁于朝阳镇新址开学。1941年春方奉教育部令改称国立国术体育师范专科学校。1942年秋，增办五年制师范专科。⑦

私立大公职业学校于1938年2月迁北碚。⑧该校创办于1934年，由林美衍（1901—1944）担任校长，以“培植中等技能促进生产教育并注重

① 顾颉刚、杨家骆：《北碚志稿》，《北碚图书馆藏方志珍本丛刊》第4册，第103页。
② 顾颉刚、杨家骆：《北碚志稿》，《北碚图书馆藏方志珍本丛刊》第2册，第142页；顾颉刚、杨家骆：《北碚志稿》，《北碚图书馆藏方志珍本丛刊》第4册，第107—108页。
③ 顾颉刚、杨家骆：《北碚志稿》，《北碚图书馆藏方志珍本丛刊》第4册，第107页。
④ 顾颉刚、杨家骆：《北碚志稿》，《北碚图书馆藏方志珍本丛刊》第4册，第108页。
⑤ 顾颉刚、杨家骆：《北碚志稿》，《北碚图书馆藏方志珍本丛刊》第4册，第109页。
⑥ 顾颉刚、杨家骆：《北碚志稿》，《北碚图书馆藏方志珍本丛刊》第4册，第109页。
⑦ 顾颉刚、杨家骆：《北碚志稿》，《北碚图书馆藏方志珍本丛刊》第2册，第145—146页。
⑧ 顾颉刚、杨家骆：《北碚志稿》，《北碚图书馆藏方志珍本丛刊》第1册，第379页。

严格训练”为办学宗旨，设有机械、土木、商业及应用化学四科。该校是后来江苏镇江江苏科技大学的前身。

除上述内迁各校外，三峡实验区时期还有几所在辖区内创办，主要有重庆师范学校（国立四川中学）、育才小学（育才学校）、勉仁中学与勉仁书院。由于这几所学校的负责人均为著名学者、教育家，实际上可以视作内迁学校。

重庆师范学校创办于 1938 年 4 月，初称国立四川中学师范部。该校创办的起因是战区学生随国民政府西迁，为容纳上述学生，国民政府教育部在 1938 年 4 月选定北碚设校，称国立四川中学师范部。1938 年 9 月，国立四川中学师范部改称国立第二中学师范分校，并由教育部派马客谈任分校校长。1940 年 3 月，教育部令该校独立设置，称国立重庆师范学校，同时在该校设女子体育师范科。到 1942 年，按照既定计划，该校已经设立普通、幼稚、音乐、美术、体育等师范科。该校对于国民师资的培养，除详细分科外，对于师范课程特别注重实验研究。其教育目标有四项：培养国民教育师资、训练地方自治干部、实施地方教育辅导、实验师资训练方法。根据教育部令，该校还设有地方教育辅导委员会与辅导组、社会教育推行委员会与社教组、家庭教育实验区。① 国立重庆师范还设有附属小学和附属幼稚园。重庆师范学校在当时被认为是大后方“师范学校中最完备的”学校。②

育才小学（育才学校）创办于 1939 年。1938 年 10 月 18 日在卢作孚的特别介绍下，陶行知乘坐民生公司的轮船离开武汉赴重庆。③1939 年，陶行知一家到北碚定居，在卢子英安排下，先住在北碚平民公园的清凉亭，一个多月后迁住北碚檀香山桥附近一个经过修整的土碉堡内。陶行

① 顾颉刚、杨家骆：《北碚志稿》，《北碚图书馆藏方志珍本丛刊》第 4 册，第 123—133 页。
② 《重庆师范学校》，《中央日报》1945 年 8 月 16 日，第 5 版。
③ 朱泽甫编：《陶行知年谱》，安徽教育出版社 1985 年版，第 378 页。

知同时带来的一批战时难童，也由卢子英协助安排寄住在北碚民众教育馆内。1939 年 7 月 20 日，在卢作孚、卢子英兄弟帮助下，陶行知创办的育才学校在重庆北碚借北温泉小学开学，第 1 批到校学生 40 多人，不久该校迁往合川、北碚交界的合川境内草街乡古圣寺，并正式定名为育才学校。①

勉仁中学原设璧山，1940 年迁北碚。勉仁书院成立于 1941 年，由梁漱溟所主持的勉仁斋扩充而成。1921 年，梁漱溟在北京大学讲学，与一批青年学子形成一个以修养工作为主的学术团体，称为勉仁斋。林宰平、熊十力等人对勉仁斋也给予精神鼓励。1928 年后，勉仁斋随梁漱溟辗转各地。1938 年，勉仁斋又随梁漱溟到四川南充。1940 年，王平叔、陈亚三、张傲知、黄艮庸得到梁漱溟同意，在璧山县来凤站创办勉仁中学。1941 年春，梁漱溟得到卢作孚、卢子英支持，把勉仁中学从璧山县迁到北碚金刚碑。勉仁斋随同迁北碚，并改为勉仁书院。该院设院长一人，设有文哲研究室、社会科学研究室，及特设乡村建设研究室。②

迁到北碚的国内公私学术机关，多借用柏树林山堡中国西部科学院的房舍，并利用其设备，继续进行学生研究和调查工作。由此，北碚成为陪都附近最大的科学中心。复旦大学在夏坝复课，使夏坝成为川渝地区著名的教育三坝之一。词典馆的迁入、北泉图书馆的创办，使北温泉成为北碚附近又一个聚集众多文化经营的区域。这样，北碚及附近、夏坝及东阳镇、金刚碑北温泉及澄江镇，成为抗战时期陪都附近的科教文化区和游览区。一些重要的学术会议、学术团体的年会等开始在北碚举办。如 1939 年 3 月，中国地质学会在三峡实验区举行年会。③

---

① 四川省合川县地方志编纂委员会编纂：《合川县志》，第 10 页。

② 顾颉刚、杨家骆：《北碚志稿》，《北碚图书馆藏方志珍本丛刊》第 2 册，第 173—174 页。

③ 顾颉刚、杨家骆：《北碚志稿》，《北碚图书馆藏方志珍本丛刊》第 1 册，第 382 页。

二、人口数量与职业结构

三峡实验区人口 1936 年总计有 65000 多人，外省人士前来定居者如凤毛麟角，这极少数外省人士又主要集中在中国西部科学院和缙云山世界佛学苑汉藏教理院。1937 年全区人口数为 66962 人，而流动性人口如煤窑、纸厂的工人、苦力、船夫，以及各新兴事业职员、公务人员、外来的大中小学校师生等约近万人，尚不在此数之内。①

从 1938 年起，特别是 1939 年以后重庆频遭日机轰炸，国民政府劝导民众向四郊、四乡疏散。三峡实验区为重庆远郊，有便利的水陆交通，1939 年 3 月被划入疏建区后，遂成为“容纳外来机关与人口之一尾闾”，②“区内人口激增，就学儿童，亦随之加多，致各校多有人满之患”。③1940 年底，三峡实验区区署工务处的相关计划中也说，“峡区因抗战疏散人口关系，年来住户增加率太遠，人口较昔，忽而倍增”④。可见人口增加速度的迅猛。由于迁入北碚的机关大半为国民政府中央文教机关与学校，因此移入的人员多数是公教人员与其眷属，从事工商业者人数不多。从籍贯上分折，外省人约占 9 成。四川本省移入的人口，其情形又有所不同。这是因为三峡实验区的各项经济事业，如煤矿、灰窑及工厂的多数雇工以及从事搬运的劳工、机关家庭的佣工，多是来自本省四川各地的农民。其次是商贩及学生。在各机关担任公教职务的人员，四川本省的移民北碚的人员中为数极少。⑤

外省籍移入三峡实验区的人口约占移入人口总数的 41%，其中以江

① 陈豪哉：《嘉陵江三峡乡村建设实验区土地分配》，《民国二十年代中国大陆土地问题资料》第 72 册，第 37930、37931 页。

② 周立三：《北碚附近战时移民之分布及其特征》，《地理》1943 年第 1—2 期，第 2 页。

③ 顾其美：《峡区教育视察记》，《北碚月刊》1940 年第 3 卷第 4 期，第 70 页。

④ 《北碚商业区街道整理计划》，《北碚月刊》1941 年第 3 卷第 8 期，第 36 页。

⑤ 周立三：《北碚附近战时移民之分布及其特征》，《地理》1943 年第 1—2 期，第 2 页。

苏、湖北二省为数最多，其次是浙江、河北、河南、安徽等省的移民。① 北碚地当渝合冲要，交通素称便捷。自全面抗战爆发，重庆定为陪都后，由于距离陪都很近，地位更加重要。从 1939 年 3 月起，由于日军滥施轰炸，三峡实验区被定为疏建区之一，机关、厂号，先后迁设北碚者日多，“致人口增加甚速”②。

机关、部队、学校陆续迁入，三峡实验区人口迅速增加，户籍事务日益繁忙。1939 年 2 月，三峡实验区增设户籍室，综理全区户籍行政。同年 3 月，三峡实验区被划为迁建区以疏散重庆市区人口，户口变动进一步加大，区署决定再作周密的户口调查。正值国民政府主计处统计局迁到三峡实验区金刚碑办公，也有意选一处地方试办户口普查。于是，双方商定合作办法，由区署负责行政事项，统计局负责技术工作，经费双方分摊，选定 1940 年 3 月 23 日（农历二月二十五日）为普查标准日。普查前，区署召集各乡镇联保主任、户籍员和助理员集中北碚市区，由统计局派员加以为时三天的技术训练。这些人再分赴各乡镇训练普查员，随后实地工作。此次户口普查工作设计合理，督率认真，统计确实，都超过了此前的调查。③ 普查的结果，统计全区人口 19871 余户，968824 人。其中北碚镇 6831 户，35141 人。文星镇 3353 户，15620 人。黄桷镇 4243 户，20020 人。二岩镇 1068 户，5399 人。澄江镇 4376 户，20644 人。④ 此后数年，北碚当局每年进行户口变动的总清查，每月严格办理异动登记，每保普遍办理了联保连坐切结，每甲都设置户口异动巡查牌，每户有户牌，每一位成年

① 周立三：《北碚附近战时移民之分布及其特征》，《地理》1943 年第 1—2 期，第 2 页。

② 国民政府主计处统计局：《北碚人口志》，《地理》1945 年第 5 卷第 3、4 期合刊，第 4 页。

③ 社会部统计处：《北碚社会概况调查》，《民国时期社会调查丛编·二编·城市（劳工）生活卷》（上），第 267—268 页。

④ 《本区户口普查统计完竣，全区共有一万九千余户九万六千八百余人》，《嘉陵江日报》1940 年 4 月 4 日，第 3 版。

国民均有身份证。① 民国时期，能够在社会管理方面达到这种精细程度的县级行政单位，是不多见的。

1940 年 10 月，四川省政府为实施新县制，颁布《四川省各县设置户籍行政人员办法》及《四川省各县县政府户籍室组织章程》，明定于 1941 年初正式施行。当年冬，四川省政府调令举办户口总清查以便清除盗匪。三峡实验区署遂与实施新县制整编保甲清查户口合并办理。遵照四川省第三区专员公署规定，1941 年 3 月 10 日三峡实验区各乡镇同时开始编查。12 月 15 日三峡实验区署户籍室遵照《各县户籍行政人员临时讲习办法》召集各乡镇户籍干事、户籍助理干事训练 9 日，然后各返原职，自 1942 年 1 月 5 日起开始编整保甲户口。这次编查的时间正好在户籍讲习会后，加上办事人员工作认真，事后户籍室曾派员到各地抽查，所以尽管不能完全保障编查数据准确，但结果较好。此时，三峡实验区总人口数是 87544 人，而 1936 年春天同区域内的人口数为 65284 人。两相比较，六年间增加了 22260 人。②1942 年 1 月编查结果并校正后，有业人口在全体人口中的比例超过 40%。从事各业的人数和比例见表 3—4。

表 3—4　北碚人口的职业分配

业别	合计		男		女	
	人数	百分比	人数	百分比	人数	百分比
总计	40515	100.0	37325	100.0	3190	100.0
农业	8218	20.9	7941	21.3	277	8.7
矿业	8121	20.0	8078	21.6	43	1.4
工业	5941	14.7	5279	14.1	662	20.8

① 北碚管理局编：《北碚概况》，1949 年 10 月，第 2 页。

② 社会部统计处：《北碚社会概况调查》，《民国时期社会调查丛编·二编·城市（劳工）生活卷》（上），第 268、270 页。

续表

业别	合计		男		女	
	人数	百分比	人数	百分比	人数	百分比
商业	4569	11.2	4247	11.4	322	10.1
交通运输业	5363	13.2	5271	14.2	92	2.8
公务	3421	8.4	3282	8.8	139	4.4
自由职业	1922	4.7	1550	4.2	372	11.7
人事服务	2296	5.7	1087	1.9	1209	37.0
未详	661	1.2	590	1.5	74	2.2

资料来源：社会部统计处：《北碚社会概况调查》（1943），李文海主编：《民国时期社会调查丛编·二编·城市（劳工）生活卷》（上），福建教育出版社2014年版，第280页。

表3—4清楚地表明，三峡实验区有职业者的主要为农、矿两业，各占20%或稍多，其次是工商及交通运输业，占比均超过10%，三项合计占比达39.1%。工矿商交通合计，占比更达到59.1%，而农业人口仅占20.9%。分析北碚乡农业人口占比不高的原因并不困难，主要在于辖区多山地丘陵，农产无从发达。①

北碚的外来移民中还有一个很特殊的群体，就是与儿童收容救济事业相关的难童。全面抗战爆发后，三峡实验区社会事业中显著的表现是难童收容保育事业的迅速发展。辖区内有重庆慈幼院、红十字会北泉慈幼院、振济委员会第三儿童教养院、社会部重庆第四育幼院计4个儿童收容救济机关，其中红十字会北泉慈幼院、社会部重庆第四育幼院以救济战区儿童为宗旨。其中重庆慈幼院成立于1937年7月，原设重庆南岸戴家院。1938年4月，重庆慈幼院迁到北碚大沱口，全院职员20人。1942年春，

① 社会部统计处：《北碚社会概况调查》，《民国时期社会调查丛编·二编·城市（劳工）生活卷》（上），第280页。

该院有儿童约150人，男童占3/4，多数为四川省籍。① 红十字会北泉慈幼院为世界红十字会创办于1939年4月，该院院址在缙云山下绍隆寺内，专收战区难童、抗属子女与无依孤儿，予以幼稚园及小学程度的教养。7月西康教养院停办，该院百余儿童并入北泉慈幼院。北泉慈幼院该院董事长为王正廷，院长为周之廉，全院职员26人。到1945年，北泉慈幼院在院及升学习艺的儿童达到873名。到1945年前后，北泉慈幼院毕业生有3人升入大学，7人升入专科，50人进入职业学校，50人进入高中学习，200人进入初中学习，213人就业。② 振济委员会第三儿童教养院原为儿童教养委员会第三分院，后改称重庆抢救难童收容所，1939年春从重庆迁到北碚，设于温塘峡禅岩上，10月奉振委会命令改为振济委员会第三儿童教养院。该院收容名额原为300人，年龄在5—16岁之间，多为各地难民收容所登记后送来，小部分来自上级机关交下或其他机关保送。院内儿童按完全小学编制，分为6个班。该院的生产组经营一大约190亩的农场，种植麦豆菜蔬并有桐树数百株。③ 社会部重庆第四育幼院设在北碚江北大沱口，原为难童抢救收容所，后改为重庆儿童教养院第三分院，1939年11月1日又改组为振济委员会重庆第三教育院，1945年1月1日改隶社会部，称社会部重庆第四育幼院（以下简称“育幼院”）。育幼院设院长1人，张景峰担任，综理全院事务。该院专收7—14岁由战区逃来的难童即抗属及贫苦无依儿童，规定名额300名，1945年因接收湘境教养所抢出儿童，扩为500人。抗战胜利后，共402人。在儿童安置方面，为完全小学教育，小学毕业或年龄过大者，

① 社会部统计处：《北碚社会概况调查》，《民国时期社会调查丛编·二编·城市（劳工）生活卷》（上），第387—388页。

② 顾颉刚、杨家骆：《北碚志稿》，《北碚图书馆藏方志珍本丛刊》第4册，第371—373页。

③ 社会部统计处：《北碚社会概况调查》，《民国时期社会调查丛编·二编·城市（劳工）生活卷》（上），第385—386页。

由院方负责保送升学或介绍习艺。[①]

三、市区繁荣及快速扩张

就城镇化发展而言，实验区署成立后，北碚镇的发展“顿改旧观，一切事业，同时并举”。[②]1937年，北碚人口分布总体上看尚处于非战时状态。此时，“全区人口以各乡镇的市镇集居者为最多，次为散居四乡的农民，再次为几大煤矿区，如夏溪口、白庙子等地”[③]。就北碚乡而言，人口分布地点以北碚镇6保为最密集，其次为北碚镇西沿青北公里的第20保、第22保，再次为镇南首的第9保岩湾一带，再次为镇北首金刚碑一带。北碚镇有6保，有大小街道12条，每保至少有1条主要街道。如第1保有西山路与歇马路（一条路分两段分别命名），第2保有清和路，第3保有嘉陵路、温泉路，第4保有缙云路、和睦路、人和路，第5保有文华路、金佛路、庐山路，第6保有均和路、民众马路、东山路、学园路、公园路。其中，第1保、第2保在马鞍山的山岗上，人口稠密。第3保是平民麇集地带，筑棚舍居住，江水退滩地现，江水涨滩地掩。居民以江水退涨而来去，居无宁时。第4、5、6三保是北碚镇市街精华所在，街道以缙云、文华、金佛三路为主要动脉。总体上看，第3、4、5保是北碚镇的商业区。第1、2保和第6保的东山路一带是北碚镇传统的住宅区，第2保的东端庙嘴一带是工厂区及三峡实验区行政中心。第3保是纯粹的平民窟，同时第3保的嘉陵路一带以及第6保的均和路一带，也是北碚镇的交通地带。以第4、5、6保为市街中心，工厂、

① 顾颉刚、杨家骆：《北碚志稿》，《北碚图书馆藏方志珍本丛刊》第4册，第365—370页。

② 来元业：《北碚一带房租地租之研究》，《民国二十年代中国大陆土地问题资料》第64册，第33338页。

③ 陈悫哉：《嘉陵江三峡乡村建设实验区土地分配》，《民国二十年代中国大陆土地问题资料》第72册，第37930页。

住宅、平民住地、交通地围拱市街四周，这就是当时北碚镇的城镇发展格局。到 1939 年，北碚市场的商业街区有了新的巨大发展。此时，北碚全镇商业集中在三条最主要的市街，即文华路（北平路）、金佛路（上海路）、均和路（南京路）。三路比较，文华路和金佛路的繁荣程度不相上下，南京路略次一点。其中，北平路（文华路）全长 185 公尺，以国药、煤炭、布匹、糖等业批发商业为主，其北端与武昌路（原缙云路）相接，下通嘉陵路，直达水运码头，运输便利。其南段过邮电二局，过小巷，是通第 1、2 保住宅区的要道。上海、南京二路均为零售商及饮食店。其中，上海路北接北平路，南达体育场和平民公园，是郊外第 9 保通北碚市街的要道。上海路南端比北端冷僻，但此路往来行人不少，商业可以维持，有饮食店、西点店、绸缎店等。南京路邻近上海路，是青北公路交通进入北碚市街的要道，因此南京路与青北公路连接的街头地颇为繁盛。北碚市街次要街道有武昌路（原称缙云路）、广州路（原称和睦路）二条。武昌路（缙云路）西接北平路，是从嘉陵路分路登陆进入北碚市街的要冲，南与广州路相接，经上海路而达北碚镇市中心。武昌路东端是饮食物料等店聚集之所，商业颇为兴旺。广州路则不是客流停留的所在，商业远不如武昌路。①

就地价、房价而言，北碚镇从 1927 年开始修筑市街道路，地价、地租开始上涨。1937 年，北碚镇地价开始大涨，1938 年到 1939 年涨势迅猛。其中，以北碚镇第 5 保金佛路（上海路）为最贵，甚至高过重庆市都邮街 1936 年的地价。② 金佛路第 12 甲第 10 户蔡某租下八方丈稍多一点的公地修建市肆，于 1939 年 6 月出租给某公司开设绸缎店，仅楼下

---

① 来元业：《北碚一带房租地租之研究》，《民国二十年代中国大陆土地问题资料》第 64 册，第 33330—33332、33406—33408 页。

② 来元业：《北碚一带房租地租之研究》，《民国二十年代中国大陆土地问题资料》第 64 册，第 33357—33586 页。

一个统间年收房租即达1400元。三峡实验区署了解到此种情形后，立即把该地6个月的地租额从200元提高到1500元，押租从140元提高到240元，合计为1740元，地租之高，涨幅之大，“足以惊人”①。第1、2保为主要的住宅区，此处地租每年在10元左右，尽管与市街每年数十元租金相比有很大差距，但已经相当高。第6保东山路一带，房屋也在建山岗上，此处人口较少，面积较大，4—10平方丈的租金每年一般在4—10元之间。第9保在市街南郊，周围为山地，交通不便，于此处没有日机袭击的目标，也集聚了众多住户，全面抗战爆发后的数年间地租增加两倍多。第20保在北碚镇市街外西郊，距离市街约6里，天生桥是该区域的中心。南京京华印书馆迁重庆后，1938年再迁移到此地租地造厂。由于青北公路从厂前经过，使该厂有交通之便，对于业务大有好处。乡人见该厂大量租地，乘机高抬地租额，致使地租与第1、2保无异。随着市地和房租的涨价日甚一日，为规范土地买卖和房租租赁，保障北碚镇市政的发展，三峡实验区署先后制订出《管理土地房屋租佃买卖办法》《处理房屋租赁暂行办法》《非常时期租买房地暂行办法》等，以调整房屋租买价格。不过，“实际上租赁房地，或买卖土地、房屋，鲜有遵守者。”②

房价上涨迅速，但愿意到北碚镇及其附近居住的机关和个人仍相望于途，其原因就在于北碚已经具备现代城市生活的基本条件，或者说已经基本具备了现代城市的基本形态。当时，与居住有关的治安，因为公安队与自卫队分驻市乡各地，足以震慑各种不安定因素。行的方面，水陆交通便利，渝合间朝发夕至；若需要利用电信，又有电报电话通讯之便。至于教

① 来元业：《北碚一带房租地租之研究》，《民国二十年代中国大陆土地问题资料》第64册，第33521、33586页。

② 来元业：《北碚一带房租地租之研究》，《民国二十年代中国大陆土地问题资料》第64册，第33572页。

育，北碚镇从义务教育起，有完全小学、初级中学，并有高级中学成都的师范部及女子中学，在东阳镇夏坝，且有复旦大学。在此生活，“与在重庆者无别”。率眷属到重庆避难者，“谁不愿卜居于此?”①

为适应人口俱增的实际需要，1938 年 1 月，三峡实验区署特别设立新村筹备委员会，划定北碚市区附近魏家湾一带为新村范围，征购土地 334 亩，分划 117 地号，放予各方建筑房屋。北碚市区开始向外快速扩张。1938 年 12 月，三峡实验区区署计划大量修建居民住宅，预定在 3 个月内完成 100 幢。1939 年 3 月，北碚扩大新市区，沿嘉陵江上起金刚碑，下到毛背沱，全区筹建防空洞。② 同时，随着青北公路的通车，天生桥迁来京华印书馆、国民大会代表选举事务所、中山文化教育馆等。③ 由此，北碚郊外北青公路沿线开始发展起来。

1939 年 8 月，北碚市场整理委员会正式成立，为清查户口便利起见，兼采沦陷区地名及名人姓氏改订了北碚市街旧有路名。各新旧街道名称改定情形见表 3—5。

表 3—5　1939 年 8 月北碚新旧街道名称对照表

新路名	旧路名	备注
1. 中正路	公园路	1931 年修筑
2. 卢沟桥路	东山路	在北碚镇第 6 保，位于镇外郊区山岗上
3. 广州路	和睦路	饮食、物料出售的集中区域，如米市、菜场、肉市等都在此处，也是镇西往来轮船码头的捷径，属第 4 保，修筑于 1933 年
4. 武昌路	华崟路	

① 来元业:《北碚一带房租地租之研究》,《民国二十年代中国大陆土地问题资料》第 64 册，第 33557—33560 页。

② 顾颉刚、杨家骆:《北碚志稿》,《北碚图书馆藏方志珍本丛刊》第 1 册，第 278、382 页。

③ 来元业:《北碚一带房租地租之研究》,《民国二十年代中国大陆土地问题资料》第 64 册，第 33405 页。

续表

新路名	旧路名	备注
5. 上海路	金佛路	北碚镇商业中心地，零售商在这里聚集，属于第5保，修筑于1932年。金佛路南端的平民公园、民众体育场、电影院、民众教育馆是北碚镇商业地区的外围，也是前往第9保的捷径，属于第6保
6. 汉口路	缙云路	该路南首有肉市，北端是前往水路码头的要道，属于第4保，修筑于1933年，该路北端接天津路（人和路）
7. 热河路	白云路	
8. 吉林路	西山路	1927年修筑
9. 中山路	青白公路	该路初称民众马路，青北公路修成后是循公路到北碚必经之路，西端为新村，属第6保，修筑于1934年
10. 南京路	均和路	该路修筑于1939年3月，西接民众马路，与青北公路相通，是从公路到北碚市街的入口，属于第6保
11. 庐山路	黄山路	该路与金佛路（上海路）、学园路（大连路）交汇
12. 天津路	人和路	1933年修筑
13. 大连路	学园路	1931年修筑
14. 北平路	文华路	该路是布匹、糖、油、煤批发商聚集的市街，属于第5保，修筑于1931年
15. 辽宁路	清和路	1931年修筑
16. 黑龙江路	歇马路	1927年修筑
17. 嘉陵路	嘉陵路	未改。该路地处江滩河街，是从轮船码头的水路登岸进入市街的要道，属于第3保，形成于1933年
18. 温泉路	温泉路	未改。该路地处江滩河街，是铜烂铁贩子聚集之所，属于第3保，形成于1934年
19. 梁任公路	——	位于第6保郊外的新村四路之一
20. 王铭章路	——	位于第6保郊外的新村四路之一
21. 郝梦龄路	——	位于第6保郊外的新村四路之一
22. 蔡锷路	——	位于第6保郊外的新村四路之一

资料来源：根据《嘉陵江日报》1939年8月24日第二版《本市各路路名更改》。并参见来元业：《北碚一带房租地租之研究》，1939年冬，载萧铮主编：《民国二十年代中国大陆土地问题资料》第64册，台北成文出版社1977年版，第33406、33443—33458页。

1939 年 10 月 10 日，北碚又成立了市政委员会。① 该委员会的成立，为北碚市政建设走上有计划有规划的发展道路准备了行政资源。1940 年 5 月底到 6 月，三峡实验区连续 4 次遭到日机轰炸。其中 5 月 27 日，日机 27 架轰炸北碚。6 月 6 日，日机 3 批入川，三峡实验区内澄江、望水垭及天生桥，都遭日机扫射，并遭日机投手榴弹数枚。6 月 21 日，日机一大队，再炸北碚，投燃烧弹甚多，烧毁北碚市区三分之一。10 月 10 日，敌机 36 架，分 3 次轰炸三峡实验区署及大明厂，破坏部分房屋器材。② 北碚市区及黄桷镇在遭敌机 4 次轰炸中，损失财物约合法币（时值）1778100 元，死亡人数 176 人，重伤 118 人，轻伤 126 人。③ 被炸后，三峡实验区进一步整备防空洞设施，很快就开凿出可容 8500 人藏身的公共防空洞 12 个，另有可容 3000 人藏身的天然石洞，合计 11000 人。市区内学校、机关、工厂、住民有 13000 人，尚有 2000 人不能容纳。④ 被炸后，三峡实验区加强了北碚市区的规划和建设，并充分体现在 1941 年三峡实验区区署各处的工作计划中。《建设股三十年度工作计划》、《北碚市场整理委员会三十年度工作计划》、《工务处三十年度中心工作计划》（附《北碚商业区街道整理计划》《北碚填沟防洪工程意见书》）、《三峡实验区北碚市场填沟筑路建房投资实施计划书》、《三峡实验区卫生所工作计划》、《三峡实验区卫生所三十年度工作月历》、《北碚市场环境卫生改善计划》、《民众图书馆中心工作计划大纲》、《三峡实验区旅客服务处中心工作计划大纲》、《三峡实验区北碚市区建筑规则》等，均与北碚市政建设密切相关。其中《建设股三十年度工作计划》中有北温公路增建会车场、完成澄温公路、筹设

① 熊宴清：《北碚市政一瞥》，《嘉陵江日报》1944 年 10 月 19 日，第 4 版。
② 顾颉刚、杨家骆：《北碚志稿》，《北碚图书馆藏方志珍本丛刊》第 1 册，第 385 页。
③ 社会部统计处：《北碚社会概况调查》，《民国时期社会调查丛编·二编·城市（劳工）生活卷》（上），第 382 页。
④ 《防空支会三十年度工作计划》，《北碚月刊》1941 年第 3 卷第 8 期，第 17 页。

北碚电灯自来水公司、规范北碚各专业市场，以及组织工会、组织商会、健全煤炭业同业公会等内容。[①]《北碚市场整理委员会三十年度工作计划》中有道路建筑、街房建筑、填沟筑路、整顿市容、卫生设备、防火设备、公地管理、整理市集、棚户迁移等内容。[②]《工务处三十年度中心工作计划》更加繁复或具体，包括整理北碚商业区、北碚填沟防洪工程、办理土木工程班、北温泉公园添建新村、北金（北碚到金刚碑）公路工程、计划北碚第二新村、设计新村与北碚下水道新系统、测绘新村与北碚镇市后藉图、整理新村公共厕所与街道，只有农田水利工程一项非市政工程。[③]该项工作计划所附《北碚商业区街道整理计划》，包括房屋建筑段落的划分、街道的排列系统、街道的整理与设计、栽植行道树与布置路边花木、下水道设施、公共厕所改良、清街与垃圾处理、商业区扩展方向等均相当详细。如关于市内行道树，规划内载："人行道上栽植行道树为一现代化之市镇所必需。北碚气候最适合于植物之繁殖，培植花木易见成效，所有已成街道之人行道上，拟植树木两列，采用法国梧桐苗木，每五公尺一株，两边交错。"[④]该计划中的下水道工程还专门征求了外国专家守尔慈的意见。[⑤]后来的事实表明，正是该计划的实施，最后形成了北碚老城区行道树以法国梧桐为特色的城市景观和城市风貌。《三峡实验区北碚市场填沟筑路建房投资实施计划书》说得更明白清楚："实验区近根据工程原理，实际商业情况，拟具街道整理计划，逐项实施，以期合乎现代化之市镇。"[⑥]《三峡实

① 《建设股三十年度工作计划》，《北碚月刊》1941 年第 3 卷第 8 期，第 20—25 页。

② 《北碚市场整理委员会三十年度工作计划》，《北碚月刊》1941 年第 3 卷第 8 期，第 25—28 页。

③ 《工务处三十年度中心工作计划》，《北碚月刊》1941 年第 3 卷第 8 期，第 28 页。

④ 《北碚商业区街道整理计划》，《北碚月刊》1940 年第 3 卷第 8 期，第 34 页。

⑤ 《北碚商业区街道整理计划》，《北碚月刊》1941 年第 3 卷第 8 期，第 35 页。

⑥ 《三峡实验区北碚市场填沟筑路建房投资实施计划书》，《北碚月刊》1941 年第 3 卷第 8 期，第 38 页。

验区北碚市区建筑规则》亦是对市区的房屋建筑，作出了明确、严格的规定。

需要特别提到的是北碚市场填沟筑路建房投资计划。早在1938年8月，北碚市政会就决议组设填沟防洪工程处，计划以所售地皮款移作经费组织力量把威胁市场安全的山洪大沟填平，除作为道路之用外，剩余部分可做市房用地。1941年1月，四川水利局贷款9万元，办理北碚市区填沟防洪工程。同时，三峡实验区实行新县制，举行市民大会，议决改建北碚市场，征调民工，填筑市街马路、澄温马路，全工程约需20万元，蓝绍侣捐6万元，温泉公园捐1万元，地方筹2万元，省政府补助10万元。①

随着市区空间的拓展和原有市区内沟壑的整治，三峡实验区时期，北碚市区自然形成中心区、新村区、河边区这样3个功能各异的区域。其中，中心区是北碚市区的商业中心，这里有宽畅的街道，整齐的房屋、较大并且新建的商店；新村区为全面抗战爆发后所开辟，是机关学校的疏建区和达官、富人、寓公们的居住区。街道上已有若干家商店，但还没有成为商业区域；河边区是环绕中心区的低地，这里在夏季河水上涨时常被淹没，所以这一带的房舍都是临时架建的草房。河边区里除劳动者住宅外，就是木器、竹器作坊，面对着码头的街上开设客栈、饭馆和茶馆，做过路客商的生意。这里保留着本地风光。②

三峡实验区人口大增，工矿发展，促使商业日趋繁荣。北碚是全区首镇，人口最多，市况特盛，街衢增辟，商肆林立，原为一定日集市的小场，渐变为正常开市的场镇。商店中以饮食品业（饭馆、小食店、糖果店、茶肆、药铺等）最多，③超过100家，占商铺总数约1/3。其中，

① 顾颉刚、杨家骆：《北碚志稿》，《北碚图书馆藏方志珍本丛刊》第1册，第381、384、386页。

② 社会部统计处：《北碚社会概况调查》，《民国时期社会调查丛编·二编·城市（劳工）生活卷》（上），第345页。

③ 周立三：《北碚附近战时移民之分布及其特征》，《地理》1943年第1—2期，第4页。

较大的菜馆有 7 家（2 家川菜馆，3 家江浙，2 家平津）。1939 年重庆大轰炸后到 1940 年北碚被炸前是菜馆业最盛时期，此后大菜馆大半生意清淡，小食店却逐渐兴起。糖食店大小合计约 10 多家。茶馆 14 家，其中兼善公寓的露天茶园、北碚公园山上的茶座、比较新式的沥夏亭 3 家定价较高，吃茶的人以知识分子为主。茶馆均附设在旅馆楼下，合称茶旅社。服装店有 10 家布匹店（5 家规模较大兼售绸缎）、14 家成衣店（西服庄 3 家、军服庄 5 家、中服庄 6 家）、8 家鞋店。旅馆有 20 家（中心区 11 家，河边区 9 家）。1939 年夏重庆惨遭轰炸后，避难者至，大小旅馆迅速客满。兼善公寓为最新式的旅馆，建筑及设备可与重庆市最优旅馆媲美。书店有 6 家，为抗战后新设。洋广杂货有 14 家，中药铺有 12 家。①

北碚镇作为移民分布的中心，是三峡实验区中新式建筑最多的地方。新村一带原为北碚镇市街外围的农地，经三峡实验区署按照农地价格，经过重新划定后，由民众出资认购修建房屋。② 这一带房屋从 1938 年开始兴建，当年完工者 1/10。由于人口激加，1939 年新屋数目大为增加，约占全数 6/10。其中到 1939 年 9 月已经修建 363 间。③ 其余在 1940 年后陆续建成。北碚镇南郊外第 9 保，自从江苏医学院迁该地建校后，居住人口逐渐增多。区署又在第 9 保南端临近观音峡一带，设置难民村，建筑新屋，使该处由冷落的乡地成为热闹的郊区。第 20 保天生桥镇一带，自京华印书馆在此兴建厂屋后，也发展起来。④ 由于空袭频传，1940 年起外来

---

① 社会部统计处：《北碚社会概况调查》，《民国时期社会调查丛编·二编·城市（劳工）生活卷》（上），第 345—348 页。

② 来元业：《北碚一带房租地租之研究》，《民国二十年代中国大陆土地问题资料》第 64 册，第 33441 页。

③ 来元业：《北碚一带房租地租之研究》，《民国二十年代中国大陆土地问题资料》第 64 册，第 33337 页。

④ 来元业：《北碚一带房租地租之研究》，《民国二十年代中国大陆土地问题资料》第 64 册，第 33337—33338、33340 页。

移民纷纷从场镇向四乡分散住。同时，由于矿业发展迅速，新兴聚落随之兴起，白庙子、夏溪口等的发展尤其显著。场镇附近遍布防空洞，也是战时城镇聚落形态的重要特色。①

随着大量人口的迁入及向郊区扩散，三峡实验区人口居住的空间结构发生巨大的变化，“全区人口，以各镇之市街居者为最多，次为散居四乡之农人，再次为一二煤矿处如夏溪口、白庙子等地，多为挑失、苦力麇集之所”②。尤其是迁移到北碚及其附近的人口占比最高，结果“北碚市区已形成了一小都市”。③ 三峡实验区人口密度为每平方公里 554 人，在各乡镇的场上，特别是北碚市区，房屋异常密集。房子里住满了人，人口密度确实非常高。④

三峡实验区内 6 个乡镇中以北碚市区的商业最为兴盛，其后依次是黄桷镇、澄江镇、白庙子、文星场、二岩乡。白庙子煤焦出口要地，商业相当兴旺，二岩街市狭隘没有定期集市。各镇赶场的场期如表 3—6（见 113 页）。

北碚乡所属天生桥、金刚碑，黄桷镇所属东阳村也有不少商店。在一些重要路口或居民集中之处，也常有供给日用必需物品的店铺，当地人称为么店子。如果合并计算，则三峡实验区的商店家数超过 700 家，仅北碚市区就有 291 家。北碚市区商店的种类也多达 39 种之多，调查者认定北碚市区“实已粗备小都市的规模”。⑤

---

① 周立三：《北碚附近战时移民之分布及其特征》，《地理》1943 年第 1—2 期，第 3—4 页。

② 叶静涵：《嘉陵江三峡乡村建设实验区概况》，《四川月报》1938 年第 12 卷第 2 期，第 6 页。并可参见顾颉刚、杨家骆：《北碚志稿》，《北碚图书馆藏方志珍本丛刊》第 4 册，第 272 页。

③ 社会部统计处：《北碚社会概况调查》，《民国时期社会调查丛编・二编・城市（劳工）生活卷》（上），第 267 页。

④ 社会部统计处：《北碚社会概况调查》，《民国时期社会调查丛编・二编・城市（劳工）生活卷》（上），第 271 页。

⑤ 社会部统计处：《北碚社会概况调查》，《民国时期社会调查丛编・二编・城市（劳工）生活卷》（上），第 345 页。

表 3—6　三峡实验区各场镇场期（时间为旧历日期）

镇市名称	场　期
北碚镇	二、五、八
澄江镇	二、五、八
黄桷镇	三、六、九
文星镇	一、四、七
二岩镇	无市

资料来源：叶静涵：《嘉陵江三峡乡村建设实验区概况》，《四川月报》1938 年第 12 卷第 2 期，第 45—46 页。

据统计，三峡实验区时期的同业公会，1938 年以前成立者有 4 个，1939 年 9 个，1940 年 6 个，1941 年 17 个，1942 年 13 个，日期未详者 2 个。显然 1941 年成立者最多，而且多在北碚市区。① 这说明，北碚市区的工商业者有较高的组织程度。

全面抗战爆发后，国家银行先后在北碚设立分行或办事处者，有中央银行、中国银行、农民银行、邮汇局。② 其中中央银行于 1939 年 10 月 8 日在北碚成立办事处，同年 12 月为分行，分行房屋为宫殿式建筑，原为兼善中学校校舍，位于北碚平民公园火焰山上。该行成立时，正值日机对重庆进行大轰炸最烈之际，因而就火焰山凿建一颇为坚固的防空洞及地下库房，作为安全的保障。防空洞对地方事业机关人士开放，警笛一鸣，各界人士毕集。③ 中国银行于 1939 年 8 月派陈方修到北碚设立办事处，地址在庐山路口。1940 年 10 月陈方修调重庆后，改由周仲眉继任。中国银行扶助工矿，尽量贷款，促进生产，附近各厂及沿嘉陵江的煤矿，均受

① 顾颉刚、杨家骆：《北碚志稿》，《北碚图书馆藏方志珍本丛刊》第 4 册，第 309 页。

② 北碚管理局编：《北碚概况》，1949 年 10 月，第 29 页。

③ 顾颉刚、杨家骆：《北碚志稿》，《北碚图书馆藏方志珍本丛刊》第 3 册，第 484—485 页。

其益。中国农民银行北碚办事处，于 1939 年 10 月成立。首任主任为赋达仁，继任者是俞国健君。该行业务以协助农业为宗旨，其土地放款及农贷等，均属长期贷款，因此其经营方法，与他行不同。该行对于三峡实验区农民经济生活，具有改革的热情，如推进北碚扶植自耕农示范区，作耕者有其地的实验，如果没有该行以低利资金参加其间，不易进行。美丰银行于 1939 年 3 月 1 日在民生公司办事处后院设立办事处，由合川水电厂经理李育才任办事处主任，办理存放业务。当时，北碚市区建设刚起步，市场规模小，业务少。不久，该办事处在中山路建立新址，包括办公室、宿舍、库房各一座，建筑宏伟。1940 年 4 月 1 日办事处迁入新址营业。李育才因病逝世后，办事处改调周以仕接任。该行业务以稳活泼著称，富于服务精神，对于三峡实验区各文化团体、学校学生存款，均给予优待及便利，并为各学校代收学费，业务进展顺利。① 北碚农村银行，自 1927 年创办后，以小额放款为主要业务，贷放对象大多是小本商人。抵押贷款也大抵不超过 500 元，最高利息为月息 1 分 3 厘，对社会帮助颇大。1939 年，参政部以该金融机构不符合法定条件为由，使其自动停业。②

1939 年 4 月，三峡实验区成立卫生所。该所由北碚原有的地方医院与国民政府内政部卫生署医疗防疫队第 11 大队合组而成，有医师 5 人，护士 5 人，助理护士 2 人，事务员 3 人。其设备，有普通医院 1 所，病床 20 张；传染病院 1 所，病床 6 张；手术室 1 间。鉴于妇婴保健工作的迫切，1939 年 4 月 1 日起，聘请曹敏如医生主持并于 5 月 1 日起从事助产工作。并由王兰芬负责住院待产工作。该院曾筹设重伤病院。③

---

① 顾颉刚、杨家骆：《北碚志稿》，《北碚图书馆藏方志珍本丛刊》第 3 册，第 485—488 页。

② 来元业：《北碚一带房租地租之研究》，《民国二十年代中国大陆土地问题资料》第 64 册，第 33325 页。

③ 来元业：《北碚一带房租地租之研究》，《民国二十年代中国大陆土地问题资料》第 64 册，第 33321—33322 页。

北碚没有固定的戏院和电影院，但各种戏剧和电影都曾在北碚演映过。渝市各剧团在重庆大轰炸后疏散到北碚，一方面要求各团员演技的充实与提高，另一方面努力准备在雾季中的演出。中国万岁剧团——该团现驻北温泉对江的澄江镇，以民主化为生活的指标。每天有进修的课程，即上午排队，或讨论（包括过去工作的检讨和未来工作的设计），下午是自学读书的时间。中央青年剧社——该社在张骏祥领导下，工作始终不懈。中华戏剧社——该社在北碚先后公演了“天国春秋”“大地回春”“屈原”等剧目。①

1940 年 5 月 16 日，张自忠将军在湖北宜城县南瓜店抗日阵亡。5 月 25 日，张自忠的灵柩由民生公司“民丰”轮运载，27 日晚到重庆，停泊在储奇门码头。28 日早上九点，中国国民党、国民政府中枢当局，包括林森、蒋介石及各院长、部长、高级将领，均亲临致祭张自忠。②1940 年 11 月 16 日，葬张自忠于北碚雨台山双柏树。当张自忠灵柩由重庆运到北碚河干，“民众感情激动，群集江滨”③。上此后每年 5 月 16 日，国民政府中央及地方政府当局在此祭奠张自忠。近北碚市区五华里有天生桥，石桥古柏，颇堪凭吊，中央农业实验所北碚农场也在其附近。④

北碚对外交通方面分水陆两部分。水路对外交通方面，嘉陵江是渝合间交通动脉。轮船航线从重庆到合川的渝合班，必经北碚。此线长期由民生公司独营，1939 年起国营招商局加入运营。招商局也有中路航线，逢 3、6、9 日开行，当日往返。⑤货运工具以木船为主，木船又分两种：大船载

① 《剧人在北碚》，《新华日报》1942 年 7 月 15 日，第 2 版。

② 瞿韶华主编，刘筱龄、王彦婷、程玉凰编纂：《中华民国史实纪要（初稿）》（1940.1—6），台北“国史馆”，1993 年版，第 641 页。

③ 梁实秋：《梁实秋文集》第 1 卷，第 453 页。

④ 北碚管理局编：《北碚概况》，1949 年 10 月，第 56 页。

⑤ 来元业：《北碚一带房租地租之研究》，《民国二十年代中国大陆土地问题资料》第 64 册，第 33314 页。

货，小船载客，北碚境内停舶木船大小合计的有300余只，上行至合川3日可达，下行至重庆当日可达。① 三峡实验区内渡船可分三类。第一类是横渡，即嘉陵江南北岸对渡。此种渡船起讫地点有三处，分别在北碚与黄桷镇或东阳镇之间，二岩镇与北温泉之间，白庙子与何家嘴或月亮石之间。第二类是下水渡船。从澄江口到北碚镇或东阳镇间，北温泉到北碚镇或东阳镇之间，北温泉与金刚碑之间，二岩镇与金刚碑之间，金刚碑与北碚镇或黄桷镇之间，北碚镇与白庙子之间。第三类是上水渡船，有白庙子与何家嘴或月亮石之间，北碚镇与北温泉或二岩镇之间，北碚镇与夏溪口或澄江口之间，北碚镇与金刚碑之间。② 陆路方面，到1942年，三峡实验区内完成的公路有青北公路、北温公路、澄温公路。青北公路每日有往返碚渝客车各3次，由北碚赴重庆旅客每日多者170人，少者50人，普通约100人。由北碚赴青木关旅客每日普通约70—80人。北温公路由北碚市区到北温泉，全长7公里，1941年12月正式通车。澄温公路由北温泉到澄江口，1943年修建完成，计长7公里。总之，北碚交通与运输可称便利。当然，水路方面嘉陵江滩险太多，夏季水涨冬季水枯，行船比较危险。公路方面路面崎岖不平，而且车辆及汽车常不敷。③

电讯方面，重庆电信局在1934年2月改组正式后，北碚奉令成立分局，接收北碚电报局。1939年5月，交通部增设北碚电信分局，由此北碚可以与渝蓉等处直通电报电话。1940年1月，重庆电信局北碚分局增加长途电话服务，上至合川，下至重庆，均可直接通话，并在天生桥、金

① 社会部统计处：《北碚社会概况调查》，《民国时期社会调查丛编·二编·城市（劳工）生活卷》（上），第358—359页。

② 来元业：《北碚一带房租地租之研究》，《民国二十年代中国大陆土地问题资料》第64册，第33317—33318页。

③ 社会部统计处：《北碚社会概况调查》，《民国时期社会调查丛编·二编·城市（劳工）生活卷》（上），第359、360页。

刚碑、中山路设代办所 3 处。① 北碚市区设有二等邮政局一所，在天生桥、黄桷树、北温泉、白庙子、澄江口五处设有 3 等邮政局。北碚邮政局还附设邮政储金汇业局，开办支票储金。②

第三节　工业化、城镇化与社会进步

北碚的工业在全面抗战爆发后得到了前所未有的发展，特别是煤炭工业得到飞速发展。这种发展，对于三峡实验区的城市化和社会进步有重大的影响。

一、煤炭工业的支柱地位

嘉陵江三峡谷的煤矿主要集中在观音峡和温塘峡两个背斜上，这里有大小煤厂 42 个，其中较大的煤矿有 12 家，以天府煤矿、宝源煤矿、三才生煤矿规模较大。③12 家煤矿见表 3—7。

表 3—7　北碚 12 个较大煤矿的概况

煤名	地址	创设年月	资本额	负责人	职员数	工人数
天府矿业公司矿厂	文星乡后峰岩	1933 年 8 月	4500000	程宗阳	131	2750
宝源企业公司矿山部	澄江镇蔡家沟	1928 年 1 月	5500000	蓝泽政	150	1550
三才生煤矿	江北县戴家沟 *	1923 年	未详	未洋	未详	未详

① 社会部统计处：《北碚社会概况调查》，《民国时期社会调查丛编 · 二编 · 城市（劳工）生活卷》（上），第 359—360 页。

② 来元业：《北碚一带房租地租之研究》，《民国二十年代中国大陆土地问题资料》第 64 册，第 33316 页。

③ 北碚管理局编：《北碚概况》，1949 年 10 月，第 23 页。

续表

煤名	地址	创设年月	资本额	负责人	职员数	工人数
遂川煤矿	澄江镇石堆窝	1927 年	1000000	洪渊荃	16	125
合记煤矿	二岩乡酌房湾	1940 年 8 月	1000000	周怀清	28	715
复兴隆煤矿	二岩乡甲子洞	1936 年 7 月△	1000000	周还浦	19	410
重庆电力公司第一煤厂	文星乡万家湾	1940 年 9 月	1000000	周则洵	35	227
广济煤矿	文星乡麻柳湾	1939 年 5 月	1000000	王瑞卿	35	115
广生煤矿	黄桷镇油草评	1938 年 1 月	250000	王瑞卿	16	55
久疆煤矿	黄桷镇磨侵坡	1939 年	200000	钱公辅	10	72
久大煤矿	金刚碑水码头	1931 年 3 月	150000	张绍泉	6	35
源丰煤矿	白庙乡飞蛾山	1938 年 1 月	100000	吴从周	7	16

* 三才生煤矿在北碚境外的江北，但其出口地在本区黄桷镇，故列入本表。△改组日期。

资料来源：社会部统计处：《北碚社会概况调查》（1943），李文海主编：《民国时期社会调查丛编·二编·城市（劳工）生活卷》（上），福建教育出版社 2014 年版，第 302 页。

嘉陵江两岸的煤业一向比较发达，但在全面抗战爆发前，曾经一度萧条。特别是 1936 年四川省大旱灾后，煤炭供过于求，煤价低落，煤业多数严重亏折，矿工纷纷失业。自全面抗战爆发后，四川省成为后方重镇，重庆周围百里内成为工业重心，各大工厂及航业所需动力均依靠煤炭，三峡实验区境内煤产发展获得强大动力，发展迅速。1941 年夏季空袭频繁，造成很多工厂停工，煤炭需要一度减少，各矿产煤也无法外运，不过这种情况只是临时现象。夏季过后不久，煤矿业就迅速恢复，甚至更加活跃。①

天府煤矿和宝源煤矿是嘉陵江两岸最重要的矿区。其中天府煤区在文星乡，南自麻柳湾起，向北延伸经卢梯沟、枧槽沟、文星场、后峰岩、老龙洞、石笱沟至戴家沟，长约 7 公里。该矿区的 6 个矿厂都在北川铁路东

① 社会部统计处：《北碚社会概况调查》，《民国时期社会调查丛编·二编·城市（劳工）生活卷》（上），第 302 页。

侧，自南而北为柳厂（麻柳湾）、卢厂（卢梯沟）、枧厂（枧槽沟）、峰厂（后峰岩）、鹰厂（鹰耳岩）及笥厂（石笥沟）。矿区储量据估计为3000万吨，各层煤质均为烟煤，洗选后可以炼焦，缺点在于含硫质较高。宝源矿区在澄江镇蔡家沟，北距夏溪口约20里。该矿厂有5个矿厂：第1厂在双河口，第2厂在黄炎沟，第3厂在杨泗沟，第4厂在蔡家沟，第5厂在倒插沟。据估计矿区储量有3849000吨，煤质均为烟煤，颇适合锅炉工厂之用，可炼焦炭。煤矿组织较为完备的也是天府、宝源两公司。其中天府矿区原由公和、天义、同兴、和泰、福和、又新6家矿厂分别开采经营。1932年6月北川铁路建成，沿线各矿为扩充营业协议合组天府煤矿股份有限公司，额定资本为24万元。收足162800余元，其中民生公司投资10万元，北川铁路公司投资2万元，其余为6家矿厂资产折价。公司成立之初，采煤仍用旧法，但集中管理后，生产效率得到提高。1934年后因四川盐业衰落，对煤炭销路产生较大不利的影响，加上资本不足，造成严重的亏损亏累。1936年4月，北川铁路公司与天府煤矿公司开始联合办公，由黄云龙任两公司经理，唐瑞五为两公司工程师。① 到1937年，天府公司负债达89600余元。自全面抗战爆发，煤炭销路畅旺，营业值 大有起色，1937年盈余11754元。②

卢作孚鉴于后方燃料必感缺乏，而煤矿事业非预筹整顿不为可，加上天府煤矿各厂不仅仍沿用旧法采煤，而且搬运、排水及通风等重要环节也仍处于十分困难的状态之中。为此，卢作孚在汉口商请经济部长翁文灏觅一接近前线的大煤矿公司内迁到四川与天府煤矿公司合作。翁文灏首先商请中兴公司入川考察，结果该公司认为天府煤矿无合作价值而罢。1938

① 民生实业公司十一周年纪念刊编辑委员会编：《民生实业公司十一周年纪念刊》，第163—164页。

② 社会部统计处：《北碚社会概况调查》，《民国时期社会调查丛编·二编·城市（劳工）生活卷》（上），第300页。

年3月3日，翁文灏请中福煤矿公司总经理孙越崎、福公司总代表贝安澜和卢作孚等晚餐，谈天府煤矿事。① 其间，卢作孚谈起沿海沿江工厂内迁重庆建厂，川江轮船运输紧张，“缺乏煤炭是个大问题”。孙越崎向卢作孚提出，中福煤矿机器材料及技术管理人员和技工都在汉口，如与天府合作，可解决这个问题。卢作孚“闻之大喜，立即同意合作，并允负责把中福机器设备优先运输入川”。②3月11日，孙越崎和福公司总代表贝安澜、原中福联合处李河煤矿矿长张莘夫、湘潭煤矿工程师布鲁西言克一行共四人专程从汉口到重庆。随后一行人在天府煤矿公司经理黄云龙陪同下，考察了天府煤矿三个大平洞的采煤情况。孙越崎等人发现：天府煤矿采掘全用人工，抽水也用人工，“看了使人心酸”，“坑内很热，工人全是裸体，背煤工人背到平洞，再拖到洞口，一经风吹，易受感冒，死亡率很高”，“感到改造这一老矿并非易事”。同时，孙越崎也看到当时的天府煤矿有3个优势：1.有一条17公里长的轻便铁路，从矿区直达嘉陵江边；2.煤层较厚，储量丰富；3.由嘉陵江下运重庆不到100公里，运输便利。两相比较，“优缺点相比，优点较多”③。孙越崎很快决定与天府合作，并初步做了规划，将总处、电厂和机修厂设在位置适中的后峰岩。3月下旬孙越崎回到汉口后，再次与卢作孚洽商，提出需将北川铁路与天府煤矿合并，实行路矿合一，卢作孚当即表示同意，双方商讨时间不到10分钟，一言为定，不订协议，也未同双方董事商谈，初步商定了合作的具体办法：一方面天府、北川合并起来，以矿区和铁路作价加入，另一方面中福公司以机器材料作价加入，共同组织天府矿业股份有限公司，公司总资金为150万元，双方投资各半。新成立的组织定名为天府矿业股份有限公司，并向国民政府有关部门申请注册登记。

① 李学通、刘萍、翁心钧整理：《翁文灏日记》，中华书局2010年版，第219页。

② 孙越崎：《孙越崎文选》，团结出版社1992年版，第28—29页。

③ 孙越崎：《孙越崎文选》，团结出版社1992年版，第29页。

孙越崎即任命张莘夫为天府煤矿矿长，令他即日率部西上，筹组建矿事宜。[①]4月下旬，北川铁路公司在民生公司召开股东大会，同意该公司与天府公司合股后，再与中福公司合作办法。报道谓："北川铁路公司，前在民生公司开股东大会，对于该公司与天府公司合股后，再与河南中福煤矿公司合作办法，完全表示接受，并即席一致通过合作后，双方资本各为80万元，开采机器，一律由中福供给，仍照原约定名为北川路矿公司云。"[②]

5月1日，天府煤矿公司、北川铁路公司与中福公司正式合并为天府矿业股份有限公司（也称天府路矿公司），资本共为220万元，其中北川铁路和旧天府煤矿共出资80万（其中民生公司投资288000元），中福公司出资80万，向经济部借款60万，以新式机器开发煤矿。[③]原天府煤矿公司与北川铁路机构同时撤销，其资产全部并入新公司。中福联合处因在其他煤矿还有投资，故仍单独存在。在新组建的天府矿业公司中，卢作孚担任董事长，孙越崎担任总经理，原天府煤矿公司经理黄云龙担任协理。在新公司组织章程中明文规定：总经理秉承董事长之命，全权综理对内对外一切事宜。[④]张莘夫任矿长，唐瑞五任工程师。1938年冬唐瑞五去世，改由谢毓忠任工程师。[⑤]5月28日，卢作孚为天府公司事访翁文灏相商。[⑥]天府矿业股份有限公司在汉口江汉路民生公司召开创立会，公推卢作孚为大会主席，推选出了第一届董监事，会议确定了公司名称，用记名式投票

---

① 《天府矿业公司速写》，《新世界》1944年复刊号，第50—51页。

② 《北川铁路公司决与天府、中福合作》，《嘉陵江日报》1938年4月24日，第3版。

③ 《北川天府中福合资经营共资本二百廿万》，《嘉陵江日报》1938年5月1日，第3版；天府煤矿公司编：《天府公司概况》，大东书局1944年版，第1—41页；陈滋生：《二十七年公司大事纪述》，《新世界》第14卷第4、5期合刊，1939年3月20日，第49页。

④ 薛毅：《工矿泰斗孙越崎》，中国文史出版社1997年版，第80页。

⑤ 程宗阳：《四年来之天府煤矿》，《矿冶》1942年复刊号，第87—88页。

⑥ 知之整理：《翁文灏日记》（1938年），《近代史资料》第103号，中国社会科学院出版社2002年版，第87页。

公推卢作孚等 9 人为董事，唐建章等 3 人为监察。第一届董监事会议又一致推举卢作孚为公司董事长、孙越崎为总经理。① 黄云龙任协理，张莘夫任矿长，唐瑞五任工程师。1939 年秋张莘夫辞职，改由程宗阳继任矿长，谢毓忠任工程师。②

1938 年 5 月，天府煤矿把中福公司运川的各种机械材料，率先安装。半年间，先后完成电厂、机厂机械的安装。天府机器设备集中在后峰岩一厂，动力设有 500 马力管式锅炉 1 具，350 千瓦立式交流发电机及 780 千瓦透平发电机各 1 座，供峰厂绞煤、排水、通风、凿石之用。其他设备如翻砂厂、打铁厂及修机厂等也较为齐全。这些机器多是 1938 年与中福公司合并时，从河南迁移而来，均为英国制造，性能良好。天府煤矿发电厂设在水岚垭设，安装九马力立式锅炉及蒸汽引擎各 1 部，60 千瓦直流发电机 1 部，供矿灯充电之用。北川铁路机车厂，有上马力锅炉 1 具、20 马力汽机 1 部及其他修理机件设备。北川铁路有机车 5 个，其中 110 马力者 1 部，315 马力及 70 马力者各 2 部，五吨煤车 40 辆，客车 5 辆。矿洞设备计有 130 马力、160 马力、43 马力、13 马力及 5 马力电泵各 1 具，总共 5 具。尚有 20 马力、50 马力及 8.5 马力绞车各 1 具，计 3 具，50 马力抽风机 1 具，40 马力压气机 2 具。③ 鉴于敌机轰炸威胁，天府煤矿还设立第二电厂，以策安全。自水岚垭到戴家沟的轻便铁道，原来采用 20 磅钢轨载重不足，更换为从湘潭购到的 35 磅钢轨，以利运输。至于铁路机车修理，车辆补充，是更加重要的艰巨工作。矿洞内外煤斤的搬运，改用铁车，并铺设钢轨互相衔接。在装车卸车地点，建筑煤仓使煤在缩槽内自

---

① 《天府矿业股份有限公司创立会纪录》（1938 年 5 月 28 日），天府煤矿股份有限公司档案，档案号 0240—2—13，重庆档案馆馆藏。

② 天府煤矿股份有限公司编：《天府煤矿概况》，第 5—6 页。

③ 社会部统计处：《北碚社会概况调查》，《民国时期社会调查丛编 · 二编 · 城市（劳工）生活卷》（上），第 306 页。

行溜下。在轻便铁路白庙子终点，距离江岸约高 180 米处，利用山坡铺设绞车道，进行分段运输。在江岸建有卸煤铁桥，凡装船煤斤可自动装入船内，使人力大为节省。该铁桥还可以根据水位涨落，自由升降。其他地面建筑如矿厂办公室、材料库、诊所、医疗室、公共浴室、职工宿舍、车站及煤机等，或修葺旧房，或另建新屋，也先后建成。①

1942 年，天府矿业公司资本总额已增加到 450 万元，职员 131 人，工人 2700 余人。② 同年，嘉陵江下游重庆一带煤斤市场，全年消费约为 52 万吨，而天府矿产量约 20 万吨，约占全部消费量的五分之二。天府煤矿的销售区域上起合川下迄重庆，各项轻重工业、轮船交通、公用电力，各方需要无不仰赖天府煤矿供给，其中主要用户如民生公司、重庆电力公司、裕华、豫丰等纱厂，各兵工厂，及合川盐场等，每户用煤每月常在数千吨以上。以产量言，天府矿煤斤，“实不啻为后方经济建设主要安定力量之一”。③ 天府煤矿机械化生产的威力，初步得到显现。

宝源煤矿由川军将领蓝文彬于 1928 年集资创办，也是接收五旧厂而成，初称宝源煤矿股份有限公司，资本 50 万元，总公司设在重庆，1929 年 10 月 1 日开始营业。1930 年建造运道，耗费很大，又抵借 20 余万元。因无法归还，1934 年改组为两合公司。随后川省大旱，人工过剩，小厂兴起，煤产供过于求。煤价惨跌，该矿资本亏折殆尽。1937 年秋，蓝文彬另筹资本 60 万元加入。1939 年，宝源煤矿股份有限公司与同业合并改组为四川宝源煤矿股份两合公司，资本 100 万元。后又增为 200 万元，并把总公司迁移到三峡实验区夏溪口。1941 年 1 月，四川宝源煤矿股份两合公司又联合其他企业，改组为宝源企业股份有限公司（简称“宝源煤

① 程宗阳：《四年来之天府煤矿》，《矿冶》1942 年复刊号，第 92 页。
② 社会部统计处：《北碚社会概况调查》，《民国时期社会调查丛编・二编・城市（劳工）生活卷》（上），第 300 页。
③ 程宗阳：《四年来之天府煤矿》，《矿冶》1942 年复刊号，第 94 页。

矿”)，资本1000万元，并把总公司移设到重庆领事巷13号。该公司组织内分矿山、化工、糖业、砖瓦、地产、运输、营业七大部门，分别经营，其中矿业部分划拨550万元。企业组织方面，有经理协理各1人，综理全厂事务，下设秘书室及总务、会计、矿务、机电、转运、坪栈各股，全矿共有职员150人，工人1700余人。① 宝源煤矿的设备有小型发电机、排水机、压风机，运输有铁道和宝源运河。其中该煤矿矿山部机电厂位于蔡家沟，翻砂及锻铁等厂较为齐全，动力有重庆本地制造的卧式长12尺直径6尺单心锅炉1座。英国制造的40马力立式蒸汽机1部，天津和瑞典造16马力柴油机各1部共两部。发电机有英国制10千瓦及丹麦制20千瓦直流发电机各1部，提供供电及电池充电之用。机厂有汉阳兵工厂制造的车床2部，上海制虎头器2部，供修理之用。采矿设备有美国制8马力、德国制12马力、美国制21马力空气压缩机各1部共3部，供凿岩用。英国制2.5马力抽水机3部，用于向锅炉引水。运输方面有32马力机车1部，煤车200辆。② 但电机仅限于充电灯及蓄电池，铁道不用机车，而用人力推行，略有新式设备的形式，未臻机械化的程度。不过宝源煤矿的煤炭产量，在1941年以前超过天府煤矿，1941年以后仍仅次于天府煤矿。③ 在三峡实验区各煤矿厂中，宝源煤矿是数一数二的大矿。

三才生煤矿是三峡实验区内除天府煤矿、宝源煤矿之外的第三大煤矿，1921年由黄锡滋接办江北县静观场戴家沟胡中行的煤窑开办，1925年开始出煤。1940年，三才生煤矿与中国兴业公司合作，改成立三才生煤矿股份有限公司，资本额200万元，双方各占一半。董事长和协理由旧

---

① 社会部统计处：《北碚社会概况调查》，《民国时期社会调查丛编·二编·城市（劳工）生活卷》（上），第304—305页。

② 社会部统计处：《北碚社会概况调查》，《民国时期社会调查丛编·二编·城市（劳工）生活卷》（上），第306—307页。

③ 林超：《嘉陵江三峡煤业地理》，《地理》1942年第2卷第1、2期合刊，第51页。

三才生选派但懋辛和黄明安担任，总经理和正副矿长由中国兴业公司选派薛桂轮、黄声叔、王子佩担任。产品中煤斤优先供应黄家轮船所需，焦煤优先供应中国兴业公司炼钢所需。①三才生矿厂的设备，有立式锅炉1座，卧式双筒发动机1部，6.6千瓦发电机1部，仅供电池灯充电用。1939年增设75马力火管卧式锅炉1座，60马力发动机及离心抽风机。三才生公司自筑有轻便铁路，由戴家沟运煤到黄桷树出口，称为戴黄铁路，1942年完工。因缺乏机车，仍用人力推送。②

因水路运输费用的巨大差异，三峡实验区各煤矿出产的煤炭，都以从距离最近的沿江口岸运出为原则。在三峡实验区内，有17处口岸，其中位于嘉陵江主流的口岸有13处，分别是狮子口、土沱、白庙子、干洞子、黄桷树、金刚碑、二岩、夏溪口、草街子、吴粟溪、炭坝、格旱洞、龙洞沱。地处渠江下游的口岸有3处，分别是小沔溪、大沔溪、沙湾。地处涪江下游的口岸为猴嘴溪。各主要运煤口岸的运输量，参见表3—8。

表3—8　各运煤口岸出口量

运煤口岸	每月运量（吨）	运煤口岸	每月运量（吨）
白庙子	22800	夏溪口	10500
狮子口	3300	二岩	1800
金刚碑	1700	草街子	1500
小沔溪	1459	吴粟溪	1050
猴嘴溪	1000		

资料来源：林超：《嘉陵江三峡煤业地理》，《地理》1942年6月1日第2卷第1、2期合刊，第55—56页。

① 黄明安：《三才生煤矿投靠官僚资本的始末》，政协商全国委员会文史资料研究委员会编：《文史资料选辑》第38辑（合订本第13卷），第45—53页。

② 社会部统计处：《北碚社会概况调查》，《民国时期社会调查丛编·二编·城市（劳工）生活卷》（上），第307页。

在上表3—8的统计中，白庙子的煤炭运输数字包括干洞子及黄桷树，狮子口的煤炭运输数字包括土沱，其他如龙洞沱及渠河下游的大沔溪、沙湾，每月出口有数百吨。

煤炭出口口岸，全部地处江边，其原因在于需依赖木船运输。在此种地方，有仓库，有码头，有供水陆运输工人住宿之所，及供其消费之商店。在本区内，此种出口口岸，尚可分为三种：1. 运输口岸，以白庙子及夏溪口为代表。2. 出产兼运输口岸，如矿厂位于江边，则矿厂与运输聚落合而为一，如二岩。3. 贸易市场、经济中心兼出口口岸，如小沔溪、黄桷树、土沱。①

二、制造业的显著进展

1938年初，林继庸以厂矿迁移监督委员会驻渝办事处名义，在重庆、四川考察工业资源并为内迁厂矿企业选择落脚地点，规划大后方工业区建设问题。1938年1月24日到3月5日，林继庸向厂矿迁移监督委员会提交12份考察报告，系统地反映了当时在三峡实验区建设工业区的计划。无奈道路修筑问题、电力供应问题、嘉陵纱厂地亩出让问题、蚕桑制种场迁移桑苗问题等都不易解决，特别是考虑到北碚距离重庆市区较远必导致成本提高、适合纱厂的平地不多土工高昂、北碚重庆间设有卡局须多纳税款等原因，“各厂不愿往北碚设厂”②，北碚工业区计划最后无形搁浅。虽然在上坝下坝设置工业区的计划落空，但全面抗战之初还是有一批内迁厂矿企业通过各种方式迁移到了三峡实验区，除中福公司外，较为著名的工厂有武汉大成纱厂、经济部中央工业实验所油脂实验工厂、经济部中央工

① 林超：《嘉陵江三峡煤业地理》，《地理》1942年6月1日第2卷第1、2期合刊，第58—59页。

② 中国第二历史档案馆编：《国民政府抗战时期厂企内迁档案选辑》（下），重庆出版社2016年版，第1125页。

业实验所纯粹化学药品制造实验工厂、西南麻织厂、重庆印刷厂第二工场、大鑫火砖厂等。到1942年管理局成立前后，北碚境内建成开工的大小工厂已有28家。上述28家工厂的概况见表3—9。

表3—9　北碚工厂概况

厂名	地址	创设年月	资本额（元）	负责人姓名	职员人数	工人人数
大明染织厂	朝阳镇庙嘴	1930年9月	1000000	查济民（浙）	3	524
嘉陵煤球厂	白庙乡正中路	1930年11月	550000	李顺德（川）	27	65
北碚印刷所	朝阳镇檀香山桥	1934年	未详	高国彬（川）	3	30
广益化学工厂	黄桷镇东阳村	1936年8月	80000	王道（川）	10	65
熙记金星电厂	二岩乡	1937年	250000	周炳粟（川）	3	10
大鑫火砖厂	黄角镇麻柳湾	1938年4月	150000	谢诗箴（浙）	10	60
民利制革厂	朝阳镇金刚碑	1938年	560000	方荣欣（闽）	7	25
同心口造厂	朝阳镇果园	1938年	未详	未详	未详	未详
重庆蜀华布厂北碚分厂	黄桷镇乌木嘴	1939年5月	200000	印荣廷（未详）	4	21
中央矿冶研究所试验洗焦厂	白庙乡麻柳湾	1939年7月	200000	俞再麟（浙）	7	30
西南麻织厂	朝阳镇何家湾	1939年11月	800000	金德成（浙）	20	173
协兴染织厂	朝阳镇金刚碑	1939年11月	300000	舒成模（川）	16	100
北碚公共电力厂	朝阳镇庙嘴	1939年	10000	未详	未详	未详
四川畜产公司制娱厂	黄桷镇大沱口	1939年	未详	古今佛（湘）	5	30
北碚征属工厂	朝阳镇毛背沱	1940年5月	200000	李琬（湘）	12	50
正中书局印刷厂	朝阳镇金刚碑	1940年9月	未详	范献臣（浙）	11	125
中央工业试验所试验化工厂	朝阳镇果园	1940年	未详	顾毓瑔（苏）	未详	未详
重庆印刷厂第二工厂	朝阳镇天生桥	1941年12月	5000000	唐崇李（苏）	17	159
北泉酒精厂	澄江镇三花石	1941年	未详	齐慰（冀）	35	119
广利肥皂厂	澄江镇马家沱	1941年	100000	牟欧平（川）	7	25

续表

厂名	地址	创设年月	资本额（元）	负责人姓名	职员人数	工人人数
纪纶造纸厂	澄江镇蔡家沟	1941年	未详	马仲平（苏）	21	19
义大玻璃厂	二岩狮白沙沱	1941年9月	500000	赖其芳（闽）	20	98
长江制药厂	朝阳镇檀香山桥	1941年	10000	承纪元（苏）	10	9
建国代水泥厂	白庙镇甘洞子	1941年3月	2000000	王菊三（苏）	12	36
源记砖瓦厂	澄江镇运河路	1941年	40000	盛钦丞（川）	10	320
北泉寄萍水电厂	北泉公园	1941年	未详	钟世谦（闽）	4	5
中国粮食公司碾米厂	白庙乡甘洞子	1942年3月	150000	李湘堂（苏）	11	22
滑翔机修造所	朝阳镇金刚碑	1942年	未详	未详	未详	未详

资料来源：社会部统计处：《北碚社会概况调查》（1943），载李文海主编：《民国时期社会调查丛编·二编·城市（劳工）生活卷》（上），福建教育出版社2014年版，第314—315页。

表3—9的28家工厂中，为数最多的是化学工业，有7厂；其次是纺织业，有5厂；第三位的是水电业、建筑材料业（水泥厂）、印刷业各3厂；两厂的有毛革制造业、燃料制造业、饮食品制造业；最后1厂的是机器业。以上28个工厂中，水泥厂、机器业、化学工业、毛革业属于重化工业，有13家，纺织业、印刷业占8家，水电业和燃料业计5家，饮食制造业2家。按照产品性质划分，属于生活必需品制造的厂商有20厂，属于教育用品制造厂商有3厂，属于建筑材料厂商有3厂，属于国防用品厂商有2厂。可见，北碚的工业以民生工业为主。

在地域分布上，北碚的工厂多数位于嘉陵江边，水运方便。主要几个小规模的工业区：（1）朝阳镇庙嘴和果园一带，（2）金刚碑和对岸的大沱口一带，（3）白庙子到干洞子一带，（4）夏溪口及其对岸的白沙沱一带。每处都有4—5家工厂，距离江边都不超过1华里。各厂位置除考虑水运便利外，还顾及动力燃料供给问题，除庙嘴和果园一处距离产煤地稍远外，其余3处都是煤码头。从时间上看，多数是全面抗战爆发后创办的。

1937年以前创立为数很少，仅有两家。一是三峡染织厂，创办于1930年，后与上海大成、汉口隆昌两厂合并成为大明染织厂。一是嘉陵煤球厂。其他全是抗战爆发后创办的，其中1937年有1厂，1938年有3厂，1939年有6厂，1940年有3厂，1941年有8厂，1942年有3厂。尚在筹备中的军政部炼油厂、新亚制药厂等。28个工厂中，从外地迁来的有正中印刷厂、重庆印刷厂、大鑫火砖厂、广利肥皂厂等四厂，一部由外地迁来的大明染织厂，其他各厂都是就地兴建起来的。从资本额和工人数上看，北碚各厂规模大多很小。资本额在100万元以上的只有重庆印刷厂、建国代水泥厂、大明染织厂三家。工人数500人以上的只有大明染织厂，200人以上的1厂，100以上200人以下的5厂，其他均在100人以下，并且有6厂人数不到30人。从籍贯看，北碚各工厂负责人多数是江、浙、川三省籍。在28个厂的厂长中，浙江籍的5个，江苏籍的6个，四川籍的6个，福建3人，湖南2人，河南1人，未详5人。四川省籍人多纯粹是地域关系，江浙籍贯两省人多，与该两省是东南工业发达地区以及两省人士内迁有关。①

1942年6月，国民政府社会局统计处，曾对北碚工业中8个行业的11家工厂进行过调查，内容较为确实。当时选取的行业和工厂中，纱织业为大明染织厂和西南麻织厂，印刷业为重庆印刷厂，化学工业为长江制药厂和义大玻璃厂，建筑材料业为大鑫火砖厂和建国代水泥厂，饮食品制造业是中粮碾米厂，制革业是民利制革厂，燃料制造业是嘉陵煤球厂，水电业是北碚公共电力厂。可以说，这些厂家，就是当时北碚制造业的代表性工厂，其中有内迁工业，更多的是新建的工厂。

大明染织厂前身是1930年创立的三峡染织工厂。1938年，三峡染织

① 社会部统计处：《北碚社会概况调查》，《民国时期社会调查丛编·二编·城市（劳工）生活卷》（上），第315—316页。

工厂与江苏常州大成纺织公司、汉口隆昌公司筹备合组大明染织公司（简称大明染织厂）。1939年2月，大明染织公司正式成立，资本40万元，董事长为卢作孚，刘国钧为总经理，原大成厂工程师查济民（刘国钧婿）为厂长，常务董事由原汉口大成四厂厂长刘丕基、原三峡厂经理王莱山担任。① 大明厂设备相对完备充实，厂地在北碚市区附近马鞍山侧，厂地面积约48亩，厂屋大小共计182间。原动力设备有交流发电机两座，其中之一座为英国制70千瓦，一座为德国制60千瓦。② 实际上新成立的大明染织厂“完全交由大成纱厂的人经营”。③ 按照当时有关规定，大明染织厂不交纳所得税，只交纳3%的资本税。其“染料都是战前储存的德国原料。单以颜料的赚钱，已经很够骇人的”。大明厂当时“赚钱甚巨”。④ 在厂长查济民的着力经营下，该厂很快发展成为大后方纺织染齐全的著名工厂。

重庆印刷厂第二工厂前身是南京京华印书馆。全面抗战爆发后，京华印书馆内迁，1938年在北碚镇天生桥复工。此处靠近新筑成的青北公路，厂地12亩，厂屋70多间。该厂设备有1座柴油引擎，供应印刷机电力，其他仍使用人力。厂内有3座胶印机，4座铅印机，1座划格机，1座切纸机，1座铸字机。中文排字房1大间，英文排字房1小间，装订房两间。1941年2月，京华印书馆由中央信托局接办，改称重庆印刷厂第二工厂，其第一、第三工厂设在重庆市区。该厂资本500万元，全为国家资本。厂长由中央信托局专员唐崇李担任，全厂职员17人。该厂在改组前主要业务是承印各种图书杂志，中央信托局接收改组后，主要为财政部印制各种

① 《大明染织厂——现代合营企业的一个试验》，《新世界》1944年6月号，第25页。
② 来元业：《北碚一带房租地租之研究》，《民国二十年代中国大陆土地问题资料》第64册，第33323—33324页。
③ 卢作孚：《一桩惨淡经营的事业——民生实业公司》，《卢作孚全集》第3卷，第1145页。
④ 张言：《访问北碚大明染织厂》，《经济新闻》（周报）1941年第18期，第21页。

钞券、印花、单据等类。所用原料主要有道林纸、土报纸、各色油墨、印书笔墨。①

大鑫火砖厂原设上海，抗战后奉命迁渝。厂址位于三峡实验区黄桷树街市附近，距江边约1华里，厂地13.5亩，厂屋40余间。该厂设备有烧砖用新式砖窑两座，每座能容砖5000块，1支方式砖烟筒，1部辗石机，1部伴泥机，1部制砖机。因无电力设备，各种机器多无法使用。该厂出品有普通火砖、高铅火砖及特形火砖三种，每月平均生产3万块，供重庆附近各兵工厂使用。厂长谢时箴于1938年4月到碚购地建屋，7月正式复工生产，并在重庆小梁子设立办事处。该厂资本1940年时为75000元，1942年6月增加为15万元。②

经济部中央工业试验所油脂实验工厂、经济部纯粹化学药品制造实验工厂、西南麻织厂等是这一时期在北碚新建的工厂。其中经济部中央工业试验所油脂实验工厂，创办于1939年9月11日，设备完善，所出产品有压榨植物油类的菜油、蔴油、桐油等，植物油所制炼的代汽油、代柴油等轻油，植物油所制炼的过热汽缸油、普通汽缸油、冬季夏季车辆油等润滑油，还能利用动植物油脂生产油漆油、油墨、肥皂、蜡烛、硬脂酸、甘油等，利用籽饼生产干酪素、电木粉等，利用籽壳生产炭酸钾、苛性钾等。1940年，交通部重庆电信局委托经济部中央工业试验所代制蓄电瓶酸。于是，经济部中央工业试验所在北碚创办三酸精炼厂，即纯粹化学药品制造实验工厂的前身。之后，由于制造纯粹化学用品，该厂又改称纯粹化学药品制造实验工厂。③ 西南麻织厂原有工厂3处，第1厂于1939年设

① 社会部统计处：《北碚社会概况调查》，《民国时期社会调查丛编·二编·城市（劳工）生活卷》（上），第317页。

② 社会部统计处：《北碚社会概况调查》，《民国时期社会调查丛编·二编·城市（劳工）生活卷》（上），第318、321、326页。

③ 顾颉刚、杨家骆：《北碚志稿》，《北碚图书馆藏方志珍本丛刊》第2册，第174—177页。

立，附设于北碚大明厂内，后因大明厂扩充而结束；第2厂在隆昌；第3厂由第1厂改组成立，称北碚西南麻织厂，1939年11月正式开工，总经理为江汉罗，厂长为金德成，厂址在北碚何家嘴江边。该厂为官商合办企业，官股为经济部工业调整处、四川省政府，商股有各银行家投资，有厂屋105间，厂地约10亩，资本80万元，职员20人，产品有棉、麻及棉麻混合三种，以棉织品为主，麻织品较少。四川畜产公司猪鬃厂厂址在黄确镇大沱口，成立于1939年，经理湖南人古今佛，职员5人，工匠30人。局境猪有黑色及黑白花二种，1938年以后，三峡实验区提倡荣昌白猪，养者日多，荣昌猪鬃是出口大宗。此厂属于四川畜产公司。北碚公共电力厂创办于1938年7月，[①] 以供给北碚市区电力为目的，资本原仅10000元，设备有25马力的煤气发电机，电力微弱，发电后不足供市场电灯之需。[②] 此外，北泉水电厂创办于1940年6月。[③]

北碚地势多山，凿洞比较容易。厂内有自备防空洞的有大明、西南、重庆等厂，到附近公共防空洞的有长江、大鑫、嘉陵三厂，向山野疏散的有义大、民利两厂。

在现代工业兴起的同时，三峡实验区署对于辖区内的传统手工业，仍给予以相当的注意。根据国民政府主计处统计局有关调查，三峡实验区的旧式工业主要有苏钢业、石灰业、砖瓦业、木器业、滕竹业、造纸业、铁器业、酿酒业、榨油业、挂面业等。[④] 其中苏钢业作坊约10家，分布在金刚碑及澄江镇三花石一带，每年产钢约100吨，自从洋钢行销内地后，该业逐渐衰落。全面抗战爆发后，苏钢销路有所恢复。石灰作坊在三峡实

① 顾颉刚、杨家骆：《北碚志稿》，《北碚图书馆藏方志珍本丛刊》第1册，第381页。

② 顾颉刚、杨家骆：《北碚志稿》，《北碚图书馆藏方志珍本丛刊》第3册，第427页。

③ 顾颉刚、杨家骆：《北碚志稿》，《北碚图书馆藏方志珍本丛刊》第1册，第385页。

④ 社会部统计处：《北碚社会概况调查》，《民国时期社会调查丛编·二编·城市（劳工）生活卷》（上），第338—340页。

验区观音峡一带有20多家，每厂每月可出两窑。全区每月石灰总产量约20000余挑，每挑石灰石可烧石灰3挑。砖瓦厂有20多处，其中北碚乡境内约11处，澄江、黄桷两镇各有4—5处。木器铺有30余家，集中于北碚市区及各镇场上，其中北碚市区有18家，澄江黄桷两镇各有5—6家。藤竹器业有23家，多数在北碚市区沿江一带。造纸作坊约有10余家，以在北碚市区者为多。铁匠铺有15家，多在各乡镇场口或场尾，规模很小。酿酒厂有七八家，榨油作坊有4—5家。挂面厂有5家，集中在北泉公园沿江一带。① 上述10种行业是三峡实验区传统手工业中比较重要的几种。除苏钢和石灰两种外，其余均为日常必需品。

三、社会结构的深刻变化

随着工业化、城镇化的进行，三峡试验区的人口格局进一步呈现向城镇和工矿业转移的趋势，并清楚地反映在各种调查统计结果中。

根据陈壽哉1938年的调查，“北碚乡农家户口指数，原属最高。惟所有人口，大部集中于市镇，乡村人口则较稀疏。”“北碚乡农民往往多趋于市镇经营小本商业及受雇于煤场、工厂者。”北碚“因交通较便，乡民受都市商业经营所吸引，入重庆市营生者居多。”文星乡区域内有煤矿公司，兼有轻便铁路，因此该乡的农民，“往就矿工及肩负煤炭劳工，工人生活虽苦，然所挣得得工资较之经营农田可靠。”②可见三峡实验区的农村人口不仅向本区域内的城镇和工矿业转移，而且向重庆市转移者为数颇多。陈壽哉对三峡实验区五个乡264户农家土地分配问题抽样调查统计结果表明，264户农户户均耕地面积16.67亩，人均耕地面积2.19亩。由于耕地

① 黄子裳、刘选青：《嘉陵江三峡乡村十年来之经济建设》，《北碚月刊》1937年第1卷第5期，第21页。

② 陈壽哉：《嘉陵江三峡乡村建设实验区土地分配》，《民国二十年代中国大陆土地问题资料》第72册，第38034、38036页。

面积过小，加上水旱频仍，农家经济几乎没有向上发展的机会。但就北碚乡而言，由于人口大多集中在场上，因此农户平均土地较多，加上农村银行有小额贷款可供贷借，农作不断得到改良，农民受惠不少，生活“较为安适”。① 这表明，城镇化具有缓解农村农户经营中土地面积过小的问题。对于三峡实验区农村整个农村严重问题，陈憃哉的调查报告提出包括扶植或创设自耕农、改革佃制、移垦及开发矿业发展工业、整顿税收、普及农村教育、发展农村经济 6 项解决办法。同时，陈憃哉也非常清楚：扶植自耕农、改革佃制、整顿税收 3 项还不具备实施的条件；移垦及开发矿产发展工业诸办法中，由于实验区内可以利用的荒地只有 3951 亩，数量很小而且容易遭受旱涝灾害，因此作用有限。只有从发展工商业，增加城市人口，以吸收乡村人口着手，才是辖区农村问题的有效办法。陈憃哉说：三峡实验区矿产丰饶，“急应建设大规模工厂开发之，即为整个四川兴利，且为实验区贫苦之农民，谋得最适宜之出路，而达到农户耕地扩充之目的。”②

根据中国地理研究所研究院林超 1940 年 2 月的调查，三峡实验区内农民仅 8000 多人，每年所产粮食仅足 3 个月至半年之用，不足之数从上游农业区如武胜、合川等县购运接济。矿区工人消费力较强，对日用品需求较多，因此三峡实验区商业兴盛。工业由于煤炭供给较充分，也有发展的趋势。上述经济、社会现象，都与煤矿有密切关系，林超认为：三峡实验区的经济活动，“实受煤业之支配”。三峡实验区的煤业，由于地质特征和人为努力，加上位置优越，从而获得稳步发展成为四川主要煤区，人民的经济社会生活受到煤业的广泛影响，“原来之农村生活，反退居不重要

① 陈憃哉：《嘉陵江三峡乡村建设实验区土地分配》，《民国二十年代中国大陆土地问题资料》第 72 册，第 38026、38033—38034、38035 页。

② 陈憃哉：《嘉陵江三峡乡村建设实验区土地分配》，《民国二十年代中国大陆土地问题资料》第 72 册，第 38120—38121 页。

之地位矣”。由于煤炭开采兴旺，三峡实验区每日从各口岸向外运出千余吨煤炭，矿业吸引的工人为数众多，而辖区内“耕地原少，农民甚稀”。①周立三经过调查也发现：由于人口向城镇集中，北碚、黄桷等重要场镇的近邻，很多农田变为宅地。城镇人口的激增，消费量增大，附近农地的利用也变得更加集约。农作物从单一变为多样，菜地增辟特别明显。城镇化和工业化的这种影响不仅出现在人口稠密的场镇附近，也出现在较为偏僻的二岩乡西山坪一带。为适应战时市场的需要，西山坪开辟荒地栽植瓜果，以供社会需要。工矿业在战时变化更为显著，三峡实验区是川东重要煤产区域，随着重庆附近工业及家庭用煤需要的激增，嘉陵江两岸山地的煤业日趋发达，其中天府煤矿规模最大，三才生、宝源公司也增产明显，全面抗战爆发后数年间各增加二三倍。新建小规模煤窑也为数不少，沿嘉陵江一带还兴办了许多石灰矿窑。他指出：由于矿工集居，矿场扩大，加以矿产的运输，在促使社会面貌发生巨大变化。同时，三峡实验区工业虽不及矿业发达，但原有工厂得到扩充，新兴工厂相继兴办开工，对于社会面貌也有很大的改变。②

社会部1942年的调查也表明：自全面抗战爆发全国实行征兵以后，三峡试验区农村壮丁应征入伍者为数颇多，于是又有大量壮丁因惧怕被抽而纷纷逃往城市。战时工矿业生产需要劳力甚多，也吸收不少青壮年农民。③

---

① 林超：《嘉陵江三峡煤业地理》，《地理》1942年第2卷第1、2期合刊，第59页。

② 周立三：《北碚附近战时移民之分布及其特征》，《地理》1943年第1—2期，第4页。

③ 社会部统计处：《北碚社会概况调查》，《民国时期社会调查丛编·二编·城市（劳工）生活卷》（上），第298页。

第四章

管理局前期北碚的城镇化进展（1942—1945）

1942 年春北碚管理局在三峡实验区基础上改组成立，成为四川省第三专员区下辖的一个县级行政区。此时，全面抗战进入中后期，各种新的困难接踵而至。北碚试验如何持续进行，实际上成为十分严峻的问题。稍后，卢作孚辞去在国民政府中央机关职务，回到北碚静养。其间，卢作孚提出了北碚管理局辖区发展进步的一系列理念并采取行动，推动了北碚城镇化在广度、深度上的继续进行。在北碚管理局时期，“北碚被造成了一个十分繁华的地方”①。

第一节　管理局的成立与发展理念

三峡实验区实际上已经接近于县级行政单位。1940 年春，四川省推行新县制，三峡实验区署也奉令实行。区署组织略有调整，并有改县之说。四川省府曾派员会同区署勘察改县疆界，最终未能实行。到 1942 年 2 月，四川省政府训令改署为局。②3 月 1 日，北碚管理局正式成立，辖境与三峡实验区时期完全相同。③

---

① 《漫话北碚试验馆》，《渝工》1946 年，第 9 页。

② 顾颉刚、杨家骆：《北碚志稿》，《北碚图书馆藏方志珍本丛刊》第 1 册，第 387 页。

③ 顾颉刚、杨家骆：《北碚志稿》，《北碚图书馆藏方志珍本丛刊》第 2 册，第 87 页。

一、北碚管理局的成立及其职能

1942 年春，四川省政府呈请国民政府行政院，改嘉陵江三峡乡村建设实验区为北碚管理局，照一等县设置，“组织和权责与一般县政府相同。”[①] 根据组织规程，北碚管理局属于四川省政府，受第三区行政督察专员公署监督指挥，办理辖区内各项行政与自治事务，并处理上级政府委办的相关事务。管理局以下机构，遵照县各级组织纲要和有关法令办理。3 月 1 日，三峡乡村建设实验区署正式改组为北碚管理局，由卢子英任局长。北碚管理局的职责，除地方自治外，还须办理战时各项行政事务。考虑到北碚镇与北碚管理局在名称上容易发生混淆，在北碚管理局成立前夕，1942 年 2 月北碚镇改称朝阳镇，因为此地旧有朝阳书院。[②]

据组织规程，北碚管理局遵照县各级组织纲要及有关法令组织。局署置荐任局长一人，其职责如县长，综理局务，并指挥监督所属机关团体。正副局长下辖 1 室 4 科。其中 1 室即秘书室，负责撰拟机要文电，综合各科室文稿、掌印信，办理文书的缮校、保管，并负责局属各级人员任免考核及不属于其他室科的事项。第 1 科掌理民政及有关地方自治事项，第 2 科掌理财政及税务行政，并负责有关地方金融、公产管理、粮食调节等事项，第 3 科掌理教育、社会建设、征工等事项，第 4 科掌理兵役、治安及警备、联系等事项。法定职官，有秘书 1 人，科长 4 人，指导员 2 人，督学 2 人，技士 2 人，由局长选定合格人员呈请四川省政府委任。科员 8—10 人，事务员 6—8 人，雇员若干人，由局长直接委任。此外，并得呈准省政府，设会计室、警察所、卫生所各委人员若干人。[③]

---

① 北碚管理局编：《北碚概况》，1949 年 10 月，第 1 页。

② 社会部统计处：《北碚社会概况调查》，《民国时期社会调查丛编·二编·城市（劳工）生活卷》（上），第 247—248 页。

③ 顾颉刚、杨家骆：《北碚志稿》，《北碚图书馆藏方志珍本丛刊》第 2 册，第 88—89 页。

组织规程虽有上述规定，但基于事实需要与历史关系，北碚管理局在法外增置机关颇多。如北碚管理局成立时，其组织已经增加为2室6科，即秘书室、会计室、民政科、教育科、建设科、财政科、军事科、粮政科，并在民政科下设户籍室，建设科下设合作指导室。其后，又增置统计室、社会科、地政科。此外还有军法承审室、田赋管理处、国民兵团、地方行政干部训练所，这些机构都是上级行政机关的下属机关，并由局长兼理。[①] 这些机构之外，尚有动员委员会、红十字会、兵役协会抗属优待金保管委员会、平民教养院和司法处等，也由管理局长兼理。按照组织规程，北碚管理局的职员和雇员有40人，实际上则缺员较多。缺员的原因，一是待遇低，二是选用上宁缺毋滥。[②]

三峡实验区时期有公安队3个中队。北碚管理局成立后，公安队改为保安警察队3个中队，中队长直接对局长负责，各个中队的队部分别设在北碚市区及黄桷、澄江两镇场上。同时设朝阳、白庙、文星、黄桷、二岩、澄江6个分驻所，及两义勇警察队。朝阳分驻所，又分为天生桥派出所、澄江镇分驻所、蔡家沟派出所。稍后，龙凤、金刚两乡公所正式成立，复增置两分驻所，派出所也有增置。另有手枪队，为北碚管理局的政警队。[③] 全部政警149人，其职责是平时执行警察职务，有匪警时担任清剿土匪的工作。[④]1942年9月1日，保安警察队改为北碚警察所。

北碚管理局的附属事业机构数量较多，大致可分为4类：1. 教育类，有民众教育馆、民众博物馆、民众图书馆、民众体育场；2. 社会类，有卫生院（卫生所）、社会（旅客）服务处、乡村电话管理处；3. 经济类，有

① 顾颉刚、杨家骆：《北碚志稿》，《北碚图书馆藏方志珍本丛刊》第2册，第89、104页。

② 社会部统计处：《北碚社会概况调查》，《民国时期社会调查丛编·二编·城市（劳工）生活卷》（上），第247、252页。

③ 顾颉刚、杨家骆：《北碚志稿》，《北碚图书馆藏方志珍本丛刊》第2册，第119页。

④ 北碚管理局编：《北碚概况》，1949年10月，第11页。

农业推广所、市政委员会、经收处、电力厂；4. 出版类，有嘉陵江日报社、北碚月刊社、修志馆。①

三峡实验区末期已施行新县制，其时已从北碚乡分出一部分区域，增置金刚、龙凤二乡。到北碚管理局时期，金刚、龙凤二乡也设置了乡公所。这样，北碚管理局所辖原有 6 个乡镇就变为 8 个乡镇。乡镇设乡镇公所，乡镇公所设正副乡镇长职位，正副乡镇长下分设民政、警卫、文化、经济 4 股及事务员 1 人。通常还设有中心小学及仓储保管委员会，由乡镇长兼理其事。1942 年前后，乡镇公所还设有粮食干事。1943 年，乡镇公所又设户籍干事，1944 年秋乡镇公所又设置地籍干事。值得注意的是，北碚管理局下属各乡镇长全是峡防局时期受过卢作孚、卢子英训练的学员。他们在峡区服务时间长，大半熟悉武事，参加过清剿土匪行动，当过保安警察队的中队长。由于长期从事基层工作，这些乡镇长有丰富的基层工作经验，与当地士绅有密切联系，其职务也很少发生变动。②

北碚管理局成立后，厉行保甲制度，保设保长，甲设甲长，还正式设立了保办公处。保办公处的工作人员除保长、保队附外，还设有民政、警卫、经济、文化诸干事等职位，不过这些职位多由一二人兼任。1943 年，管理局辖区各乡镇遵令增设立置义务户籍干事各 2 人。

在民意机关方面，北碚管理局于 1942 年 8 月成立局临时参议会，设参议员 10 人，候补参议员 5 人，中设正副议长各 1 人，经常驻会参议员 1 人，书记 1 人。下属乡镇、保甲分别有北碚局临时参议会、镇乡民代表大会、保民大会、甲户长会议。

---

① 顾颉刚、杨家骆：《北碚志稿》，《北碚图书馆藏方志珍本丛刊》第 2 册，第 109 页。

② 社会部统计处：《北碚社会概况调查》，《民国时期社会调查丛编 · 二编 · 城市（劳工）生活卷》（上），第 257 页。

二、具有持续性的施政方针

1942年春改组为管理局后，组织规程第1条即说明设置北碚管理局的目的是："为促进北碚及其附近乡镇之建设，并谋切实推行各项行政及自治事务。"① 北碚管理局成立后，其施政的宏观目标，在其修订的《将来的三峡》中得到清楚展现。《将来的三峡》标明的建设目标，由峡防局时期的经济、文化、民众、地方4项，调整为生产、交通、文化、民众、地方5项。从实际内容看，是把原来经济建设变为生产和交通两项而已。就各项内容而言，更加切实和具体。如生产方面，强调特种农业、林业、畜产，强调机器采矿和机器工业；交通方面，强调生产区要通轻便铁路，文化区和风景区要通公路，所有村庄都要通邮政和电话、电报；文化建设方面，强调每个保要有小学校和成年补习学校，要有图书阅览室、运动场、俱乐部等基础性文化、体育设施；民众组训方面，除强调要使民众有职业，受教育，能为社会服务外，增加了掌握现代知识和技术，没有不良嗜好和不良习惯；地方建设方面，仍为社会秩序建设和生态环境建设两个主要方面。② 这些内容和表述，体现了北碚当局建设目标的连续性、稳定性和局部调整。

北碚管理局成立后，原归江北、巴县、璧山三县征收的田赋等税划归北碚。同时，管理局增加了房捐等新税，此后，管理局财源较以前大为增加，但每月结算仍有赤字，不得不采取"裁、减、并"等节流政策。新事业的举办并不容易，如北碚市区修筑马路需商民出马路捐，填沟防洪需人

---

① 社会部统计处：《北碚社会概况调查》，《民国时期社会调查丛编·二编·城市（劳工）生活卷》（上），第259页。

② 《将来的三峡》，《北碚月刊》第2卷第11—12期合刊；社会部统计处：《北碚社会概况调查》，《民国时期社会调查丛编·二编·城市（劳工）生活卷》（上），第259页。

民出民工。[①] 尽管不容易，经过北碚当局的努力，并得到国民政府有关部门的有力支持，北碚城镇化在这个时期仍然取得了很大的成就。

三、“要不断的变”

1943年4月中旬，卢作孚卸任交通次常务次长。5月31日，卢作孚回任民生实业公司总经理。9月初，卢作孚在北碚写成《民生实业公司》印成小册子，不久又将其标题改定为《一桩惨淡经营的事业——民生实业公司》。在这本小册子中，卢作孚回顾了民生公司创业的艰辛历程，并提出战后行业发展的设想。其中，对于北碚试验也有所涉及。[②]10月初，卢作孚发表《我们要“变”，要不断地“变”》的长文。在睽违8年后，卢作孚再次对北碚的建设事业提出系统性的指导意见。

卢作孚指出：“变”就是进步。以几千万人口的日本，敢于侵略我们几万万人口的国家，就是因为人家在变而我们未变。英国、德国、法国、美国、日本、苏俄都在加速度的变，越变越快，令人惊心动魄。我们怎么可以停止不变，时代怎能容许我们缓步慢趋。卢作孚说：我感觉北碚在建设和施政上应有一个原则，就是要变。要今年与往年不同，甚至今天与明天也不同，决不要在现状下自满、停顿、苟安。一定要日新不已，自强不息。如果老是停顿在原有社会生活状态之中，连目前的北碚也不会出现。

对于北碚如何进步，卢作孚从五个方面提出了自己的意见：1.“自立创造”原则。北碚决不能什么事情都靠中央。地方应该作的事，应该以自己力量作起来，对周围的影响，才会大一些。2.建设要抓住人与地两个要件。北碚这个地方，不管怎样穷，怎样小，都应把它好好建设起来。建设的第

---

① 社会部统计处：《北碚社会概况调查》，《民国时期社会调查丛编·二编·城市（劳工）生活卷》（上），第265—266页。

② 卢作孚：《一桩惨淡经营的事业——民生实业公司》，《卢作孚全集》第3卷，第1146页。

一桩事是把北碚的10万人建设起来，改变这10万人的行动，使每个人变得能够使用新技术去工作，都可以在新的组织中工作。要培养这10万人为社会做事的行动，使人一接触便晓得这是北碚的人。第二桩事是建设地方，使北碚全区所有的地方都得到改变。使人一走进这个区域，感觉到处都美丽，到处都整洁，到处都有秩序，到处都看得出一手一足的经营，使人看不完，使人觉得这地方可爱可慕。3. 从经济、教育、政治三方面着手。经济方面，如农业要多生产粮食、蔬菜、水果，在水利、技术等方面提供保障；矿业用力帮助煤的运出，使其能真正繁荣地方，增加地方的经济力量。工业方面，大的工业有待于大的动力，动力解决了，工业就会得到发展。小的工业可以农村副业为主，尽量利用农民的空闲时间，增加生产。商业只须把大家组织起来，整买整卖，分配到乡镇同业组织，使同业公会有为同业做事的机会。这样一来，自然组织力加强，不仅只是挂块空招牌而已。教育方面，教大家学会生产技术，教学生学会加强生产组织，要大家都有现代智识，能认识国家、世界的大势。教育还要使大家了解公共事务如公共秩序、公共卫生、公共治安等，并乐于参加。我们所做的事情，都是很好、很切实的教材。做得如何切实，就可以教得如何切实。政治方面，最重要的在安排秩序，安排经济、教育的秩序。我们要造成功一种信仰，凡做一桩事情不做则已，要做就一定要做好。4. 两点注意。所有实际工作，都要能产生具体效果。凡老百姓参加的工作，都要使他们明白这桩工作做了能产生什么利益，利益在什么地方，则老百姓参加公共活动的兴趣就可以提高。除了使区内民众了解外，还得使周围了解，使周围对我们无隔阂，无误会，帮助周围也好起来，用帮助方法，取得他们亲切的联系。再有一点值得注意的，就是这是一个游览的地方，不作无谓的应酬。5. 一年超过十六年。卢作孚提出了一个新的口号："以明年一年的努力，打破过去十六年的成就！"希望大家要把时间看得重。举凡人的行动，地方的经营都要有显著的进化，要加快速度，越来越快。

卢作孚说：不要做大事，要做天下第一的事。北碚做到“中国第一”是了不得的成绩，比做一个省主席荣耀。除了社会服务外，先要为一小群人服务。大家在工作之余可以多研究，用正当的办法，群策群力，来公共造产。我们无论如何，要帮助每个人能维持健康生活的必要水准，把这一段艰苦的战时生活支持过去。我们为众人服务，一方面是为这十万之众，同时也要为这一群服务众人的人。①

卢作孚的思路和影响，为北碚的城镇化带来了新的观念、方向和动力。

第二节　北碚市政建设的加强

北碚管理局成立后，在推进市政方面，“计划益精，成效亦著”②。朝阳镇街道清洁，房屋整齐，街道的命名异常新颖，如上海路、吉林路等。填沟工程取得巨大进展，给水工程和水利电站的建设，使北碚市区的供水供电问题得到基本解决，一个现代城镇终于产生。

一、城市空间拓展诸工程

抗战中后期，北碚管理局在北碚市政道路拓展、下水道工程、市政建筑工程、填沟工程、嘉陵码头工程、防空洞开凿等方面取得重大进展。

市政道路工程方面，根据需要，拓宽道路。拓宽工程之初，市民多有抵触，因为扩宽马路势必占用其房基。待到扩宽工程完工，市民才明白拓宽道路后，街房市值会随之提高的道理。道路拓宽已完工 9 条，全长 1625 米。其宽度有 9 米、13 米、14.2 米、2 米计 4 种。完成路面三合土 1.5

---

① 卢作孚：《我们要“变”，要不断地“变”》，《嘉陵江日报》1943 年 10 月 4—5 日，第 4 版。
② 顾颉刚、杨家骆：《北碚志稿》，《北碚图书馆藏方志珍本丛刊》第 3 册，第 43 页。

分米，碎石 1.5 分米。①

市街下水道工程方面，管理局当局高度重视，认为市街有下水道，就像人有动脉血管，应使其畅通，不生阻滞。因此，市政当局先后完成总水道 2 条，长 310 米，宽 8 分米，高 1.5 米。下水道用坚石做成，通到饮用水源的下流。同时开凿干沟 956 条，高宽各 5 分米。开凿支沟 56 条，长 440 米，高宽各 3 分米。下水道有出水孔 50 个，水斗 75 个。②

市政建筑工程，主要涉及商店、商场、厕所 3 项。其中商店建筑采用合作方式，注重经济实用牢固。经由市政委员会修建商场房屋 4 幢，可容摊商 300 多家，晴雨天都可以营业。其建筑费从中国农民银行贷款，建成后出租给商民使用。另外，修筑米粮市 1 幢。标准公厕修成 2 个，一在市中心商场内，另一个在体育场外。公厕的特点有三个：一是坚固耐久。以青砖为墙，坑道使用坚石，墙脚有固定的百叶窗，坑道有高于房顶的出气筒，以保障空气流通。二是建筑使用砖石，使老鼠无容身之地。三是通气窗使用竹帘车遮挡，进门设计为黑色或红色弯道，使苍蝇不能飞入。粪便密闭地下，苍蝇不能入内，使蛆虫不生，以保障达到卫生要求。③

北碚西部山洪大沟，为历年山水冲洗而成，平均深 8 米，宽 20 米，长 250 米。山洪大沟和会龙桥大沟在夏季江水暴涨时，常阻断交通，使北碚市区成为孤岛。即使没有洪水，也严重限制市区的发展。早在峡防局时期，就有民众提议填沟。④1939 年，三峡实验区发动市民填平其中一段，命名为民众马路（中山路到南京路口）。⑤ 由于中山路地势稍低，1942 年 12 月中旬，北碚市场整理委员会开始对中山路进行整治、延伸，此

① 顾颉刚、杨家骆：《北碚志稿》，《北碚图书馆藏方志珍本丛刊》第 3 册，第 43—44 页。
② 顾颉刚、杨家骆：《北碚志稿》，《北碚图书馆藏方志珍本丛刊》第 3 册，第 44 页。
③ 顾颉刚、杨家骆：《北碚志稿》，《北碚图书馆藏方志珍本丛刊》第 3 册，第 44—45 页。
④ 卢作孚：《为社会找出路的几种训练活动》，《卢作孚全集》第 2 卷，第 551 页。
⑤ 重庆市北碚区地方志编纂委员会编：《重庆市北碚区志》，第 178 页。

项工程称为会龙桥填沟工程，[①] 当时估计工程约需填土 4 万立方米。1942 年、1943 年完成 3.1 万立方米，工程费用 80 万元，修成 28 米宽的中正路。[②]1943 年 1 月初《嘉陵江日报》载："填沟防洪工程 4 万余立方公尺，已完成一半。"[③] 当时大规模运取市郊 1 公里以内可挖取的泥土填成 4 条街道，填土约 4.7 万立方米。到 4 月 9 日，报载"本市民生路填沟工程，早即完竣"[④]。之后，该项工程计划从山洞口与正码头看齐，当时估计尚须填土方 6 万立方米。[⑤]6 月 23 日，报载："会龙桥筑沟工程，中正、吉林两路衔接"，待铺平路面，将拆除会龙桥。[⑥]7 月 3 日报载：由于人力、经费困难，填沟工程效率减退。[⑦] 此后，填沟工程才逐渐停顿。

1943 年 4 月，嘉陵大码头工程完工。[⑧] 在此前后，还完成了嘉陵码头梯坎长 90 米宽 18 米、黄桷码头梯坎长 20 米宽 4 米、公园大道长 160 米宽 3 米等工程。[⑨]

在防空建设方面，到 1944 年春，北碚管理局已经修建防空洞 118 个，可容纳 28154 人。同时有防护团员 1756 人。[⑩]

二、供电工程

北碚市区所用电力，由行政院水利委员会代富源水利发电厂公司建筑

---

① 《市场整理委员会正计划开始会龙桥填沟工程》，《嘉陵江日报》1942 年 12 月 12 日，第 2 版。

② 顾颉刚、杨家骆：《北碚志稿》，《北碚图书馆藏方志珍本丛刊》第 3 册，第 48 页；顾颉刚、杨家骆：《北碚志稿》，《北碚图书馆藏方志珍本丛刊》第 1 册，第 388 页。

③ 《北碚管理局现况》，《嘉陵江日报》1943 年 1 月 4 日，第 4 版。

④ 《警察所倡导推行市街清洁卫生运动》，《嘉陵江日报》1943 年 4 月 9 日，第 3 版。

⑤ 北碚管理局编：《北碚概况》，1949 年 10 月，第 27—28 页。

⑥ 《会龙桥筑沟工程，中正吉林两路衔接》，《嘉陵江日报》1943 年 6 月 23 日，第 3 版。

⑦ 《本市填沟工程，工作效率较前减退》，《嘉陵江日报》1943 年 7 月 3 日，第 3 版。

⑧ 顾颉刚、杨家骆：《北碚志稿》，《北碚图书馆藏方志珍本丛刊》第 1 册，第 390 页。

⑨ 顾颉刚、杨家骆：《北碚志稿》，《北碚图书馆藏方志珍本丛刊》第 3 册，第 46—47 页。

⑩ 北碚管理局编：《北碚旅游指南》，1944 年春，第 39 页。

的高坑岩水力发电厂引来，而高坑岩水力发电厂则利用龙凤溪的水力发电。龙凤溪源于青木关，在毛背沱汇入嘉陵江，全长50公里，上游分曾家场及白市驿两处，到土主场始汇而为一。水堰共7处，四塘可发电154匹马力，鱼箭滩可发电25匹马力，梁滩桥可发电65匹马力，新桥可发电40匹马力，大磨滩可发电90匹马力，高坑岩可发电720匹马力，小坑岩可发电210匹马力。工程于1944年竣工，1945年1月开始发电，北碚市区照明及给水原动力全部依靠该电厂电力。该项工程设备所有140匹马力的水力机2部，初仅开动1部已足敷用，余电以供给管理局境内工业开发。该发电厂发电量为350千瓦，供应北碚市区、黄桷市区、金刚乡的住户、机关、学校及工厂。①

三、给水工程

北碚管理局为战后新兴城镇化、工业化区域，自1939年划入迁建区后，人口日增，机关林立。但北碚市区饮水方面仍须用人力从嘉陵江中挑取，而市区与水面的高差达30多米。市区内井泉极少，每逢旱季，居民用水十分不便。加上市区上游有大片岩石，横阻江中，以致码头附近水流迂缓。假如嘉陵江上游的村镇发生传染性疾病，就会引起北碚市区居民的卫生问题。1943年下半年，卢作孚、卢子英与行政院水利委员会主任薛笃弼商办北碚给水工程，以济民用。薛笃弼命水利示范工程处勘测设计，并先由水利委员会垫款。全部工程，土木部分由铭宏营造厂承包，于1944年1月7日开工。所需石料原拟就地开采，因地方当局以风景关系，临时阻止，改向上游15公里地点采集。工程机电部分，由水利示范工程处向中央电工器材厂等厂家接洽订购，自行安装。9月，工程初步完工。

① 北碚管理局编：《北碚旅游指南》，第5页；北碚管理局编：《北碚概况》，1949年10月，第23页。

1945 年，富源公司高坑岩水力发电厂输电到北碚，接线试水。接线试水后瓷质输水管破裂，渗漏严重，于是输水管全部由瓷管改为铁管。给水工程工费合计 5149990.38 元，全部工程于 1945 年 10 月完成，11 月 1 日正式售水。此项工程完工后，北碚成为当时全国第 23 个拥有给水设备的现代城市。①

北碚市政的进展，引起辖区一些城镇的仿效。澄江镇在 1943 年就喊出“赛北碚”口号。后来经过建设，澄江镇的市容街房马路也有很大进步。②1943 年 1 月，澄江镇筹备水电事业。③后澄江水厂建成后，每日供水量 104 吨。④

第三节　教科文卫事业的进一步发展

随着北碚市区市政建设的进一步改善，市民的居住、生活更加便利。北碚市区及附近区域，聚集了为数更多的科学文化机构和专家学者。到 1942 年，北碚“全局专家，至少在两千以上。除陪都、成都两地外，此地荟萃人才最多。”⑤李约瑟也说：“此地最大的科学中心是在一个小镇上——北碚，它位于嘉陵江畔。这里有十八所科学和教育机构，它们大多数都有极大的重要性。”⑥到抗战胜利前后，辖区内的重要科学与文教事业有 40 个单位，大致情形见表 4—1。

① 顾颉刚、杨家骆：《北碚志稿》，《北碚图书馆藏方志珍本丛刊》第 3 册，第 394—395 页。
② 《北碚半月》，《新华日报》1943 年 12 月 12 日，第 3 版。
③ 顾颉刚、杨家骆：《北碚志稿》，《北碚图书馆藏方志珍本丛刊》第 1 册，第 389 页。
④ 北碚管理局编：《北碚概况》，1949 年 10 月，第 23 页。
⑤ 《峡区人才荟萃，专家在两千以上》，《嘉陵江日报》1942 年 9 月 24 日，第 2 版。
⑥ 李约瑟：《重庆的科学》，《李约瑟游记》，贵州人民出版社 1999 年版，第 96 页。

表 4—1 北碚文化事业单位一览表

序号	名称	主持人	地址
1	农林部中央农业实验所	谢家声	朝阳镇天生桥
2	国立中央研究院动物研究所	王家楫	朝阳镇
3	国立中央研究院植物研究所	罗宗洛	金刚乡
4	国立中央研究院心理研究所	郭任远	黄桷镇夏坝复旦大学内
5	经济部中央地质调查所	李春昱	朝阳镇
6	中国科学社生物研究所	钱崇澍	朝阳镇
7	中国地理研究所	黄国璋	朝阳镇
8	北碚科学博物馆	李乐元	朝阳镇
9	中国史地图表编纂社	顾颉刚	朝阳镇
10	中国哲学研究所	孙科	朝阳镇
11	国立编译馆	陈立夫	朝阳镇
12	国立礼乐馆	汪东	朝阳镇
13	国立江苏医学院及附属医院	胡安定	朝阳镇
14	国立国术体育专科学校	张之江	朝阳镇
15	国立戏剧学校	余上沅	朝阳镇
16	国立重庆师范学校	马客谈	朝阳镇
17	国立电化教育专科学校	李清悚	北泉
18	私立立信会计专科学校	潘序伦	朝阳镇
19	私立力行中学	毛嘉谋	二岩乡
20	私立相伯女子中学	崔淑言	黄桷镇
21	国立复旦大学	章益	黄桷镇
22	民生工读院	顾实	朝阳镇
23	私立兼善中学	张博和	毛背沱
24	北碚小学	乔一乾	朝阳镇
25	世界佛学苑汉藏教理院	释太虚	缙云山
26	世界红十字会北泉慈幼院及农场	周之廉	北泉
27	赈济委员会重庆第三儿童教养院	张景风	二岩乡
28	社会部儿童福利实验区及北碚托儿站	章柳泉	朝阳镇
29	中国滑翔总会北碚滑翔站	赵永宽	朝阳镇

续表

序号	名称	主持人	地址
30	中国妇女慰劳总会荣誉军人自治实验区	罗衡	澄江镇
31	中国教育电影制片厂	李清悚	北泉
32	北碚民众图书馆	周昌溶	朝阳镇
33	北碚民众教育馆	冯瑞深	朝阳镇
34	北碚民众体育场	范之亮	朝阳镇
35	北碚市政委员会	吴定域	朝阳镇
36	北碚卫生院	李诗	朝阳镇
37	中央测量学校	曹謨	澄江镇
38	国民政府主计处统计局	朱君毅	金刚乡
39	正中书局编审部	叶潮中	金刚乡
40	战区学生第三初中进修班	周浅夫	金刚乡

资料来源：北碚管理局编印：《北碚旅游指南》，1945 年 10 月，第 26—29 页。

从上表可见，这里所谓科学、文化机构实际包含了教科文卫为主的各个领域，其中科学、文化、教育、卫生事业中各有不少很有典型意义的机构。这些教科文卫机构，绝大部分设在朝阳镇及其附近，这里正是北碚管理局中城镇化的核心区域。《北碚志稿》也载："迨抗战军兴，沿海机关学校内迁，北碚成为渝区文化中心之一，复旦大学、国立编译馆、礼乐馆等，萃集于此，颇极一时之盛。"①《北碚概况》也称：全面抗战时期，"全国各学术研究机关，约 90% 以上迁建北碚，住碚或家在北碚的专家学者近 3000 人，凡各种学术团体年会概在北碚举行，颇极一时之盛，北碚成为名副其实的文化区"②。在北碚管理局这个 160 平方公里不到的狭小区域，聚居如此众多的学术团体和专家、学者，"学者名流云集，不愧是藏龙卧

① 顾颉刚、杨家骆：《北碚志稿》，《北碚图书馆藏方志珍本丛刊》第 4 册，第 173 页。
② 北碚管理局编：《北碚概况》，1949 年 10 月，第 30 页。

虎之地”，[①] 确实是抗战时期陪都附近乃至于大后方的文化奇观。

一、科研与文化机构

全面抗战的中后期，以朝阳镇为中心的北碚管理局辖区聚集了许多重要的科学研究机关，如中央农业实验所迁北碚及天生桥试验场、中国西部科学博物馆、“国立中央研究院物理研究所”、“国立中央研究院心理研究所”等。

农林部中央农业实验所迁北碚及天生桥试验场。国民政府农林部中央农业实验所(以下简称“中农所”)，成立于1932年1月，所内分动物生产、植物生产、农业经济3科。全面抗战爆发后，该所于1937年11月全部迁往湖南长沙。1938年初国民政府改组，该所隶于经济部。同时，中央直属农业机关以及各省棉产改进所以及之前实业部所属的稻麦、种畜、林业等机关，全部并入“中农所”。由此，“中农所”成为全国农林技术总汇。之后，该所的行政总办工处，从湖南长沙迁重庆江家巷。随后，“中农所”蚕桑系租用北碚蚕种制造场房屋开展工作。[②]1939年2月，再迁四川荣昌，并相继在四川、云南、湖南、贵州、广西、河南、陕西、甘肃八省设立工作站，对于战时大后方农业改良发挥重要的作用。1940年8月，“中农所”改隶新成立的农林部。1942年，鉴于经“中农所”副所长沈宗瀚向农林部请示后，决定择地北碚，以期恢复该所在南京时的状况。随后，“中农所”勘定北碚天生桥（原名“天生硚”）附近田地350亩，作为西南试验总厂址。同年5月，谢家声任所长的“中农所”迁到北碚管理局朝阳镇天生桥黑龙江路76号。8月，“中农所”根据农林部部令，逐步把派驻各省的工作人员撤到北碚，并撤销各工作站。其间“中农所”于1941年改组

---

① 谢增寿、张䄉元：《流亡中的戏剧家摇篮——从南京到江安的国立剧专研究》，天地出版社2005年版，第163页。

② 竺可桢：《竺可桢全集》第7卷，上海科技教育出版社2005年版，第314页。

内部，分为稻作、麦作、杂粮作、棉作、畜牧兽医、森林土壤、肥料、植物病虫害、蚕桑及农业经济9个系，有职员341人（其中重要技术人员139人），工人326人。随着各所各省工作站人员的相继撤回，1943年12月，“中农所”在北碚举行内迁后的首次年会，筹划此后的工作方针。[①]1944年2月，“中农所”以20万元，购买财政部天生桥原税务署全部房屋、地基25间。此后“中农所”研究工作，即全部集中于此处。此时研究单位有10系，后增加到12系，包括稻作、麦作、棉作、蚕桑、农具、杂粮、特作、农业经济、园艺、土壤肥料、植物病虫害、农业化学。天生桥试验场的田地也逐渐增加到414亩，合办有中央油桐实验场、湄潭茶场、药剂制造厂。行政方面，中央农业实验所有文书、庶务、出纳、农场管理、图书5课，并有农报社及人事室。其主要工作，由各系分别实行。稻作部分有水稻育种、稻作品类、区域试验、稻作栽培试验、水稻抗病抗虫试验。麦作杂粮部分，有研究确定中国小麦品种区域，繁育中农28号小麦，繁育优良杂交小麦品种，实验小麦栽培实验，研究小麦遗传等。棉作部分，有棉花区域实验，棉作育种、棉花栽培实验等。蚕桑部分，有桑树育种实验、家蚕育种实验。土壤肥料部分，有田间肥料实验。植物病虫害部分，有稻虫防治实验、蝗虫防治实验、仓虫防治实验等。茶树部分，有茶树育种、茶树栽培实验。油桐部分，有油桐品种采集与检定，油桐杂交实验等。农业经济部分，有农业经营、农村工业、农情报告，以及与其他机关合作办理事业及农报社等。该所主要工作在于农艺、园艺、蚕桑等领域的技术研究，改良种子、果苗、肥料、农具及病虫防治材料的介绍与推广，农村经济的调查研究，农产品分级检验与运销制度的研究，农业技术人才

---

① 王聿钧：《抗战时期中农所得发展和贡献》，“中研院”近代史研究所编：《近代中国农村史论文集》，台北“中研院”近代史研究所1989年版，第86—92页；顾颉刚、杨家骆：《北碚志稿》，《北碚图书馆藏方志珍本丛刊》第1册，第388页。

的训练等。① 该所在北碚期间，在改良农作物的品种以及栽培方法、防治病虫害等方面都取得相当成绩。该所还与中国西部科学院农林研究所相关人员一道，合办中央油桐实验场，培养了许多农业技术人才。此外中央农业实验所还办有湄潭茶场、药剂制造厂、农报社。1944 年 6 月 22 日，访华的美国副总统华莱士曾经到该实验场参观访问。1946 年中央农业实验所迁回南京孝陵卫旧址，天生桥所址改为“中农所”直属农事研究场。

抗战中后期，不少科学和学术团体在北碚成立或举办年会。如 1942 年 9 月，全国度政学会在北碚开年会。1943 年 4 月，中国经济学社年会在北碚举行。1945 年 10 月，中华自然科学社在碚举行第 19 届年会。其中，6 大全国性学术团体在北碚举办联合年会，直接促成了中国西部科学博物馆的产生。

1943 年 7 月 18 日，中国科学社与新中国数学会、中国动物学会、中国植物学会、中国地理学会、中国气象学会六大全国性学术团体，在北碚重庆师范礼堂举行联合年会开幕典礼，② 经济部长翁文灏致开幕词，卢作孚作为筹委会主任委员出席了会议并报告了筹备工作情况，20 日会议闭幕。③ 这次联合年会，曾引起蒋介石的注意并发来书面致辞。④ 此次联合年会到会代表 200 余人，提交论文 373 篇。年会有专题讨论会，一个是科学建国，一个是国际科学技术合作，经过讨论并形成决议，提交当局参考。⑤ 会议期间举行科学展览会，参观人数多达 3 万人以上。⑥ 鉴

① 顾颉刚、杨家骆：《北碚志稿》，《北碚图书馆藏方志珍本丛刊》第 2 册，第 161—164 页。

② 竺可桢：《竺可桢全集》第 8 卷，上海科技教育出版社 2006 年版，第 603 页。

③ 孙本文等编：《中国战时学术》，正中书局 1946 年版，第 169—170 页。

④ 蒋中正：《对六学术团体年会书面致词》，秦孝仪主编：《总统蒋公思想言论总集》第 40 卷，中国国民党中央委员会党史委员会，1984 年版，第 3—4 页。

⑤ 张剑：《科学社团在近代中国的命运——以中国科学社为中心》，山东教育出版社 2005 年版，第 194 页。

⑥ 《昨六学术团体联合年会开幕典礼》，《嘉陵江日报》1943 年 7 月 19 日，第 3 版；《六学术团体联合年会昨日宣告闭会》，《嘉陵江日报》1943 年 7 月 21 日，第 3 版。

于参观者众多，卢作孚建议在北碚成立一个科学陈列馆，得到各学术机构负责人的赞同。1943 年冬，中央研究院动物研究所、植物研究所、气象研究所、经济部中央地质调查所、中央畜牧研究所、中国科学社生物研究所、中央工业试验所、中央农业实验所、国立江苏医学院、中国地理研究所、中国西部科学院等 13 个学术机构联合成立筹备委员会，推举翁文灏为主任委员，卢作孚为副主任委员，开始了中国西部科学博物馆的筹建工作。①

经过一年多的筹备，中国西部科学博物馆于 1944 年 12 月 25 日建成开馆，并在北碚中国西部科学院惠宇举行开馆典礼，到会科学界人士 300 余人。典礼由经济部长翁文灏主持，中国科学社社长任鸿隽致辞，李乐元报告筹备经过，中央研究院院长朱家骅、复旦大学校长章益等致辞和演讲，北碚管理局局长卢子英致谢词。该馆由行政院、经济部、农林部、四川省政府、北碚管理局拨给开办费，各金融团体及卢作孚皆捐巨款，各研究机关、各学校、各工矿事业捐送标准模型，用费共达 760 余万元。陈列室有 24 间，分工矿、农林、生物、地理、地质、医药卫生及人文 7 个展区，从 12 月 26 日起长期开放，并设讲座，由馆方供给标准模型、图表，各级学校可以用以授课。② 该馆所藏陈列品有 108205 号，并自行采集制作动植物标本，并设计制造地理、地质、生理解剖等各种模型，藏品中的汉玺、白熊恐龙化石，都是珍品。到 1949 年初开馆 4 年零 1 个月的时间内，参观人数就达 324818 人。馆内陈列，轮流改变布置，配置天然景色，增加观众兴趣。该馆还利用各种节日，举办特种展览。当时甚至还计划另建了一座占地 240 方丈工业馆大厦，以陈列美国捐赠的活动工业模型。为适应北碚各个中学师范及专科学校对自然科教学缺乏实验设备的急

① 《记北碚科学博物馆》，《新世界》1945 年 8 月号，1945 年 8 月 15 日，第 18 页。

② 《民生实业公司简讯》1945 年第 777 期，第 4 版。

切需要，该馆当时还研拟计划，筹设化学实验室及生物学实验室以供各校用于实习。[①] 在布展方式上，各陈列室（馆）轮流变换改进，把有关各类标本、模型、图表以及文字说明合理配合，力求生动，使参观者易于获得清楚的概念和明确的知识。其中的中国地形浮雕为中国第一件地形浮雕制品，先由曾世英等人编绘中国地形作为底图，再由著名地质学家黄汲清教授指导中央地质调查所设计、制作，到 1945 年 12 月终于制作完成；地质馆中的脊椎动物化石陈列室陈列了许氏禄丰龙、北京猿人、重庆白垩纪鳖化石等 3 种模型，其中许氏禄丰龙、北京猿人是中国考古界震惊世界的两大发现。农林馆分农业、林业、水利、畜牧与兽医 4 部分，其中水利部分的陈列包括水力发电、桥墩试验、蓄水堰、汲水机的模型以及四川省各河流航道的整理及其他农田水利有关图表，并有一座大禹浮雕，以纪念治水的始祖。[②]1945 年 6 月 10 日，中国西部科学博物馆筹备委员会开会议决，聘杨森、张群、朱家骅、翁文灏、吴鼎昌、张嘉璈、任鸿隽、钱新之、卢作孚、范旭东、孙越崎、吴晋航、何北衡计 13 人为中国西部科学博物馆第一届理事，并公推翁文灏为理事长，组织理事会。[③]1945 年 7 月，中国西部科学博物馆改名为北碚科学博物馆。

国立中央研究院物理研究所，原为国立中央研究院理化实验研究所物理组，1928 年 7 月始改组为国立中央研究院物理研究所。当时南京房屋难找，电力、煤气等设备也不容易解决，于是，该所决议将所址暂设于上海，遂与中央研究院化学、工学两研究所合购霞飞路 899 号房屋为临时所址。1937 年抗战爆发后，该所一部分迁桂林，一部分迁昆明。仪器工厂由于机器笨重，迁徙不易，留在上海，以大中和记科学仪器公司名义托人代管。1941 年，上海环境更加恶化，该所把全部力量集中桂林，仪器工

① 北碚管理局编：《北碚概况》，1949 年 10 月，第 31—32 页。

② 《北碚风光》，《中央日报》1945 年 3 月 19 日，第 3 版。

③ 黄立人主编：《卢作孚书信集》，第 811 页。

厂光学部也应英政府请求，把设备及人力转移到香港，成立中英合办的军用光学器材工厂。1942 年太平洋战事爆发，香港沦陷，全部器材损失一空，但科研人员全部脱险转移到大后方。1944 年豫湘桂战事爆发，该所奉命迁贵州，再迁重庆。该所全部图书仪器滞留金城江一带，经全部员工抢运，把最珍贵的一部分抢运出来运抵目的地，其余则在上述地带被炸毁。全部员工在当年 12 月先后到达重庆。在重庆无法寻找到适当房屋，无奈购入北碚果园一部分地基及房屋为所址。迁北碚后，该所各项研究工作大半偏于理论方面，实验工作无法开展。地磁台自紫金山撤退以后，先后在昆明、桂林等处各建 1 座地磁台，以继续观测地磁各项要素。到北碚后，也重建 1 座地磁台，并把北碚各处地磁数值实测 1 次，制成 3 幅北碚地磁图。该所在 1944 年初接受同盟国联合通讯协会请求，筹设一座高空电层观测台。因为高空电离层的变化，与无线电通讯有密切的关系，而无线电通讯又为军事上所需。该所丁燮林所长复函同盟国联合通讯协会，表示接受该会建议，再筹设成立此项观测台。①1944 年底，物理研究所地磁台主任陈宗器受所长丁燮林委托，率领物理所该所职工、家属和学术骨干辗转半年，从广西经贵州抵达北碚。1945 年，陈宗器同陈志强、刘庆龄等按照国际通用标准对北碚地区 20 多处地磁测量点进行加密处理。②

1944 年由于豫湘桂战役中桂林失陷，中央研究院内迁到桂林的物理、心理两个研究所迁到重庆北碚杜家街。中央研究院心理研究所成立于 1929 年，抗战全面爆发后，该所由南京溯江而上，先后迁长沙、南岳、广西等处。1944 年敌侵桂林，该所又仓猝迁到贵阳，年终迁到北碚。该所有所长一人，以及研究员、副研究员、助理研究员、研究生及技术事务

① 顾颉刚、杨家骆：《北碚志稿》，《北碚图书馆藏方志珍本丛刊》第 2 册，第 148—155 页。

② 《陈宗器先生大事记》，陈斯文、陈雅丹主编：《摘下绽放的北极星：纪念著名地球物理学家陈宗器先生诞辰 11 周年》上卷，中国科学技术出版社 2008 年版，第 286—287 页。

人员，并有生理、心理、工业、心理及神经解剖等部门。由于战事图书仪器运转不易，又难购得新的图书仪器，研究工作只有就地取材。①

抗战中后期，又有若干重要的文化机构迁入北碚，如国立编译馆、国立礼乐馆、中国史地图表编纂社、文史杂志社、中国哲学研究所等。

国立编译馆成立于1932年。抗战爆发后，先由南京迁庐山，再迁长沙，1938年改迁江津白沙，1942年10月（一说11月）迁到北碚。教育部长陈立夫兼任馆长，原馆长陈可忠任副馆长，张北海为总务组主任。②该馆原设自然、人文、总务三组，合并教育部教科用书编辑委员会及教育全书编纂处等机关后，增设教科用书、教育及社会三组。另设大学用书、小学教育研究、翻译名著、国学整理及出版诸委员会。除馆长外，有编纂、特约编审、编审、干事、助理干事、雇员、馆医。该所工作，系审查教科图书、编订名词、编译辞典、编译图书、整理文献、主办编译大学用书。③梁实秋在国立编译馆主要负责教科书组、社会组及翻译委员会三个单位。教科书组的工作在编委会已开始，其中小学国语担任主稿的是崔纫秋女士。中学国文由朱锦江、吴伯威、桑继芬、徐世璜担任。公民由夏贯中、徐悫、徐咏平、汪经宪负责。历史方面有蒋子奇、程虚白等。地理方面有汪绍修、聂家裕等。社会组由原来民众读物组与戏剧组合并成立，人才济济。民众读物方面首推王向辰（笔名老向），协力撰写的同人有萧从方、席徵庸、王愚、萧毅武。戏剧方面有姜作栋、林柏年、匡直、马立元、阎金谔。人文组隋树森对于元曲深有研究，为海内外知名之士。翻译委员会有李味农、王思曾、孙培良、李长之、杨宪益。④赵太侔(教育家)、

① 顾颉刚、杨家骆：《北碚志稿》，《北碚图书馆藏方志珍本丛刊》第2册，第155—156页。
② 梁实秋：《梁实秋文集》第4卷，第212页。
③ 顾颉刚、杨家骆：《北碚志稿》，《北碚图书馆藏方志珍本丛刊》第2册，第168—169页。
④ 梁实秋：《梁实秋文集》第4卷，第215—218页。

俞珊（戏剧家）、朱双云等都曾在编译馆工作。① 编译馆从白沙迁北碚，有一百余人。由于国立编译馆、歌剧学校等都是文化机关，迁北碚后，北碚市区人口骤增，住房问题更加严重，“各房主多趁机高抬租金，斗室一间，每月需 200 元以上，尚不易租得。”②

1943 年 4 月 20 日，国立礼乐馆奉国防最高委员会令正式成立。根据组织大纲，礼乐馆设礼制、乐典、总务 3 组，分别掌管厘定礼制、编订乐典、审拟音乐教育、文书总务出纳等事项。设馆长 1 人，综理馆务。馆长可根据需要聘任专门委员、主任、编纂、编审、副编审及助理编审、组员等。③ 该馆成立之初，先在璧山青木关教育部办公，7 月中旬在北碚中山路购定馆址略加修葺迁入办公，④ 馆长由时任国民政府教育部政务次长的顾毓琇兼任。礼制组主任由著名词曲理论家、词曲作家卢前担任，乐典组主任为音乐教育家杨仲子，总务主任为杰出音乐教育家杨荫浏。⑤ 顾毓琇任馆长期间召开了“礼制谈话会”，设置了礼制审议委员会，并把在北碚北温泉举行的礼制讨论会会议记录编印成册，即《北泉议礼录》。1944 年 2 月，国民政府监察院监察委员汪东继任馆长，直至 1948 年国立礼乐馆撤销。⑥

中国史地图表编纂社成立于 1934 年 5 月，由上海舆地学社及亚光舆地学社所创设，聘顾颉刚为社长。社长之下分为历史、地理、辞典、资料、总务 5 组。⑦ 中国史地图表编纂处在 1943 年迁到北碚，1944 年改组为大中国图书局。

---

① 赵清阁：《浮生若梦》，第 477 页。
② 《北碚要闻》，《新华日报》1943 年 4 月 13 日，第 3 版。
③ 《国立礼乐馆组织规程》，《社会教育季刊》1943 年 3 月创刊号，第 131 页。
④ 顾毓琇：《国立礼乐馆概况》，《社会教育季刊》1943 年 12 月第 1 卷第 4 期，第 16—17 页。
⑤ 梁实秋：《梁实秋文集》第 4 卷，第 218 页。
⑥ 汤斯惟：《国立礼乐馆述略》，《中央音乐学院学报》2017 年第 1 期，第 90—102 页。
⑦ 顾颉刚、杨家骆：《北碚志稿》，《北碚图书馆藏方志珍本丛刊》第 2 册，第 172—173 页。

《文史杂志》是史学家顾颉刚在抗战时期主编的刊物，创始于1941年，初设于重庆小龙坎戴家院。由于敌寇空袭频繁，而且该地邻近工业区域，受大轰炸的威胁严重，年底移设柏溪宁静山庄。该处与“中央大学”分校相距很近，环境幽雅，但交通不便，妨碍工作。1943年10月，文史杂志社迁移到北碚，[①] 先租牌坊湾22号为社址，后自置黑龙江路52号社址，迁入办公。该社组织，社长下设编辑及干事各2人，另有助理干事2—3人襄理事务。该社原属国民党中央党部，具体归国民党中央执行委员会秘书处负责，社长是叶楚伧，初期的总编辑为卢逮，不久由顾颉刚任副社长和总编辑，[②] 后独立经营。由其发行的《文史杂志》，数年间刊载论文300余万言，对于学术上有相当贡献。文史杂志社的编辑基本上都是顾颉刚选拔和培养的，著名者有王树民、史念海、方诗铭等，为该杂志撰稿的作者有傅筑夫、王毓瑚、隋树森、王婆楞等。[③]

中国哲学研究所成立于1945年8月，由居正、程潜、卢作孚等20多人发起，[④] 熊十力任所长，总持全所一切事务。该所宗旨，在上承孔子内圣外王之规，遵守王阳明知行合一之教，以及顾林亭行已有耻之训。课程分主课、旁通、兼治3类，其主课有六经、晚周诸子、宋明儒学、佛学。旁通有科学方法论、科学概论、生物学、心理学、因明学，及逻辑，并西洋哲学、印度哲学。兼治有社会科学、史学、文学等。经常费用，由北碚管理局所属嘉陵文化基金委员会按月拨助8万元。[⑤] 抗战胜利后离川，嘉

① 史念海：《回忆文史杂志社在北碚的旧事》，转自王煦华编：《顾颉刚先生学行录》，中华书局2006年版，第272—273页。

② 王煦华：《抗战时期的顾颉刚先生》，转自王煦华编：《顾颉刚先生学行录》，第303页。

③ 史念海：《回忆文史杂志社在北碚的旧事》，转自王煦华编：《顾颉刚先生学行录》，第275页。

④ 《北碚风光》，《中央日报》1945年8月15日，第5版。

⑤ 顾颉刚、杨家骆：《北碚志稿》，《北碚图书馆藏方志珍本丛刊》第2册，第171—172页。

陵文化基金委员会仍继续拨助，并酌量增加。①

全面抗战爆发后，北温泉一带由于地近战时首都的重庆而成为“冠盖休沐时至”、四方学者“咸以此为其藏息休游”的特别场所，每年过客10多万。由于众多文化学术机构迁移到北温泉及温泉附近，使此处从一个“一岁之中，过客无虑十数万众”的名胜区，②一变而为北碚附近的文化区。北泉的文化事业，著名者有：1. 教育部中华教育电影制片厂；2. 国立社会教育学院电化教育专修科；3. 力行中学；4. 北泉小学；5. 北泉慈幼院；6. 汉藏教理院；7. 中国辞典馆；8. 世界百科全书编刊委员会；9. 北泉图书馆；10. 张石亲先生遗书编刊会；11. 北泉博物馆筹备处；12. 人文印刷所；13. 中华书局编辑所。③由此可见其文化资源的丰厚。其中，北泉图书馆创办于1942年。

1942年1月，杨家骆开始筹组北泉图书馆董事会，得到卢作孚、何北衡、康心如、郑璧成、李清悚、王尔昌等大力支持。10月10日，重庆私立北泉图书馆在北泉公园正式开馆。卢作孚、杨家骆、邓少琴为常务董事，邓少琴为理事长，杨家骆兼任馆长。④北泉图书馆藏有书刊计7027种，51250卷，14563册，另有古器风物2000多件，美术作品1000多件。⑤到1944年4月，藏书等更为丰富，其中书籍有15503种48375册，期刊1458种6700册，日报42种，特藏稿本27种502册，板片17种1528面，拓片2310种3052张，古物4361种7040件，成为一个藏品相当丰富的图

① 傅振伦：《傅振伦文录类选》，学苑出版社1994年版，第625页。

② 卢作孚等：《设立北泉图书馆呈请转呈文》（1942年10月14日），北碚管理局档案，档案号0081—4—1438，重庆档案馆馆藏。

③ 曾仰尧：《北泉公园的风景与文化》，《旅游杂志》第18卷第9期，1944年9月30日，第12—15页。

④ 卢作孚、杨家骆：《私立北泉图书馆缘起》，北碚管理局档案，档案号0296—14—238，重庆档案馆馆藏。

⑤ 《私立北泉图书馆呈请备案应呈事项册》，北碚管理局档案，档案号0296—14—3091，重庆档案馆馆藏。

书馆。该馆后并入北碚图书馆。

二、教育与卫生事业

抗战后期，北碚管理局辖区的教育事业获得显著的进步，不仅表现在高等教育、职业教育、师范教育由于相关机关的迁入而获得发展，而且中学教育异军突起，国民小学得到快速发展。

在高等教育方面，这一时期迁移到北碚的学校主要有国立歌剧学校、国立戏剧专科学校、私立立信会计专科学校、国立社会教育学院电化教育专修科、中央测量学校、草堂国学专科学校等。

国立歌剧学校，成立于1942年。该校源于1928年山东省教育厅于泰安创办的民众剧场。1929年泰安民众剧场扩大为山东省立实验剧院，终因战争停办。1934年9月山东省政府教育厅委王泊生为院长，改称山东省立实验剧院为山东省立剧院，分中国古典戏曲、话剧、音乐3项。全面抗战爆发后，该院奉令内迁，经河南、江苏、湖北、湖南入四川。1940年7月，教育部商得山东省政府同意，改隶于教育部，为实验剧院，仍以王泊生为院长。教育部实验剧院就是国立歌剧学校的前身。1943年4月，教育部实验剧院把校址迁到北碚中山路，分乐舞剧科、理论科、通俗剧科、乐器科4门，并附设研究室及实验剧团、实验剧场。其研究室研究范围有西洋戏剧、中国戏剧、中国音乐，从历史人物、革命史迹、抗战史实、现代生活中取材，编出历史剧10种，现代剧10种，歌剧20种，而且整理出传统戏剧30种。1945年并入戏剧专科学校。① 据有关报道，该校校园内修建有简易的希腊式露天剧场及大礼堂。②

① 顾颉刚、杨家骆：《北碚志稿》，《北碚图书馆藏方志珍本丛刊》第2册，第142—143页。
② 《北碚简讯》，《新华日报》1943年3月31日，第3版。

国立戏剧专科学校，成立于1935年10月，由张道藩等创议，由教育部派戏剧教育家余上沅担任校长。学生修业期限为2年，并附设有特别训练班，以6个月为1期，到1936年夏正科改为3年制。1937年8月，国立戏剧专科学校迁长沙，1938年2月迁校重庆，并应战时需要，附设第1期工作人员训练班。1939年4月迁校址于江安，并举办第2期训练班。1940年7月改为5年制专科学校，设话剧、乐剧两科，并附设3年制高级职业科话剧组。1942年夏，该校奉令附设剧团，以辅导剧运提高演剧水准，便利学生实验观摩。剧团经常举行公演，获好评。1945年4月，教育部准该校迁往北碚。7月5日，该校正式迁到北碚，接收原歌剧学校位于北碚市区中山路的校舍。尽管校舍破旧，房屋较小，但有一座希腊风格的简易剧场。[①] 迁碚后，该校结束乐剧科，专办2年制话剧科，分理论编剧及剧场艺术两组，附设高级职业话剧科。该校以研究戏剧艺术，培养戏剧艺术实用人才，推行社会教育，改善人类社会娱乐为设施目标。因此，该校致力于建立戏剧教育基础，制订戏剧教育课程，采用试验“三三”一贯的学制，即预备班3年，戏剧院本部各系3年。[②] 余上沅利用北碚人文荟萃的优势，洪深、梁实秋、杨显益、卢前、郑君里等都受聘到该校上课。在北碚期间，国立剧专还排练了诸如曹禺的《蜕变》《家》、夏衍的《水龙吟》、李德权的《白雪公主》、杨村彬的《清宫外史》等重要剧目，产生了广泛的影响。[③] 抗战胜利前后，该校专科剧场艺术组学生有19人，专科理论剧组学生有13人，高级话剧组一年级有29人，二年级学生7人，三年级学生24人。[④]1946年8月，剧专

① 谢增寿、张祐元：《流亡中的戏剧家摇篮——从南京到江安的国立剧专研究》，第163页；上海艺术研究所话剧室等主编，张余编：《余上沅研究专集》，上海交通大学出版社1992年版，第357页。

② 顾颉刚、杨家骆：《北碚志稿》，《北碚图书馆藏方志珍本丛刊》第4册，第118页。

③ 谢增寿、张祐元：《流亡中的戏剧家摇篮——从南京到江安的国立剧专研究》，第164页。

④ 顾颉刚、杨家骆：《北碚志稿》，《北碚图书馆藏方志珍本丛刊》第4册，第118—120页。

复员迁回南京。

私立立信会计专科学校成立于1937年4月，初为立信会计补习学校，陈其采、王云五为正副董事长，潘序伦为校长，由于全面抗战爆发暂时停办。1939年，经呈准重庆国民政府教育部批准，改称私立立信会计专科学校，在上海租界招生。[①]该校招收2年制学生，并附设高级及初级会计短期职业训练班。该校先后于桂林、柳州、重庆等各地设分校，其在重庆的训练班，因疏散迁往合川。1940年7月，潘序伦从上海到重庆，被民生实业公司聘为顾问。不久，潘序伦把内迁的立信会计补习学校改组为立信会计专科学校，聘请卢作孚为副董事长。[②]1942年秋，潘序伦把迁渝创办的立信会计专科学校再迁到北碚中山路。该校为会计专科，其办学宗旨，一是训练会计人才，一是注重学以致用。因此，该校除本校班次以外，奉教育部令办理短期公费生训练班，并附设函授部。在大后方数年之间，造就会计人才千人以上，深受社会及各机关团体欢迎。[③]

国民政府教育部在抗战期间成立中华教育电影制片厂的目的，原在为战后建新厂奠定基础。奠定基础的工作包括3个方面：1. 设立机构。2. 训练人才。3. 制定计划。第1、3两项，可由电影制片厂本身进行，第2项工作就需要另设机构，才能进行。于是，教育部下令中华教育电影制片厂和1940年在璧山成立的苏州国立社会教育学院合作，创设国立社会教育学院电化教育专修科，并由李清悚兼任专修科主任。[④]1943年夏，国立

① 李鸿寿：《立信会计专科学校创建经过》，龙一圆主编：《立信史话》，立信会计出版社1993年版，第26—27页。

② 罗银胜：《潘序伦传》，上海人民出版社2007年版，第72页。

③ 顾颉刚、杨家骆：《北碚志稿》，《北碚图书馆藏方志珍本丛刊》第4册，第121—122页。

④ 李清悚：《中国教育电影版制片公祖回顾与前瞻》，《中华教育界》1947年复刊第1卷第7期，第46页；孔明经：《回顾我国早期的电化教育》，《电化教育研究》1983年第2期，第34页。

社会教育学院电化教育专修科搬到北温泉。该专修科主任为李清悚，曾为少年中国学会会员。① 专修科分播音教育、电影教育、电影戏剧教育 3 组，并附设电影艺术人员训练班，训练制片、施教、卡通等方面的人才，共有 100 多名学生，毕业数十人。② 其主要教授有舞蹈专家戴爱连，教育家李清悚，名导演史东山、孙瑜、郑君里等人，③ 还有焦菊隐、柯灵、许幸之、盛家伦、舒强、杨立光、钱家骏、夏同光、冯法驷、梁实秋等。④

中央测量学校在 1944 年年末迁北碚澄江镇。该校创设于 1931 年 10 月，校址在南京大石桥，为军事委员会军令部所办。抗战军兴，该校流离搬迁，1944 年末，迁到北碚澄江镇。该校分大学部与训练班 2 部。大学部 4 年毕业，以培养高级测量人才为主。有大地测量、地形测量、航空测量、制图测量、仪器等系，训练班则在专门培养技术娴熟的测量作业人员，一年毕业，教育程度以高级中学为标准。此外，该校刻正筹备研究所，专为大学部学生深造而设，其他大学土木天算、物理电机等系毕业之学生亦可投考，约 2 年或 3 年毕业。教育专重高深测量学术的讲授或研究，俾能改进测量技术，以增进我国测量学术在世界测量学中之地位。⑤

此外，抗战后期，杜钢百曾在北碚创办草堂国学专科学校，聘任傅振伦讲习史学，古文字学家顾实也曾在该校任教。⑥

除高等学校外，北碚管理局辖区的中学和小学也迅速发展。在 1942

① 梁实秋：《梁实秋文集》第 4 卷，第 209 页。
② 李清悚：《中国教育电影版制片公祖回顾与前瞻》，《中华教育界》1947 年复刊第 1 卷第 7 期，第 46 页；《北碚零讯》，《新华日报》1944 年 1 月 19 日，第 3 版。
③ 《北碚杂写》，《新华日报》1944 年 3 月 30 日，第 3 版。
④ 汤鳞：《忆郑君里老师二三事》，《电影艺术》1983 年第 3 期，第 55 页。
⑤ 顾颉刚、杨家骆：《北碚志稿》，《北碚图书馆藏方志珍本丛刊》第 2 册，第 146—147 页。
⑥ 傅振伦：《傅振伦文录类选》，第 916 页。

年春北碚管理局接管辖区教育行政时，全区小学仅有8所，39个班，学生1800人，教职员30人。经北碚管理局接管整理，增设学校后，全区计有小学78所，共103班，学生3200人，教职员113人。① 中学有私立兼善中学、私立相伯女子中学、私立勉仁中学、私立三峡中学、私立力行中学、大雄中学等。

私立兼善中学创办于1930年秋季，以火焰山东岳庙为校址，开班授课，是北碚首创的中等学校。1935年3月，该校在火焰山自建1幢3层洋楼。1939年5月，该校奉令疏散，迁校址于鸡公山，原校舍洋楼售予中央银行该行北碚分行业务处所，另在鸡公山上修建数十间平房，作为临时校舍。1941年春，鉴于山上交通不便，兼善中学在距北碚市区5里的毛背沱兴建校舍。②1942年4月，兼善中学迁入毛背沱新校舍。该校为卢作孚所创办，以创办者3人为校董，并聘热心人士若干人组织校董会，互推董事长1人主持会务，校长一职聘张博和担任。该校属私立性质，经费依靠相关事业。该校附设的兼善实业股份有限公司，经营公寓、餐厅、农场、石灰窑等事业，其中兼善公寓被社会广泛赞誉。

私立相伯女子中学，创办于1941年2月，此后逐年增设班次。到1943年秋，成为完全初级中学。1944年秋，增设高中部。该校为于斌主教创办，并担任校董会董事长。其他校董有崔淑言、翁文灏、邵鹤亭、毛庆祥、孔祥熙、洪兰友、吴南轩、卢子英、王尔昌与赵永魁等。该校行政组织，校长下分设教务、训育与事务3处，各级有级任导师1人督导学生一切，校长由崔淑言担任。该校校址位于黄桷镇属文笔沱。③ 此处地点风景尚佳，缺点在于交通不便。

① 北碚管理局编：《北碚概况》，1949年10月，第34页。

② 社会部统计处：《北碚社会概况调查》，《民国时期社会调查丛编·二编·城市（劳工）生活卷》（上），第366页。

③ 顾颉刚、杨家骆：《北碚志稿》，《北碚图书馆藏方志珍本丛刊》第4册，第137—138页。

私立勉仁中学，为梁漱溟所创办，1940年1月组织校董会，由邵从恩、张澜、张一麐、黄炎培、卢作孚、晏阳初、孙则让等任校董。1940年8月，设于璧山县属来凤驿，由陈亚三任校长。1941年秋迁到北碚上罗家湾，与北温泉相邻，校产占地百余亩，环境优雅。1942年秋季，陈亚三辞职，改聘张俶知继任校长，并增聘陈铭枢、鲜英、孙越崎、李实斋、奚致和、王元枢与熊明甫等为董事。1943年秋季，增设高中部。1944年秋季，增设副校长1人，由黄良庸担任。该校设有勉仁书院图书馆，藏书在3万册以上。①

私立三峡中学为蓝文彬创办，以周怀清、周还浦、胡汝航、范道农、李会极、李扬五、王香普、张敏之、黎继光、欧阳致钦、童子军、洪渊荃、胡鸿熺与胡信诚等为校董，组织校董会，并筹集基金200万元，于1942年春季就澄江镇王爷庙旧址改建为校址。该校为地方人士创办，因此与镇人联系密切，对于地方经济文化等事业，也努力参与。②

私立力行中学由贺元靖、胡文澜等创办于1942年夏，初以大沱口重庆慈幼院地址设校。新校舍落成后，1945年春迁新址，校长为毛嘉谋。该校行政组织设正副校长各一人，下设教训各处。校址在北温泉对岸。③

大雄中学为汉藏教理院1942年创办，校址在文星场金箭山，由释太虚为校董事长，聘吴子诒为校长。开办后，房舍、图书、仪器等逐渐完备，颇受社会欢迎。于是，汉藏教理院就所属转龙寺设义务小学、就所属江北塔坪寺设民众小学。④

至于小学，北碚管理局辖区8个乡镇，各设中心国民学校1所，除招

① 顾颉刚、杨家骆：《北碚志稿》，《北碚图书馆藏方志珍本丛刊》第4册，第139—140页。
② 顾颉刚、杨家骆：《北碚志稿》，《北碚图书馆藏方志珍本丛刊》第4册，第141—142页。
③ 顾颉刚、杨家骆：《北碚志稿》，《北碚图书馆藏方志珍本丛刊》第4册，第142页。
④ 汉藏教理院编印：《世界佛学苑汉藏教理院特刊》，1944年版，第31页。

收学龄儿童以外，另设民教部，办理民众教育。为辅导各保国民学校起见，每月举行国民教育研究会，与示范教学等活动。①

综上所述，北碚管理局辖区学生，为数颇多。到抗战胜利前后，计复旦大学有1800多人，国立江苏医学院有200多人，立信会计学校有800多人，国立体育专科学校有100多人，歌剧学校有100多人，兼善中学有800多人，力行中学有400多人，相伯女中有250多人，重庆师范学校有300人左右。以城区而论，不计小学生，大约有5000人大中学生。②

全面抗战时期，包括难童收容所、儿童福利实验等在内的难童收养和学前教育，在北碚管理局辖区也有较大的发展，主要有北碚贫民教养院难童收容所、社会部北碚儿童福利实验区等。

北碚贫民教养院难童收容所成立于1941年12月，以黄桷镇士绅王尔昌为董事长，朝阳镇士绅熊幼明为院长，北碚公安1中队队长刘文襄为所长，地址设北碚市区关庙。③1942年4月，北碚贫民教养院难童收容所迁移到缙云山东麓的白云寺内，以寺内大殿为教室兼饭厅，左厢房3间为难童宿舍，另在大殿后用板壁隔成办公室1间，职员宿舍1间，此外尚有厨房1间。该所因设备及经费所限，只能收容难童30人。④

1943年1月18日，国民政府社会部在北碚筹设儿童福利实验区，派章柳泉为实验区筹备主任，计划从研究开始，进而实验和推广，以期儿童福利事业实现制度化、标准化、普及化。⑤筹备处成立后，购买中山路32号民房为区本部，以及基地4亩建筑托儿所、福利所。托儿所从12月15

① 顾颉刚、杨家骆：《北碚志稿》，《北碚图书馆藏方志珍本丛刊》第4册，第150页。

② 《北碚文化区轮廓画》，《新华日报》1943年11月5日，第3版。

③ 社会部统计处：《北碚社会概况调查》，《民国时期社会调查丛编·二编·城市（劳工）生活卷》（上），第382页。

④ 社会部统计处：《北碚社会概况调查》，《民国时期社会调查丛编·二编·城市（劳工）生活卷》（上），第385页。

⑤ 北碚管理局编：《北碚概况》，1949年10月，第7页。

日开始受托，儿童寄托以半年为1期，托儿名额为100名。入所受托儿童依年龄计，以3岁至4岁5个月，5岁5个月者较多；依儿童家庭职业计，来自公务人员家庭的儿童较多，约占三分之一强，其次是从事教育、军警、商业、司法、工业的家庭。①1944年5月，社会部北碚儿童福利实验区在北泉创办托儿站，开办费3万元，限定免费招收20名1岁到6岁以下的学龄前儿童，所收儿童大多是北温泉各机关公教人员子女。该托儿站最初站址，借用北泉公园内大佛庙的一角，用布隔开作为儿童室内活动间。同时利用大殿后的走廊和大殿旁的草地，作托儿站儿童户外活动场所。后因大殿门窗不全，冬天过于寒冷，迁到北温泉松林坡，借用中华教育电影制片厂礼堂为站址。此处房屋宽大，光线充足，窗子低而多，颇适合儿童活动。室外环境优美，并有广大草坪，可供设置户外游戏器具。②儿童福利所于1944年11月修建完成，有大礼堂1座，化妆室、诊疗室、妇婴保育咨询处、候诊室、药房各1间，儿童病房2间，日光浴台1座，娱乐室1间，电影放映间1间，自然室、社会室、美术室、工作室、淋浴室、服务室、理发室各1间，图书室2间，办公室3间，12月25日正式开幕。③

抗战中后期，北碚的卫生事业同样取得了突出的成就。早在1927年秋，峡防局就在北碚创办地方医院。1939年，改组为三峡实验区卫生所。1942年北碚管理局成立后，三峡实验区卫生所扩充为卫生院，并在辖区各乡镇成立卫生分院2所、卫生所3所，每保设置1名卫生员。除各分院、所兼作疾病治疗外，北碚卫生院及所属分院、卫生所的工作重心在于预防疾病。卫生工作的第1项重点是种痘。每年春秋两季，北碚卫生院即派员到所属区内及邻县各乡镇，免费普遍点种牛痘。从1927年起一直不

① 顾颉刚、杨家骆：《北碚志稿》，《北碚图书馆藏方志珍本丛刊》第4册，第328—332页。
② 顾颉刚、杨家骆：《北碚志稿》，《北碚图书馆藏方志珍本丛刊》第4册，第337—341页。
③ 顾颉刚、杨家骆：《北碚志稿》，《北碚图书馆藏方志珍本丛刊》第4册，第337—346页。

断，到1949年为止种痘人数合计超过110万人，[①] 这实在是一项了不起的公共卫生业绩。北碚还有一种流行很广的钩虫病（又称吸血虫病），有关方面曾在管理局所属澄江镇施行普遍检查，在5209人中，竟有2690名患者，约占50%。1943年，北碚管理局特组设地方防治队，首先挑选重患病人360人予以治疗。随即由防治队巡回到各保进行治疗，并指导人们作粪便管理。到1947年底，接受检查者达到4万人，治愈者达到2.5万人。北碚民众中疟疾痢疾患者也相当多，陈果夫、胡定安在北碚筹组中国西部地方病防治所，由江苏医学院寄生虫学教授洪式闾任所长。1949年夏秋由著名公共卫生专家陈志潜设法在国外募得两批器材，运抵该所备用。该所的任务以研究及改进民众健康为主。计划先以朝阳镇试办生命统计，以该镇国民学校试办学校卫生，以澄江镇试办钩虫病防治研究，再逐渐展开全面卫生工作。[②]

三、人文社科成果丰硕

抗战中后期的北碚管理局辖区内，五方杂处，名家云集，既有年轻的作家路翎，也有担任礼乐馆礼制组主任的著名词曲理论家、词曲作家卢前，担任礼乐馆乐典组主任的杰出音乐教育家杨荫浏（一说为杨仲子），还有翻译家梁实秋、文学家萧红、散文家赵清阁，文学、艺术方面有名的人物和作品不胜枚举。这真是北碚文化史上十分特殊而又光焰万丈的时期。

北碚及其附近生活着公务员和文化人，在抗战中后期烦闷无聊的生活状态下，具有演剧活动繁荣的土壤。1941年秋，国民党中央宣传部成立中央实验剧团于北碚，每月演剧一次，每剧常连演三天。《屈原》于1942

① 北碚管理局编：《北碚概况》，1949年10月，第8页。

② 北碚管理局编：《北碚概况》，1949年10月，第9—10页。

年 3 月起在重庆上演后，引起轰动，但很快被当局禁演。4 月 27 日，北碚管理局局长卢子英致电给阳翰笙，“希望中艺（即中华剧艺社——引者注）能将《屈原》及《天国春秋》移到北碚公演。”[①]《天国春秋》是阳翰笙在皖南事变后为揭露国民党罪行而写的话剧。1942 年初夏，重庆再次大规模疏散人口。中华剧艺社、中央青年剧团、中国万岁剧团，都迁建到北碚。其中，中华剧艺社的负责人是应云卫。6 月底，《屈原》在北碚连演 5 场，场场爆满。[②]

抗战后期，老舍以中华全国文艺界抗敌协会总务部主任的身份常驻北碚，并在北碚创作了名著《四世同堂》。中华全国文艺界抗敌协会（简称“文协”）是文化艺术界代表人物于 1938 年 3 月 27 日在武汉成立的重要社会团体，会上选举老舍为理事。4 月 4 日召开的第一理事会上，老舍被选为常务理事、总务组组长（后称总务部主任）。由于“文协”没有会长、理事长一类社团通常的组织设置，总务主任实际上就是“文协”负责人。7 月底，老舍、萧伯青（“文协”前期干事）、老向、何容 4 人携“文协”印鉴文件登船，标志着“文协”西迁。8 月中旬，4 人辗转到达重庆，先在重庆青年会落脚，两个月租得临江门横街 33 号的三层楼屋四间，这里就成为“文协”总会在重庆的第 1 个办公处所。1940 年 4、6 月，临江门总会房屋被日机炸毁。好在此前“文协”总会就在重庆南泉桃子沟预备了几间房，这里就成为“文协”在重庆的第 2 个办公处所。当时，由于北碚的“文协”会员比南泉还要多，大家认为有在此设立办事处的必要。恰好在 1940 年 6 月，林语堂奉命出国，将北碚寓所大部分房屋让与“文协”，作为北碚会所。[③] 林语堂北碚寓所是位于北碚蔡锷路 24 号的一幢小楼。这

① 阳翰笙：《阳翰笙日记选》，四川文艺出版社 1985 年版，第 40—41 页。

② 龚济民、方仁念：《郭沫若年谱》上册，天津人民出版社 1982 年版，第 414 页。

③ 老舍：《一九四一年总务部报告（三月二十日）》，转自吴福辉：《抗战期间“文协”作家的重庆集聚地》，《汉语言文学研究》2011 年第 4 期，第 101—102 页。

样，北碚和南泉就成为“文协”的两翼。由于在北碚复旦大学、东阳镇通俗读物编刊社、北碚国立编译馆、国立礼乐馆有许多“文协”的朋友，老舍便常从重庆的总会到蔡锷路24号的办事处。1943年11月胡絜青带着孩子从北平赶来团聚，老舍才在此处定居下来。①1944年2月，老舍在北碚开始创作《四世同堂》。②

路翎以矿山为背景，写下了著名中篇小说《饥饿的郭素娥》。胡风高度评价路翎这部作品，“替新文学的主题开拓了疆土”；胡风并认为该小说塑造的主人公郭素娥，“是这封建古国又一种女人，肉体的饥饿不但不能从祖传的礼教良方得到麻痹，产生了更强的精神的饥饿，饥饿于彻底的解放，饥饿于坚强的人性。她用原始的强悍碰击了社会的铁壁，作为代，她悲惨地献出了生命。”③ 劭荃麟也高度评价了路翎的这部著作，认为：“这本书里却充满着一种那么强烈的生命力！一种人类灵魂里的呼声，这种呼声似乎是深沉而微弱的，然而却叫出了多世纪来在旧统磨难下的中国人的痛苦、苦闷与原始的反抗，而且也暗示了新的醒的最初过程。”④ 卢前字冀野，南京人，尝作《满江红·平型关大捷》，又有散曲《悼张自忠将军》等。卢前后来追述说，他与老舍，“同在北碚的三年，几乎无日不见，见了也无话不说”⑤。著名散文家赵清阁在北碚，与老舍合写过剧本。梁实秋1939年到四川，长期居住北碚。⑥ 这位莎士比亚作品的翻译者在北碚写了不少与抗战无关的文字，其中就有后来被称为《雅舍小品》的著

① 吴福辉：《抗战期间“文协”作家的重庆集聚地》，《汉语言文学研究》2011年第4期，第101—102页。

② 舒济：《抗战苦痛孕育出的〈四世同堂〉》，重庆市北碚博物馆编：《老舍〈四世同堂〉七十周年纪念文集》，西南师范大学出版社2015年版，第5页。

③ 胡风：《〈饥饿的郭素娥〉序》，杨义、张环、魏麟、李志远编：《路翎研究资料》，知识产权出版社2010年版，第52页。

④ 劭荃麟：《饥饿的郭素娥》，《路翎研究资料》，第54页。

⑤ 卢前：《闻老舍归国讯》，卢前：《卢前笔记杂钞》，中华书局2006年版，第21页。

⑥ 《梁实秋文集》编辑委员会编：《梁实秋文集》第2卷，第205页。

名散文。

抗战后期，后方各地物价腾贵，重庆及其周围尤其严重，公教人员生活窘困。卢作孚、卢子英在北碚，以实物代工资，吸引知识分子。杨家骆向当局建议联合国民政府中央迁建机关、工矿、学校，编修《北碚志》，并获北碚管理局支持。[①]1944 年 4 月 7 日，为修纂《北碚志》，北碚管理局创设修志委员会和修志馆，以顾颉刚为修志委员会常务委员，傅振伦为修志馆馆长。卢作孚、卢子英列名北碚志发起人。杨家骆起草了《创修北碚志缘起》。[②]1945 年卢作孚、卢子英兄弟聘顾颉刚为北碚修志委员会主任委员，每月经费 14 万元。[③] 在顾颉刚的引荐下，严耕望、史念海、方诗铭等也或短或长在修志馆工作过。可惜抗战胜利后，修志馆人员四散，未竟全功。[④]1948 年 9 月，南京《地理》杂志刊出《北碚专号》，以论文形式发表北碚志九篇。从现在能够看到的志稿和作为论文发表的分志看，一共有 47 篇北碚志及志稿得以保存。

为数颇多的科学文化机构和为数众多的专家学者聚集在北碚市区及市区附近，使北碚成为一个名副其实的科学文化名区。

第四节　经济发展与区域社会进步

工业化是经济现代化的基本内容和城镇化的前提，社会进步则是工业发展和城市化的重要意义所在。抗战中后期，北碚的工业发展和社会进步也取得了显著的进展。

---

① 傅振伦：《傅振伦文录类选》，第 915—916 页。

② 重庆市北碚区地方志编纂委员会编：《重庆市北碚区志》，第 586—588 页。

③ 顾颉刚：《顾颉刚日记》卷五，中华书局 2011 年版，第 478 页。

④ 傅振伦：《傅振伦文录类选》，第 915—916 页。

一、峡区工商金融

到抗战胜利前后，北碚管理局辖区内的重要产业单位有34个单位，见表4—2。

表4—2　重要产业单位

序号	名称	主持人	地址
1	经济部全国度量衡局及制造所	郑礼明	朝阳镇
2	农林部中央农业实验所附设实验农场	马鸣举	朝阳镇
3	扬子江水利委员会嘉陵江工程处	董大琦	朝阳镇
4	行政院水利委员会水利示范工程处	章元羲	朝阳镇
5	北碚扶植自耕农实验区	陈显钦	朝阳镇
6	北碚农业推广所	李清和	朝阳镇
7	资源委员会北泉汽油厂	赵宗焕	澄江镇
8	资源委员会北泉酒精厂	齐熨	北泉
9	四川丝业公司北碚制种场	陶代华	黄桷镇
10	义瑞桐林公司	陈化南	澄江镇
11	西山坪兼善农场	郭庆余	二岩乡
12	天府煤矿公司矿厂	程宗扬	文星乡
13	三才生煤矿公司矿厂	饶封逸	黄桷镇
14	宝源煤矿公司	蓝泽政	澄江镇
15	燧川煤矿公司	童伯乔	澄江镇
16	复兴隆煤矿公司	周还浦	二岩乡
17	和平煤矿厂	刘文襄	二岩乡
18	天府煤球厂	程宗扬	白庙乡
19	大鑫火砖厂	谢诗箴	黄桷镇
20	广生实业公司	王荫槐	黄桷镇
21	江南肥皂厂	赵士良	黄桷镇
22	广利肥皂厂	刘镜晖	澄江镇
23	广益化学厂	王吉林	黄桷镇

续表

序号	名称	主持人	地址
24	北碚自来水厂	章元羲	朝阳镇
25	富源水电公司	汤九星	朝阳镇
26	寄萍水电厂	吴寄萍	北泉
27	霍胥洞水电厂	戴儒镜	文星乡
28	北泉水磨面厂	张文轩	北泉
29	民利制革厂	雷奎庸	金刚乡
30	大明纺织染厂	查济民	朝阳镇
31	西南麻布厂	茅子椿	朝阳镇
32	北碚抗属工厂	李粹芳	朝阳镇
33	协兴三峡织布厂	舒成謨	金刚乡
34	正中书局第二印刷厂	吴逸潮	金刚乡

资料来源：北碚管理局编印：《北碚旅游指南》，1945 年 10 月，第 24—26 页。

上述单位，大约可分为 3 类：第一类是具有行政职能的技术部门，如经济部全国度量衡局及制造所、农林部中央农业实验所附设实验农场、行政院水利委员会水利示范工程处等；第 2 类，工矿电事业等制造业和矿类，如天府煤矿公司矿厂、大明纺织染厂等；第 3 类农林蚕桑及涉农改良试验类，如北碚扶植自耕农实验区、四川丝业公司北碚制种场、义瑞桐林公司等。

工矿电事业是北碚地方当局自始至终着力发展的经济事项，其中煤炭开采又是北碚管理局峡区首屈一指的行业。北碚管理局辖区的煤矿公司以天府、宝源、三才生、复兴隆为最大。① 其中又以天府煤矿机械化程度最高、技术力量最强、规模最大。抗战初期，天府矿所产煤炭，大部份供应民生公司、川北盐场、砖瓦石灰窑业以及家庭炊爨之用，其时重庆工业初兴，用煤有限。天府矿产运机构，也在调整之中，供应数量，并不很

① 《北碚杂写》，《新华日报》1944 年 3 月 30 日，第 3 版。

多，而销售已经感到很大压力。当时除批售各厂以外，还需要在重庆小河两岸及市区以内，设栈零售，以维持营业。其后内迁各种轻重工业相继复工，需要的燃料急剧增加。这时，天府矿运输及机械化工程，也已经取得显著进展，能够适应市场的需要。天府矿煤炭销数，初时在重庆市用煤供应总量中占 1/4，随后增加到 1/3，1943 年达到 1/2。因此，天府矿煤炭销售额，“不啻一衡量陪都工业进展之尺度。本矿积极努力之结果，得于后方工业，交通业有所贡献，引以为慰幸者此也。”天府煤矿机电设备，“几全部利用河南焦作中福煤矿迁川之机械”，包括 350KW 立式蒸汽发电机 1 部、125KW 立式蒸汽发电机 3 部等，①“设备为后方冠”。② 除了还用人工挖煤外，照明、通风、排水、起煤都采用了电力和机械。随着机械化的进展，天府矿营业，产运销数量逐年增加。1938 年以前，月销不过 3000 吨；1943 年月销 30000 多吨，约计增销 10 倍。其中 1939 年产运 154850 吨，销煤 46682 吨；1940 年产运 183705 吨，销 93042 吨；1941 年产运 219375 吨，销 140290 吨；1942 年产运 277076 吨，销 192410 吨。③1942 年公司盈余 214 万元。④ 到 1943 年，天府煤矿运输能力达饱和点，无法运清该矿积存的 20000 多吨存煤，而重庆市工业对煤炭的需求十分迫切。在这种情况下，天府公司开始从 4 个方面扩充改善铁路运输设备：其一，添造机车。天府矿原有机车共计 5 辆，1943 年度添造 3 辆，均照 110 马力仿造。锅炉由民生机器厂生产，特殊机件由交通部“中央汽车配件厂”、渝鑫钢铁厂分别制造。此外，普通机件则由天府矿机器厂自制。第 1 辆机车于 1943 年 3 月开工，10 月初装竣，经详细检验

① 天府煤矿股份有限公司编：《天府煤矿概况》，第 41、49 页。

② 东海：《重庆活力的源泉——天府煤矿》，《科学时代》1947 年第 2 卷第 3 期，第 24 页。

③ 天府煤矿股份有限公司编：《天府煤矿概况》，第 39、41、47 页。

④ 《民生实业公司简讯》1943 年第 705 期，第 1 版；《天府矿业公司第一届第六次董事监察人联席会议》，天府煤矿股份有限公司档案，档案号 0240—2—16，重庆档案馆馆藏。

于10月10日正式投入运营；第2辆于1943年12月20日投入运营，第3辆于1944年1月出厂。[①] 其二，添造车辆。天府矿原有煤车、货车及客车共82辆，已使用多年。既已填制机车，煤车自然也需要补充。于是，天府矿向渝鑫钢铁厂订购5吨煤车48辆，1944年2月交齐。其三，改善钢轨。天府铁路原有钢轨，除白庙子至水岚垭，及戴家湾至大田坎两段为28磅外，其余为20磅。敷设已久，长期使用，轨高逐渐磨蚀，行车效率减低，于是天府矿决定换用重磅钢轨。1941—1942年两年内，天府煤矿把水岚垭到戴家沟段钢轨换为从湘潭购运的35磅钢轨。此后，110马力机车，可以全线通行，运输效率因此大为提高。其四，改善卸煤设施。白庙子车站共有卸煤桥大小5座，白庙子斜坡绞车能力每日约为800—900吨。1943年夏季，第1、第2段绞车，全部由单拖改为双拖，并于河边设置卸煤桥3座及自动装船煤桥1座。由于绞车能力仍感不足，因此又修建溜煤槽1道，计长142米，于1943年7月6日开工，1944年4月底完成。铁路钢轨的改善，机车车辆的添置，以及白庙子码头卸煤能力的提高，改善和增加了天府煤矿的运输能力，使煤炭产运更加协调，可以更好地供应重庆工业及交通燃料。[②]

经过技术改造，天府公司的产运、营销能力和效益都大为提高。1943年天府公司产煤353862吨，运煤373795吨，销煤302009吨，盈余25298692.46元。[③] 天府矿职员技术与事务两部分，1943年有240余人，矿工、机匠、运搬各工合计约有5000人，连同职员眷属子女，麇集在后峰岩一带，不下10000人。[④]1944年2月，天府矿业公司召开临时股东大

① 天府煤矿股份有限公司编：《天府煤矿概况》，第32—36页。

② 天府煤矿股份有限公司编：《天府煤矿概况》，第36—37页。

③ 《天府董事会报告事项》，《天府矿业公司第二届第二次董事监察人联席会议记录》（1944年3月28日），天府煤矿股份有限公司档案，档案号0240—2—9，重庆档案馆馆藏。

④ 天府煤矿股份有限公司编：《天府煤矿概况》，第53页。

会，决定把天府公司资本按照原来资本的 8 倍增为 3600 万元。[①]

纺织染也是辖区的重要产业，并以大明染织厂为翘楚。1942 年 3 月 1 日，大明染织公司召开股东常会。董事会报告了公司业务概况，决定公司资本在此前由 40 万元增加到 100 万元的基础上，再增加 400 万元，合为 500 万元。[②] 到 1943 年初，大明厂有工人 500 人，其中女工 400 人。有织布机 134 台，每天可织布 200 匹。[③]1943 年 5 月 1 日，大明染织公司股东会议决定新增资本 500 万元，合原有的 500 万元共为 1000 万元。[④]6 月 15 日，大明染织公司召开股东会，报告新增资本 500 万元已经由各股东认缴足额。[⑤]1945 年上半年，大明染织厂“每月出布，为乌纱布、乌纱斜纹布及白布等，可由 300 匹到 500 匹，月计万匹以上。现经有 200 部以上电机织着，……该厂建筑增多，工人达 1000 余人。”[⑥]7 月 21 日，大明染织股份有限公司召开股东会，报告 5000 万元新股已经足额认购。[⑦]

动力事业是工业的命脉，也是城市发展进程中必不可少的基本公共事业。北碚及附近迁建区人烟稠密，工厂林立，对电灯照明和工业电力的需要十分迫切。经过卢作孚长期努力，富源水力发电公司发起人会议于 1943 年 3 月 30 日在重庆机房街 12 号举行，到会发起人有张丽门、薛笃弼、邓汉祥、汤筱斋、戴自牧、卢作孚、何北衡、李祖芬等人，卢作孚为

① 《天府矿业公司临时股东大会记录》(1944 年 2 月 14 日)，天府煤矿股份有限公司档案，档案号 0240—2—9，重庆档案馆馆藏。

② 《大明染织股份有限公司股东常会决议录》(1942 年 3 月 1 日)，立信会计事务所档案，档案号 0090—1—165，重庆档案馆馆藏。

③ 竺可桢:《竺可桢全集》第 8 卷，上海科技教育出版社 2006 年版，第 488 页。

④ 《大明染织股份有限公司股东会决议录》(1943 年 5 月 1 日)，立信会计事务所档案，档案号 0090—1—165，重庆档案馆馆藏。

⑤ 《大明染织股份有限公司股东会决议录》(1943 年 6 月 15 日)，立信会计事务所档案，档案号 0090—1—165，重庆档案馆馆藏。

⑥ 《大明厂月出布万匹》,《嘉陵江日报》1945 年 5 月 6 日，第 4 版。

⑦ 《大明染织股份有限公司股东会决议录》(1945 年 7 月 21 日)，立信会计事务所档案，档案号 0090—1—165，重庆档案馆馆藏。

主席。会议确定公司资本总额为1500万元，其中川康兴业公司300万元，交通银行、中国农民银行、金城银行、经济部工矿调整处各200万元，全国水利委员会、北碚区和刘航琛各100万元，何北衡和邓锡侯合计100万元。会议还决定土木工程委托全国水利委员会、水力机委托龙溪河水力发电厂设计、发电机洽请工矿调整处供给、电线洽请中央电工器材厂供给。[①]6月2日富源水电公司正式召开创立会，会议通过了公司章程，选出了董事监察人，[②]聘金城银行专员谭锦韬为经理。随后，公司于6月12日在民权路金城银行办事处正式成立。8月11日，富源水电公司召集第2次董监联席会议，决议增加股本500万元。8月16日，租定中二路四号附四号办公。富源水电公司董事会以交通银行董事长钱永铭为董事长，下设经理、副经理、秘书、工程师及总务、业务、会计、技术4课。12月7日，富源水电公司召开第3次董监联席会议，决议向四联总处贷款1000万元，以资周转。[③]高坑岩电厂所有土木工程，系委托行政院水利委员会水利示范工程处代办，1943年8月1日开工，1944年12月下旬完成，[④]开始发电，全部工程动支工款约7000万元。[⑤]高坑水力发电厂机电器材料设备，由富源水力发电公司自行购办，均为国产：1. 水轮机。厂房建筑可安装水轮机及发电机各3部，因经费关系，暂设民生机器厂制造的法兰赛卧轴式水轮机两部，每部420匹马力。2. 发电机。采用华生电机厂制造的交流三相6900伏、2000千伏发电机两具。3. 电器材料。电

---

① 《富源水力发电公司发起人会议纪录》，金城银行档案，档案号0304—1—348，重庆档案馆馆藏。

② 《富源水力发电股份有限公司创立会决议录》，川康兴业公司档案，档案号0356—1—81，重庆档案馆馆藏。

③ 《富源水力发电公司概况》，金城银行档案，档案号0304—1—348，重庆档案馆馆藏。

④ 顾颉刚、杨家骆：《北碚志稿》，《北碚图书馆藏方志珍本丛刊》第3册，第427—429页。

⑤ 钱新之：《高坑岩水力发电厂筹建记》，《北碚图书馆藏方志珍本丛刊》第3册，第457页。

器材料采用中央电工器材厂生产的输电线、中央电瓷厂制造的瓷瓶以及华生、建新、中建各厂装造之变压器。富源水电公司高坑岩电厂所有设备，采用国货，表明工业能力的提高，也依靠行政、金融、实业及工业各界的大力支持，特别是得到行政院水利委员的大力扶持。①1945年元旦，富源水电公司开始营业。北碚及其附近地区，于此大放光明，而工厂所需动力，也得以供应无缺。高坑岩水电厂是为适应北碚用电所需而设，电厂发电量共380匹马力，其业务范围以供给北碚区域电灯及电力为主，具体包括：(1) 电灯。在市区及新村区域，装灯3000多盏，用电约140千瓦。(2) 电力。电力用户主要是大明染织厂、中央工业试验所、自来水厂、碾米厂等，用电量约230千瓦。②

中粮公司碾米工厂是中国粮食公司附设的一家碾米工厂，利用干洞子水力。厂地7亩，厂屋30间。厂房后筑有水闸1道，装置水力机1座，为该厂主要动力，另有煤气机1座为辅助动力。机器有碾米机3座，磨面机一座。该厂制品是米，原料是稻。粮食部把嘉陵江上游产谷地所征稻谷的一部分运到该厂加工，每月产米约为5000市石，碾成后多数由北碚平价米供应站领去，分发给北碚、土沱、歇马场境内的机关学校。副产糠和碎米归该厂所有，在附近市场发售。该厂利用碎米制造饼干。1942年3月20日开工，厂长李湘堂。③

在商业方面，北碚商业就家数而言，以旅食业为最多。因北碚管理局辖区为名胜区域和文化区，游客较多，高人雅士也较多。以资本额而言，以绸布业资本最多，其次是为旅食业。就营业额而言，以旅食业居首位，其次是书籍文具业、香烟业。

① 顾颉刚、杨家骆：《北碚志稿》，《北碚图书馆藏方志珍本丛刊》第3册，第446页。

② 顾颉刚、杨家骆：《北碚志稿》，《北碚图书馆藏方志珍本丛刊》第3册，第444页。

③ 社会部统计处：《北碚社会概况调查》，《民国时期社会调查丛编·二编·城市（劳工）生活卷》（上），第318、322、327—328页。

中国旅行社北泉招待所于1943年4月设立，有柏林客房39间，数帆楼客房13间。职员有经理1人，会计1人，办事员2人，共4人，男女工人15人。夏季游客较多，收入能够维持，春、秋、冬三季则亏累严重。①

北碚市区有银行始自1939年。这一年3月，美丰银行率先在北碚成立办事处。同年，中国银行、中央银行兼中央信托局、中国农民银行也在北碚设立业务处。1941年北碚银行成立筹备处，1942年义亨钱庄在北碚开设分庄，1944年复兴银行在北碚设立办事处，1945年10月1日和成银行办事处在北碚开幕。至此，北碚的金融单位，连同邮局，7行2局已经齐全。可以说，到抗战中后期，北碚市区及附近的银行业相当发达。②

北碚银行是唯一的北碚地方银行，1941年开始筹备，但进展缓慢。1943年北碚管理局奉四川省政府令从速筹设北碚银行，于是筹备开始加速。5月5日北碚银行举行第1次筹备会，推举冯智舒为筹备主任，决定筹资500万，由8乡镇募集，并电邀四川省合作事业管理处专员兼研究室主任伍玉璋为经理。8月15日，北碚银行举行创立会，正式成立，股本4000万元，③并选定蓝绍侣、冯智舒、熊明甫、王尔昌等21人组织董事会负责进行。除呈请财政部发给营业执照外，并请准四川省政府于10月1日依约开始代理地方公库业务。④

复兴银行在北碚设立办事处主要是服务于复旦大学。1943年冬，复兴银行应复旦大学青年馆邀请，为便利全校员生存汇及代理收付款项起见，经呈准财政部设立复旦办事处，1944年5月就夏坝复旦大学青年馆

---

① 顾颉刚、杨家骆：《北碚志稿》，《北碚图书馆藏方志珍本丛刊》第4册，第395页。

② 顾颉刚、杨家骆：《北碚志稿》，《北碚图书馆藏方志珍本丛刊》第3册，第469、479页。

③ 北碚管理局编：《北碚概况》，1949年10月，第29页。

④ 顾颉刚、杨家骆：《北碚志稿》，《北碚图书馆藏方志珍本丛刊》第3册，第490页。

开业。为发展业务计，经呈准财政部迁移到北碚市区营业，并改名为复兴银行北碚办事处，同年 9 月迁入北平路。迁入北碚市区后，业务着重于存放款，其次为汇兑及代理收付。对于复旦业务，该办事处每日派员前往。①

二、农林牧副各业

在着力推进城镇化和工业化的同时，北碚管理局在扶植自耕农、农业合作与增产试验、推广蚕桑、果树栽植及家庭副业等方面，也有不少举措。

中国农民银行奉令兼办土地金融业务，四川省政府指定北碚为扶植自耕农事业实验区域。1942 年春，北碚管理局与北碚中国农民银行协商办理扶植自耕农示范区，计划利用国家资金，试验扶植自耕农政策。其实施办法，一面协助佃农个别购地，一面创办示范区。其进行步骤，为先选定示范区域，然后实施地藉整理，完成区段征收，分划单位农场，最后创设自耕农制。到 1943 年 4 月，上述几个阶段已经全部完成，于是把北碚朝阳镇 19 保 1420 多亩田地分给 80 个农民承领耕种，分划 80 个农场，每个农场接近 18 亩地。这样做的结果，使过去佃农占 64%、过半数农户只有不到 5 亩地的朝阳镇 19 保，一变而为拥有 80 个平均土地 18 亩的纯粹自耕农“模范区”。②

北碚扶植自耕农实验的目标有四项：1. 调整土地分配，解决地权严重集中问题；2. 促进土地利用，通过修建水利、改善耕作技术等增加粮食生产和农民收入；3. 发展农村经济，促进农村合作、发展农村教育，改善农村卫生，加强农民组训等；4. 树立事业楷模，待其有成，向其他乡

① 顾颉刚、杨家骆：《北碚志稿》，《北碚图书馆藏方志珍本丛刊》第 3 册，第 488—489 页。
② 杨家骃改编：《北碚农业志》，《地理》1945 年第 5 卷第 3、4 期合刊，“农业”第 9 页。

镇推广。示范区的办理机构有三个：1. 中国农民银行，负责设计并供给必要的资金；2. 北碚管理局，负一切行政责任及参加实际工作责任；3. 农林部辅导北碚自耕农合作农场办事处负示范区办理完成后自耕农经营辅导责任，以确保被扶植的自耕农改善经营、增加生产、充裕收入、提高生活水平。①

此项扶植自耕农试验分四个重要步骤：1. 发放地价，征购土地。1943年1月，示范区土地征收公告期满，开始发放地价。其原为自耕农者，暂不发放地价，等承领农场决定后，再核计其应收或应征地价；其原为不耕地主者，一律以现金收购其土地，其价格按每石核算，其中田价3300元，地价2310元。此项补偿地价，由北碚管理局向中国农民银行借贷，其发放也委托该行代付。到1943年2月，共征收土地45起，发出补偿地价2000696元。2. 划分单位农场。1943年3月，示范区着手划分单位农场。每单位农场面积，原以20亩为标准，但依据地形与实际需要，结果划全区为70场。另有在村地主拆留的房屋及园地15起，合计为85起。3. 放发农场。创设自耕农单位农场完毕后，1943年4月起正式放发农场，依自耕农、原佃农、其他佃农及雇农等顺序审核放领，计创设自耕农70户。其无款向北碚管理局缴付地价者，由农行照贷，计农行贷出放款总数1989509元。农民领地缴价手续办妥后，再由北碚管理局发给领地证明书，办理接收手续，到6月底完成。4. 办理自耕农辅导事宜。为辅导示范区自耕农合理经营农事，以保障其进步与发展起见，北碚管理局商请农林部在示范区内设立辅导办事处，进行辅导。到1943年2月19日，辅导示范区自耕农，成立合作农场，以各种合作方式，经营农业，颇著成效。其后北碚管理局设置地政科，计划此后关于扶植自耕农的事项包括：被征地地主的生活，设法维持。人多地少，划分农场，力求符合经营原则。示范

① 樊克恩编：《北碚扶植自耕农示范区纪实》，第4、6页。

区不断改善管理，使自耕农可以持续存在和发展。①

此项扶植自耕农试验颇有成效，人地分配关系得到一定的调整。据官方统计，受示范区影响，到 1945 年 3 月北碚 8 乡镇农户共 5420 户，其中自耕农占 56%，半自耕农占 11%，佃农占 33%。② 同时，土地合理利用得到促进，农业经营有所改进。③ 之后，由于邻县部分地主因利害关系强烈抵制，以致上述扶植自耕农办法无法全面推行。于是，改采间接辅助自耕农办法，即规定在土地移转的时候，佃农有优先承买权，其地价由地方行政机关商请中国农民银行贷借。到 1949 年，共计办理贷款购地 126 户，占地 2520 亩。同时，计划利用合作农场的组织力量，管制耕地移转，遇有耕地出卖时，由合作农场贷款统筹购买，作为合作社的公田。北碚试验局试图通过这种办法，使北碚逐渐“走上大农制的集体经营道路，期收和平解决土地问题之效”。④

20 世纪 40 年代，北碚管理局与农林部中央农业实验所、合作农场辅导处、中华平民教育会华西实验区及四川省防疫站等密切合作，实行管教养卫合一方式，每一保或两保，即设一民教主任，负责推进各保农民教育、农业建设与保务工作。同时，普遍提倡组织合作农场，作为推进农民训练及农业经济建设的中心。在管理局教建第一口号下，建设又以合作农场为第一。到 1949 年秋，管理局所属各农村已经成立了 79 个合作场，每个合作农场参加农民 40—90 户，共计参加者 5550 户。其中有 14 个合作农场，由农复会及平教会华西实验区贷放银币 11980 元，发展制粉酿造养猪等业务。对改良猪种，改进农业技术，建立团体信用，及造公产以兴办农民福利方面，都取得了显著的成效。有鉴于此，管理局决定继续推进，

① 杨家驷改编：《北碚农业志》，《地理》1945 年第 5 卷第 3、4 期合刊，“农业”第 10 页。

② 《北碚风光》，《中央日报》1945 年 3 月 12 日，第 3 版。

③ 樊克恩编：《北碚扶植自耕农示范区纪实》，第 26、29 页。

④ 北碚管理局编：《北碚概况》，1949 年 10 月，第 16 页。

并试图努力使整个辖区的农民都能参加到合作农场中。此外，在农业经营中，凡适于大规模经营业务，如榨油、发电、水利、品种改良、农产运销及公共福利事业等，都采用合作方式，因时因地制宜，尽力发挥“组织教育”“集体改进”功能，而完成现代化的农村建设。①

在农田水利方面，管理局辖区有塘堰水库87个，可灌溉田谷5000亩。1942 年及 1944 年管理局曾商请水利及测量机关，对区内灌溉工程及水土保持作全部设计，并筑示范塘 25 口。1949 年，管理局计划购渝鑫手摇抽水机 200 部作高地灌溉用，还计划利用山涧泉水，在朝阳镇洗墨池建两个蓄水库，引水灌溉朝阳镇、金刚乡 8000 亩稻田。②

北碚管理局气候温和，香蕉、柑橘、柚子、苹果等果树，均能生长良好，且有多年经营成功的经验。20 世纪 40 年代管理局辖区已种有香蕉 3000 株、广柑 40000 株以上。西瓜已经普及全局各地，年产约 50 万斤。花木品种亦称齐备，并正大量繁殖中。20 世纪 40 年代末计划用 5 年时间推广优良香蕉 50000 株、广柑 100000 株，同时并繁殖各种优良花木及果苗，以期能供给全川而为华西园艺改良的中心。至一切经营，亦均采“分散生产、合作运销”原则，以增经营效能。③

三、社会变迁

就居住形态而言，北碚管理局“全区人口，集居各镇市街者为最多，次为散居四乡之农民，再次为煤矿所在地，如白庙子等地，多为挑失、苦力麇集之所”④。就职业形态看，1944 年北碚管理局 13 岁以上人口总数为 53285 人，其职业分布情形见表 4—3。

① 北碚管理局编：《北碚概况》，1949 年 10 月，第 17—18 页。
② 北碚管理局编：《北碚概况》，1949 年 10 月，第 22—23 页。
③ 北碚管理局编：《北碚概况》，1949 年 10 月，第 20 页。
④ 顾颉刚、杨家骆：《北碚志稿》，《北碚图书馆藏方志珍本丛刊》第 4 册，第 272 页。

表 4—3 北碚管理局人口职业分配（1944 年 5 月 10 日）

项别	人数		
	共计	男	女
13 岁以上所住人口	53285	27590	25695
农业	11920	10018	1902
矿业	1681	1650	31
工业	3879	3510	369
商业	4321	3973	348
交通运输业	2002	1906	96
公务	2060	1807	253
自由职业	921	668	253
人事服务	19637	879	18758
无业	6828	2779	4049

资料来源：顾颉刚、杨家骆主编：《北碚志稿·社会组织志》，北碚图书馆编：《北碚图书馆藏方志珍本丛刊》第 4 册，中华书局 2018 年版，第 289 页。

表中农民数字与此前的统计相比增加很多，这大概是由于煤矿企业集中以及生产力提高所致。但矿业人数仅 1681 人，工业人数仅 3879 人，两项合计只有 5560 人，令人感到匪夷所思。《北碚志稿》中又有 1945 年 1 月北碚管理局局属工人统计，其中朝阳约 358 人，白庙约 500 人，文星约 6000 人，黄桷约 300 人，二岩约 600 人，澄江约 3200 人，金刚、龙凤各约 150 人，共计约 11258 人。① 该统计数字，与上表数字颇不一致。但两个统计中的工人和农民数字，都有 1 万多人，而农民数字还略高一点。揆诸实际，到抗战胜利前后，北碚总人口中从事工矿业的人数，远超从事农业的人数是不会有问题的。这是北碚管理局峡区社会结构异于特出的一个现象。

① 顾颉刚、杨家骆：《北碚志稿》，《北碚图书馆藏方志珍本丛刊》第 4 册，第 296 页。

1942 年 7 月，北碚管理局社会科成立后，即开始组训人民团体，当时在管理局登记经准成立的人民团体有 54 单位。后经过派员督导，到 1944 年 3 月人民团体数达到 82 单位。北碚市区的朝阳镇作为新兴市镇，各业先后组建了同业公会。其中绸布、糖商、国药、清油、酱园、米粮、旅食等同业公会成立时间、会员情形、增减情形是：1. 绸布业：1941 年成立公会，会员约 5 家，1942 年约 6 家，1943 年登记者约 25 家，摊业约 50 家。2. 糖商业：1944 年 9 月成立公会，会员约 23 家，1945 年无增减。3. 国药业：1943 年 5 月成立公会，连同乡镇同业会员合计约 30 余家。分别乡镇后，朝阳镇、天生桥及金刚碑合计会员数 15 家。4. 清油业：1942 年成立公会，会员仅 5—6 家。1943 年会员约 10 多家，1944 年增家到 20 多家，1945 年增加到 34 家，油腊业包含在内。5. 酱园业：1944 年 12 月成立公会，会员有 13 家。1945 年，有厂商 5—6 家，门市铺商 5 家。6. 米粮业：1941 年成立公会，会员 30 多家。1942 年约 40 家，1943 年到 50 家，1945 年增加到 80 家，其中零售摊商占十分之八，行商占十分之二。7. 旅食业：1942 年成立公会，会员约 30 家。1943 年增加到 40 家，1944 年约为 40 多家，1945 年约增加到 60 多家。①

四、社会事业

随着北碚城镇化和工业化事业的推进，以及国民政府代表的国家力量的介入，北碚管理局辖区内的社会服务、社会福利、社会救助等社会事业也得到有力的推动。

三峡实验区时设有旅客服务处，地址在天津路 25 号，北碚管理局成立后接办了该服务处。1944 年 2 月 1 日，北碚管理局把旅客服务处改为

① 顾颉刚、杨家骆：《北碚志稿》，《北碚图书馆藏方志珍本丛刊》第 3 册，第 319、463—466 页。

北碚管理局社会服务处，负责办理报阅览、文化展览、补习教育、旅行向导、职业介绍、儿童免费治疗介绍、租佃介绍、写信代笔、邮件留转、行李寄放、法律顾问、代购船票、代办招生等事务。[①] 该服务处设主任 1 人，下分总务、业务、服务、计核 4 股。每股设股长 1 人、干事 1 人、助理干事 1 人、服务生 1 人。业务分生活服务、文化服务、职业介绍、公共救济 4 部分。其中生活服务包括：1. 旅居向导。北碚是风景区，服务处针对此种情形，除在江干设立旅客休息处及交通、服务站协助游览人士解除有关旅居困难外，并可派专人作向导工作，以及行为旅者排定参观日程，代购船票等。2. 法律顾问。服务处除邀请北碚名律师担任法律顾问，指导民众法律事宜，经常为民众解答法律疑难，指导民众缮写诉状，解除人民痛苦，并由管理局特聘上海名律师袁景唐先生为民众律师，经常住办事处。3. 人事调查。1945 年 1 月起，服务处陆续进行各事业机关调查，2 月内完毕。整理后将再联络户籍室，举行住户调查。有远方来碚觅寻亲友而不知其确切住址，只须说明其姓名、性别、年龄、籍贯、职业等，服务处即可协助其寻找。4. 代理租佃。服务处为便利民众节省费用计，凡有出租、觅租、售出、买入等，代为缮写各种约据，不取费用。5. 行李寄存。为便利游居本地携带重量行李觅人或工作不便者短时置放而设，不收取任何费用。6. 迁移登记。为便利住户或商家迁移后有人询问而设。7. 其他。代写书信、邮件留转、遗物登记、失物招领等。文化服务包括：1. 图书阅览。设公共阅览室 1 所，置有报纸 14 种，刊物 76 种，供人阅览。每周并有新到书刊内容介绍。2. 文化展览。服务处为推广普及以提高民众艺术兴趣及对时事问题的了解，特邀请名画家、收藏家及英、美大使馆，每月举行古物展、画展及战时画片展览。3. 补习教育。服务处设补习夜校，分英语专修班、普通班、中级班、高级班。其中英语专修班以养成通译人员为宗

---

① 北碚管理局编：《北碚概况》，1949 年 10 月，第 7 页。

旨，适合大学程度。普通班以商店店员及各公会会员为对象，授以初中1年级课程。普通班修业期满，可升入适合于初中3年级班次的中级班。高级班适合于高中毕业程度而准备升入大学者，课程注重于升学指导。4. 文化娱乐。服务处的文化娱乐为适应社会需要及各方面请求而设，娱乐器具如围棋、跳棋、军棋、象棋、台棋等为社会人士所捐助。5. 电化教育。服务处为普及电化教育，先后在北碚市区及澄江镇、文星乡放映电影，观众在10万人以上。北碚实验区还与联合国影闻宣传处合作办理影闻教育实验区，其中，新闻照片展览分为10站，幻灯放映7站，电影则联络英国新闻处及美国新闻处，每月放映3—7天，免费入场参观人数每次在5万人以上。[①]6. 代办招生。服务处代办招生，其方法为：招生学校不必直接派人，可由服务处负责；只须将试题及录取名额函寄服务处，当负责公正办理完竣，将录取名额及代阅的试题寄到原校。职业介绍的程序为：1. 先登记，2. 谈话，3. 检阅求业卡片，4. 配合或代征求，5. 再谈话，6. 介绍面洽，7. 调查结果，均由专人办理。1944年3—12月职业介绍成功人数，有119人。公共救济包括：1. 贫病治疗。服务处为便利贫病民众治疗，联合北碚市各名医，每日午后2—4时，轮流到处参加服务，为人诊疗。远道民众及急病者随时均可申请诊治、看病、吃药、住院，赤贫者均可免费。开始以来，特别是对社会部委托的贫病儿童治疗，为病家所称颂。2. 弃婴收容。服务处会同儿童福利所等机关会商决定，凡发现弃婴，可护送服务处，设法送往社会部歌乐山育婴院收养。3. 难胞救济。服务处为救济过境难胞，曾呼吁北碚市区各机关发动捐献运动。服务处经费每年俸薪482767元，办公费132756元，临时费164164元。食米代金779686元，总计615522元。除社会部每年津贴6万元，余由管理局拨给714686元，收支略可相抵。唯求事业之全部推动与进展，则尚须经费之逐渐增加耳。主任陈治

① 北碚管理局编：《北碚旅游指南》，正中书局1945年版，第7—8页。

漠，总务股长张惠生。①

北碚管理局在社会救济方面，主要办理水灾救济和冬季赈济。就水灾言，北碚管理局辖境除文星乡外，其余7个乡镇均位于嘉陵江沿岸。嘉陵江每年周期性的洪水，常淹没两岸的房舍田园。两岸居民多属苦力小贩，迁避困难。北碚管理局为帮助沿江两岸居民，在洪水前测量地块，编成号数，一旦原住地被洪流淹到，即依编配号数，把灾民迁入划定地区暂住。管理局并组织保甲动用四乡民力，义务帮助灾民搬迁。淹没期间，灾民工作停顿，生活断绝，管理局则筹组临时食堂施粥。洪水过后，帮助灾民复员、复业。② 每岁农历年关，贫苦民众难觅工作，生活艰难，此时北碚管理局由地方筹措钱米发赈。历年发赈人数统计见表4—4。

表4—4　三峡实验区和北碚管理局历年发赈人数（1941—1948）

年别	1941	1942	1943	1944	1945	1946	1947	1948
人数	2995	4048	5326	4962	5874	6310	1848	3567

资料来源：北碚管理局编：《北碚概况》，1949年10月，第8页。

从表4—4的统计数字看，接受赈济的人口，从1941年开始到1946年，总体上呈现上升的趋势。这表明，峡区生活日益艰难的处境。

北碚的社会救助和福利事业获得了显著的发展，特别是儿童、红十字会、慈济等为代表，获得很大的发展。红十字会北碚分会依据重庆世界红十字会组织规章组成，会址在中山路55号，1942年成立。设会长一人，副会长四人，分总务、慈善、宣传、文书、会计、庶务六股，各股庶长一人，分掌职务。经费每年俸薪13000元，办公费67000元，由主办机关拨给，另有开支需要时，悉由会员捐助，究以经费之窘乏，业务无法开展。

① 顾颉刚、杨家骆：《北碚志稿》，《北碚图书馆藏方志珍本丛刊》第4册，第377—388页。
② 北碚管理局编：《北碚概况》，1949年10月，第8页。

唯夏季服务处施送暑药与冬季发赈发米，以及平时施送棺木，办理临时赈济等，碚地贫民者受惠实大。会长王尔昌，副会长冯智舒、蒋瑞生、熊明甫，总务兼文书冯戳斋，慈善李文彬，宣传刘锡丰，会计庶务李君实。[①]

自宝源运河及运河公园开辟后，波平如镜，风景如画，加上交通便利，各机关于是纷纷迁来。运河南岸被辟为荣誉军人实验区，资源委员会的焦油厂也设在这里，北岸设有原济鱼场。[②]

1941 年 12 月 9 日，中国妇女慰劳总会主任委员宋美龄授命罗衡，筹备荣誉军人自治实验区。罗衡选中三峡实验区澄江镇碑泥坝，在此地成立筹备处，并于 1942 年 7 月 1 日开始筹备工作。10 月 15 日，中国妇女慰劳总会荣誉军人自治实验区开幕典礼在实验区大礼堂举行，宋美龄主持开幕典礼，到场嘉宾有董显光及夫人、林语堂、张霸真、陈逸云、唐国桢、曹孟君、伍智栋及澄江镇绅士等 200 多人，何应钦、张治中及贺耀组派代表参加，中外记者数十人到场参观和采访。宋美龄到场致辞。[③] 荣誉军人自治实验区的宗旨是：1. 收容抗战伤残军人及其家属；2. 训练荣军及其家属以生活技能，养成自给自足的能力；3. 训练荣军及其家属使其有自治能力，并养成新生活的习惯；4. 根据新县制纲要，作一般抗战残伤军人自治的示范。荣军实验区面积约 600 亩，生产分农、工、牧、渔 4 类。其中农业方面，有自耕田地约 400 亩，分园艺、农艺、渔场、畜牧。有羊 44 头、耕牛 3 头及鸡鸭数十只。工业方面，分竹工、藤工、草工及雨伞制造。建筑由基泰等建筑公司设计，先后美龄堂、蓄水池、娱乐室、金甫亭、饭厅、致钦水树灰宿舍等，并有游泳池、运动场及日光浴场等。荣军教育方面，由妇女慰劳总会妇女工作队负责，工作时间外授以普通知识，并灌输特种技术知识。荣军实验区的荣军生产费用，由妇女慰劳总会担任。其衣

① 顾颉刚、杨家骆：《北碚志稿》，《北碚图书馆藏方志珍本丛刊》第 4 册，第 375—376 页。

② 顾颉刚、杨家骆：《北碚志稿》，《北碚图书馆藏方志珍本丛刊》第 3 册，第 399 页。

③ 《荣誉军人新村开幕典礼时，宋美龄演词原文》，《新华日报》1943 年 10 月 17 日，第 3 版。

食住行，由荣誉军人管理处全部供给。到该实验区成立，已用去费用700多万元，其中建筑等费约500万，其他行政经费200万。①

在组织上，荣军实验区设主任1人，秉承中国妇女慰劳总会意旨，综理区内外事务。主任之下设秘书室，聘秘书1人，干事4人，协助主任处理区内事务。秘书室下分总务、财务、生产、教育4组，各组设组长1人，干事2—3人，助干1—2人。同时，实验区设有劳动荣军学校、棉织厂、荣军厚济渔业公司、消费合作社、荣军中队部，以辅助荣军业务进行。荣军实验区的业务主要有3项：1. 管理。由军政部指导设立中队部，主管全区荣军生活，提高自治精神。2. 生产。从1944年1月到1945年8月，农作物产值121870元，渔产3485斤，手工业产品有皮鞋1699双、雨伞11218把、棉布2522匹。3. 教育。其中公民教育方面，开设了工厂1班、农场3班、棉织厂1班，科目有识字、常识、算术3科。职业教育方面，挑选优秀荣军入自治工作人员训练班，第1期18人，内分文书、事务、会计3组，学习6个月毕业，见习6个月后，升为本区服务员，先后有17人在区内各部门服务。技术教育方面，由工厂各部门训练，6个月毕业。先后受训者有藤器班18人、雨伞班22人、皮鞋班6人、棉织班12人。②实验区的经费，由中国妇女慰劳总会按月拨给，1945年预算为经常费173690元，临时费10万元，职员生活补助费244650元，战时津贴22万元，工友伙食津贴27200元。食米每员每月得实物8斗，也由总会拨给。荣军待遇全部由军政部拨给，与北碚管理局无关。荣军生产所获纯利，除60%—70%分给荣军为奖助金外，剩余部分由实验区经管，用于荣军福利。实验区主任由罗衡担任，秘书兼教育组长葛三立，总务组长方元，财

① 《北碚荣誉军人新村，前天简讯开幕典礼，宋美龄亲自到北碚去主持》，《新华日报》1943年10月17日，第3版。

② 顾颉刚、杨家骆：《北碚志稿》，《北碚图书馆藏方志珍本丛刊》第4册，第405—408页。

务组长罗灿宇，生产组长兼工厂厂长吴云初，农场场长胡寿荣。①

嘉陵江矿区林立，特别以北碚附近最为集中，一般矿工常无福利可言。1943 年秋，中国劳动协会选定北碚澄江镇，成立北碚工人福利社筹备处。11 月，北碚工人福利社正式成立，以姚宝定为主任。福利社设总务、服务、康乐、学术 4 组及诊疗室，职员 10 人、工人 5 人。该社以地近宝源公司，服务对象以该公司矿工为主，新亚药厂、大明染纺织厂及附近各矿山工厂工人为辅。其业务有：1. 各种服务。（1）医疗。1944 年受诊者 4307 人，其中内科 1221 人，外科 1934 人，妇科 307 人，产科 45 人，儿科 285 人。（2）生活。1944 年服务 16230 人，其中住宿 1330 人，淋浴 1885 人，茶水 294 人，理发 4730 人。2. 各种活动。（1）康乐方面，1944 年 20801 人，其中球赛 9426 人，歌咏 8941 人，戏剧 1697 人，国术 737 人。（2）文化方面，1944 年 20469 人，其中阅览者 3149 人，补习者 2823 人，入识字班者 7749 人，参加研究会者 1899 人，参加座谈会者 2498 人，参加读书会者 800 人，参加旅行团者 284 人，请求代笔者 776 人，咨询者 491 人。福利社经费由中国劳动协会拨给，1944 年 10 月止支出经常费 51 万元，战时津贴 42 万元，共计 93 万元。②

① 顾颉刚、杨家骆：《北碚志稿》，《北碚图书馆藏方志珍本丛刊》第 4 册，第 405—410 页。
② 顾颉刚、杨家骆：《北碚志稿》，《北碚图书馆藏方志珍本丛刊》第 4 册，第 397—398 页。

第五章

管理局后期北碚的城镇化（1945—1949）

在这个阶段，多数抗战时期迁建到北碚的政府机关、科研和事业单位复员离去。通过接收和重建，复员冲击下的北碚依然在一拳一脚的努力中朝着城镇化的方向演变。在困境和探索中，北碚迎来了新中国的阳光。

第一节　建设目标的局部调整与充实

抗战胜利后，卢作孚对北碚的建设和发展充满期待。尽管时局越来越混乱，尽管民生公司的经营和发展也困难重重，但卢作孚对北碚的发展和进步依然保持高度的关注和影响力。卢作孚对北碚发展的影响力表现为宏观层面的指导，也表现在微观层面的帮助。

一、目标的调整和充实

20 世纪 40 年代末，作为建设试验宏观目标的《将来的三峡》，在内容上经过进一步的充实和调整，变为《将来的北碚》。[①]《将来的北碚》继承、综合、拓展了前两个历史时期建设目标的内容。如生产方面，除强调特种农业、林业、畜产以及大农场、林场、畜牧场、养鱼场外，强调大规

① 北碚管理局编：《北碚概况》，1949 年 10 月，该书扉页。

模改良农业，强调机器采矿和机器工业以及设立大工厂，强调大规模开发矿业、创办工业，强调大规模兴修水利，包括兴办灌溉及给水工程、修建嘉陵江大水利工程、兴修各处小型水电工程等；交通方面，不仅强调市内交通、通讯的快捷方便，而且注意到与区外的交通网建设，强调要有北碚直达重庆的电气铁道，要有与周围邻县相连接的公路县道；文化方面，不仅强调每个保要有小学校和成年补习学校，要有图书阅览室、运动场、俱乐部等文化基础设施，还强调全区要有中学、大学、专科职业学校及研究院，要有大图书馆、博物馆、体育场、民众会堂和无线电广播台等；人民组训方面，除要使人民有职业，能为社会服务，无不良嗜好外，还增加了要有现代知识和技术，有现代集团生活习尚等内容；地方建设方面，除了强调社会秩序建设和生态环境建设这两个重要方面外，还强调要有现代生活设备。总之，“将来的北碚”作为建设的目标，应该具有更高标准的城镇化、工业化、现代化程度。

二、卢作孚对战后建设的思考

早在 1944 年 8 月，卢作孚就撰写了《论中国战后建设》一文，并于 1946 年发表在复刊的《新世界》第 2 号。该文的内容，体现了卢作孚对战后建设的深入思考，其主要观点有以下几个方面特别注意。

首先，战后建设应以经济为中心。

卢作孚指出：中国人民希望胜利降临，结束痛苦，恢复和平，而且希望迅速建设成为一个现代国家。这个现代国家，自力可以防御任何强邻的侵略，联合世界上爱好和平的国家，可以防御任何强国对于弱国的侵略。

防御侵略是战后国家建设的消极目的，确立公众的良好秩序，完成物质基础的建设，提高人民的生活水准和文化水准，使国家成为一个健全的现代国家，才是战后国家建设的积极目的。从根本上把国家建设起来，以机器替代人力，以科学方法替代迷信与积习，使农业增产，矿业开发，工业发达，陆有火车、汽车，水有轮船，空中有飞机，可资转运；使每个人有智慧，有工作技术，有职业机会，有服务兴趣；使以自力谋生者收入增加，被雇用者待遇改良，使人民衣食丰裕，住处宽舒，旅行便利，使污秽的环境变清洁，混乱的环境变有序；有灌溉工程、防洪工程可以预防天灾，有医药卫生设备可以预防疾疫，使国家在短期内进步到可以与先进国家媲美。

战后建设是全国4万万5千万人的责任，抗战结束即当开始建设。除有关国防必守秘密外，建设内容应全部公布，让全国人民清楚，以统一全国人民的观听及心志。中国要建设成为一个现代国家，应参考现代国家建设的各种资料，图书馆应尽量搜集参考书籍，出版事业应尽量编译印行参考书籍，研究机关应尽量研究此类问题，报章杂志应尽量讨论此类问题，先使现代国家的建设经验成为人民的常识，尤其成为专门人才的专门知识，使人民对建设前途有较为接近、较为确定而且较为深刻的认识，使人民能提出若干建设性质的建议，以供政府的参考。确定建设办法，是决定中国若干代命运的大事，应迅速、慎重，应注意有现代头脑的中国人的意见，并应注意吸收外国人的意见。

卢作孚认为，战后建设应以经济为中心。政治方面，要建设成为一个完全独立自主的民主国家，以实现民族主义和民权主义；经济方面，要求追求工业化，提高人民生活水准，以实现民生主义；文化方面，要教育普及，提高人民文化水准。中国应有强大海陆空军为主体的国防力量，足以防御侵略，维持自己的安全，这是国家完全独立自主的必要条件。人民应有贡献于国防力量的必要责任和义务，不能避免。教育普及的关键是要普及科学和艺术的教育，是要普及运用科学方法的技术和管理知识，是要普及现代国家整个建设的办法，是要普及对国家建设与社会进步的认知。除普及教育外，还要加强对科学和艺术的研究，并不断提高，以便能够应用世界上已有的发现、发明和创作，或更进一步能够有新的发现或发明。工业化要使一切产业都工业化，使工业机械化，用机械替代手工，大量生产，标准化生产并降低成本，用工业解决包括农业、林业、渔牧、矿冶等问题在内的一切生产问题，用工业解决一切交通问题、铁路、公路、航路运输问题、电报、电话、通讯问题，解决所有的建设问题。要用工业解决所有的政治建设问题，文化建设问题，增进人民的富力，提高人民生活水准，巩固国防力量的基础。这三方面的建设都很重要，但应当以经济建设为中心，应当集中力量于经济建设。

为什么中国战后建设应以经济建设为中心呢？卢作孚认为基于以下三方面的原因：

第一，政治或文化建设，应以经济建设为基础。政府要管理一个大国，必须依赖铁路、公路、航路的运输便利，电报、电话的通讯便利。要能抵御侵略，必须有强大的陆海空军，必须有大炮、坦克、军舰、飞机等装备，必须依靠工厂。学校要有有效的教育，必须有丰富的图书、仪器、模型、标本；实验室要做有结果的实验，必须有充分的图书、仪器、药品和一切实验必需的设备，也必须依靠工厂。因此，必须首先着重经济建设，尤其是要着重发展工业，否则一切皆为空虚，皆成问题。

第二，必须增进人民的富力，才能增进人民对于国家完纳赋税的负担力。多数中国人仍然生活在农业社会当中，只能维持最低生活的收入，没有余力完纳过高的赋税，不能负担现代国家政治建设和文化建设的经费。就全面抗战时期而言，除田赋征实作为军粮公粮外，1944 年度的支出预算不过 700 亿元，假定实际支出达 1000 亿元，按照物价指数计算，最多不过等于战前 3 亿多。以后方 2 亿人负担，每人平均不过 1 元多，这比世界任何文明国家的负担都低，但人民已经感觉负担过重了，其实负担何尝真正过重！实在是人民负担能力太低。战后建设开始后，逐渐加重人民负担是必然的趋势。因此，必须先致力于经济建设，增进人民负担能力，而后其他方面的建设才能跟上或并驾齐驱。

第三，经济活动是多数人所必须参加的活动，一个国家只需有少数人作政治活动和文化活动即可。管理效率越高，运输和通讯设备越进步，越可以减少政治活动的人数；有了广播、幻灯、电影的便利，越可以减少文化活动的人数。从事经济活动的人数将因此进一步增多，政治应为多数人谋幸福，对于多数人从事的经济活动，应党首先予以帮助，所以应先致全力于经济建设。

其次，经济建设主要是追求工业化。

卢作孚认为：经济建设主要是追求工业化，应集中最大力量发展工业，使其能适应国民经济的需要。原因在于：1. 只有工业化，发展肥料工业、农具工业、农产品加工工业，才能适应农业发展的需要。2. 只有工业化，才能适应交通运输的需要。如发展机车车辆制造厂才能适应铁路建设的需要，发展汽车制造厂才能适应公路建设的需要，发展飞机制造厂才能适应航空运输的需要，发展造船厂才能适应水运的需要。3. 只有工业化，才能适应工业自身发展的需要。建设动力厂需要同时发展动力机制造工业，建设纺织厂需要同时发展纺织机制造工业，建设工作机制造厂才能适应对机器的需要，建设电机器材制造厂才能适应对用电的需要，建设水泥厂才能适应工程建设的需要，发展兵工业、军需工业才能适应陆海空军装备的需要。生产事业的发展需要工业配合，一种工业发展必须多种工业配合，甚至生产地点也应相互配合。经济建设计划，应以几年为 1 期，不要急遽下判断，各种产业建设完成，各需不同的时间，若干产业需要持续发展，不易从中划为一段。第 1 期计划只能认为属试验性质，在此期间，开始调查、测量、试验、实施，以取得若干经验，再定第 2 期较长时期的计划。在计划进行期间，根据事实的需要，随时修正。

卢作孚认为：产业发展需要互相配合，不能就中划出若干大企业单独发展，而遗弃其他相关产业。整个经济建设计划应包含农林、牧畜、工矿、贸易、交通、金融及一切产业，集中所有人力、物力、财力在全部计划上，其范围需要包括四万万五千万人的活动，以及政府直接经营的事业和民间投资的事业在内。

第三，经济建设中国家力量作用巨大。

卢作孚认为：由于产业发达，人类社会将从农业社会进入工业社会。经济生活的单位，将是整个国家。人为事业服务，事业为国家服务。部分经济的互相倚赖关系转移到所在企业组织或所在的社会组织上，从现代产业组织所形成的集体生活，工作人员的地位实际上比股东更为重要。产业愈发达的国家所形成的集体生活越得到强化，产业内部的经济倚赖关系加强了，产业间的竞争也越来越剧烈，国家间的相互斗争也一天比一天剧烈。国家间的相互斗争不仅表现在武力上、战场上，也表现在产业上和文化上。国家凭借国力在国内造成了相互倚赖的生活，在世界上与爱好和平的国家比赛，与侵略国家斗争，同时国家也造成了国际间互相倚赖的生活。国家是一个最强有力的集体组织，使每一个人都效忠于这个集体组织。

在经济建设中，国家只要控制两个武器：第一个是法律，用法律保障和规范人民的自由；第二个是计划，是整个国家经济建设的计划，而且是各个经济部门相互配合的计划。法律和计划都须公布和明白解释，使一般人了解。在国家领土以内，领海以内，运用外资，运用专家，运用先进的现代机器，运用现代最先进的管理方法和技术，会有益于国家建设的成功。①

三、对具体问题的思考和探索

1947 年 11 月 1 日，卢作孚回到北碚。次日晨，卢子英约集北碚各机关事业单位主干人员在兼善餐厅聚会。餐会上，卢作孚对北碚建设工作提出了努力的方向和一系列改进意见，《嘉陵江日报》详细地报道了卢作孚

① 卢作孚：《论中国战后建设》，《新世界》1946 年 2 月号。

谈话的要点。

关于新北碚的轮廓画。卢作孚指出：对于北碚市区的建设，应有一个整体的规划和目标，如今后的住宅区、文化区、工业区如何发展，如何布置等，都应有具体设计，并在地图上标明，使北碚的人都知道该计划并为之努力。卢作孚认为，北碚的住宅区，有3个发展区域：一是沿中山路两侧延伸直到儿童福利实验区后面一带，二是原有的新村，三是由大明厂到檀香山桥。这三个区域内的地权问题，可以考虑用两个方式来解决：一是依法征购，二是评定现价。此后若地价有变动，可按照米价指数来调整，每月公布一次地价。住宅区内应限定时间，修建符合指定样式的房舍，公家专聘建筑师，作若干种房屋图样以备选择，向民众介绍建筑预算及相关材料、人工等，并提供帮助，使建筑者得到便利。此外，需要注意的还有：干道要简单，小道不妨多；下水道和公厕也是重要的建筑，这两项建设费用应由住户负担。住宅建筑要由建筑师设计，周围庭院的布置需请园艺家设计。现在北碚已有的住宅，应重新调整，布置风景。北碚的文化区中，每一文化事业单位，都应有一个优美的环境。北碚未来的小学，第一个应摆在北碚图书馆和朝阳镇公所一带，位于北碚第一风景线。第二个应在儿童福利实验区附近，第三个是扩充大明小学。至于中等学校如重庆师范学校、女子师范学校附中、立信会计学校等，应向李庄方面发展，与兼善中学联系起来。北碚图书馆建于火焰山顶，把动物园迁走。北碚科学博物馆改作研究部，新建博物馆的位置应在自来水厂与地质调查所一带。至于北碚管理局，可在市中心找一地作局址，而以庙嘴作为北碚最重要的旅馆所在地。工业区的选址，以离开市区或向沿江两岸交通便利处发展为原则。北碚市区已有的工厂，应该尽可能移出。

关于北碚应努力三桩事，卢作孚认为有三个重点。第一要吸引人到北碚居住。北碚有设备完善的医院和学校，有内容丰富的博物馆和图书馆，有环境优美的公园，有良好的社会秩序，都是适于居住和有助于儿童成长的条件。北碚还应吸引民生公司、天府公司的股东会到北碚举行。任何其他方面的集会，北碚也应设法吸引到北碚来举行。国际上访华的团体，北碚也要率先去函表示欢迎。这样既可以繁荣地方，还可以争取世界的帮助。第二要发展动力建设。发展动力，以供若干工厂使用。有了工业的生产发展，地方经济才有基础。第三要提倡果树园艺。北碚是一个发展果树的良好区域，希望北碚注意培育优良广柑品种，采取分散生产、集中运销方式。将来全区到处都是优质的果树，不仅人民的经济可以赖以得到充实，而且能增加区内的风景。卢作孚满怀激情地说：北碚各事业，应该联合起来，对以上工作循序推进。每月有一次检讨，有条不紊地再努力 20 年，保证局面全变。假如作得好，不仅在中国有地位，就是在世界上也有地位。在美国，在加拿大，我看过许多乡村和城市，其经济，其发展，也不见有若何秩序。如果北碚能繁荣，万事都有办法。今天北碚这群人，有许多有 20 年以上的工作经历，这是极其难得的事。大家如能忍耐艰难，不断努力，北碚必然有新的希望。

关于北碚应改进的几项工作，卢作孚说：首先是民众会堂的有效利用。民众会堂应是教育市民和学生的良好场所，必须天天利用。入场的人须训练其严守秩序（鱼贯而入、依次就座，鱼贯而出、依次离位）、清洁、静肃。这就是最好的教育。其次是中国西部科学院和博物馆要引人入胜。一般的博物馆、图书馆，让人来求神烧香，等于古庙。北碚中国西部博物馆不应有这样的作风。它应引人入胜，要为周围的学校服务，编排课程，准备高、中、低各种程度的教材。它不仅帮助北碚管理局辖区内，也可以吸引渝、合两地的学校来碚讲学，这才是活的博物馆。其三是各事业要分工合作。北碚的事业是一个整体，性质相近的工作应该归一个机构管理。如北碚的公园、动物园以及市街的园艺布置，应统由科学院经营。希望未来的北碚，遍地是公园。

卢作孚说：北碚是可爱的地方。北碚可爱的地方太多，以出产来说，西瓜、香蕉在并不多的外宾宴会的招待上，增加过四川人的骄傲。其他如棕垫、水竹席，如果改进制成品，将来可以出口。老百姓自然经济的发展，不可忽视。最后，卢作孚笑称：我对北碚事业之关切，超过我对民生公司经营的兴趣。①

当天下午3时，卢作孚还到天生桥参观中央农业实验所北碚农事试验场和朝阳19保合作农场，同行的有北碚管理局局长卢子英、民生公司经理何乃仁和农推所主任陈显钦。在李场长陪同下，卢作孚参观了“中农所”北碚农事试验场的水稻品种标本和桐油陈列室。他详细询问“中农所”34号水稻及南瑞苕生产及推广情形，以及“中农所”农事试验场设在西山坪的桐油场的生产情形。离开“中农所”后，卢作孚一行又到双柏树梅花山朝阳镇第3中心校，由校长袁俊成陪同参观。卢作孚希望学校常让学生到天府煤矿等事业旅行参观，增学识见闻。随后，卢作孚召见合作养猪场经理袁正和，此人是北碚首先种植中农34号水稻和南瑞苕的农民，对经营合作农场非常热心。卢作孚希望袁正和经常向北碚区的农民宣扬、演讲，推行良种繁殖。4时整，卢作孚在民生公司总经理何乃仁陪同下乘原车回重庆。②

卢作孚的上述谈话，实际上为建设新北碚提出了一个粗略的方案和努力方向。

1948年4月，卢作孚在北碚提出并反复强调“教育就是建设”。当时，北碚有3个师范学校的毕业生，要出发联合实习，并以北碚全部76所小学校为实习区域。4月18日，北碚管理局在北碚民众会堂为其举办联合欢送会。卢作孚在欢送会上作了《如何彻底改革教育》的演讲，强调在实际生活中取得经验是最有效的学习，认为学习环境可以经过布置而得到改

① 《卢作孚氏回碚指示北碚的建设》，《嘉陵江日报》1947年11月3日，第2版。

② 《卢作孚氏回碚指示北碚的建设》，《嘉陵江日报》1947年11月3日，第2版；《卢作孚下乡参观农场学校》，《嘉陵江日报》1947年11月3日，第2版。

善，学生应该以将来所从事的职业性工作为读书的出发点。他说：我们应让所有的小孩都入学，但不能像过去那样读书。我们国家之所以弄到今天全无办法，情势非常可怕，就是因为这种过去那样到大城市和当官为目的的读书人太多了！在农村，本来可在田里种庄稼的小孩，读了书就不能种庄稼了，往哪里去？到都市，到政府机关去。此外便无事可做了。在都市，商店里的小孩，本可做生意的，读了书也不能守商店了，往哪里去？往更大的都市，还是往政府机关去。在工厂，工人的小孩，读了书，也是不能当工人了，往哪里去？如无更多的银行、公司，还是到政府机关去。目前我国每年中学毕业的学生以 10 万计，大学毕业的也以万计，读书人年年加多，政府机关的人也年年加多。如果全国人口全读了书，岂不全是公务人员，没有一个老百姓了？[①]在卢作孚看来，这样的教育应当进行彻底的改革。通过改革，使读书人能够与生产事业相结合。

1948 年 9 月，卢作孚在北碚谈到教育时着重提倡识字。他说：识字是人人用得着的知识。在日本，处处用字来告诉人，处处用得着识字的知识。你如果识字，到其他地方很方便，做事也方便。假如不识字，那便会处处碰壁，走投无路。识字是他们的生活，自然便人人识字了。他又说：在加拿大，你要开汽车，不熟悉路线不要紧，反正有详细的图，保你不会有丝毫的错误。假如开到市区，地图上的标识没有了。但是，城市里有各种各样的指示标牌，标牌上有详细的路线、详细的说明，一看便知。在地铁的车厢里，几乎人人都在忙着翻书、翻报纸，实际上都在看各种消息。这些都是教育的实例，也是生活的风尚。[②]

1948 年 9 月 26 日上午，卢作孚在北碚出席社会部儿童福利实验区举办的欢迎茶话会。实验区主任章牧夫在致辞中说卢作孚有科学的头脑、坚

---

① 卢作孚：《如何彻底改革教育》，《嘉陵江日报》1948 年 4 月 22 日，第 2 版。

② 《记卢作孚先生谈话》，《北碚日报》1948 年 9 月 28 日，第 2 版。

强的意旨、勤俭的习惯等，并赞扬卢作孚“从小事做起”的态度。卢作孚说，自己一向本着“从小事做起”的信念做事，小事比较容易做好。①上午11时，北碚管理局以及各事业机关主管人员40余人在兼善礼堂举行欢迎座谈会。卢作孚在会上着重谈了对北碚教育、市政、产业发展的看法。他指出：今后北碚民众的教育方针，不能与民众生活脱节。教育如果不教人谋生，就是肤浅，要为农村的贫苦儿童和成人筹划出一种崭新的教育，教育要教导他们如何去谋生的技术，去找寻出这一条应该走的道路。北碚民众教育应该走的道路，就是提倡小工艺，如北碚的棕垫，就值得在北碚提倡和改良。卢作孚说：如果我们把以上的这些东西的形式再加以改良，并且在出口贸易方面取得联系，将来不但能替国家挣得一部分外汇，而且农民的经济也可以充裕。实质上教育帮助了民众的生活，对于提高民众的文化水准，影响很大。北碚是个游览区，应该设法创造地方的特产，用以吸引游人，并且赚游人的钱。教育不但要教人读书，还要造成一种环境，如像加拿大一样凭借一册地图走遍全国而不必问路，像日本一样每一个入境的地方都有该地全图，全国各地皆普遍设立路标，都可以借鉴过来。造成民众生活上的需要，自然求知欲望就会提高，人民的知识程度自然就容易提高起来。谈到北碚的农业建设，卢作孚指出：农村人口的繁荣，土地分配不敷，是值得忧虑的事。所以除了提倡手工艺外，还要为民众开辟新的道路。北碚现有的合作土机织布，推广改良品种及杂交猪的工作，都应该加强效率。还要普遍种植油桐，有计划地创办新式榨油厂等，以此作为将来过剩人口的出路。在油桐栽培方面，卢作孚盼望北碚能够协助合川办理推广油桐栽培工作及派技术人员前往指导，为合川县训练油桐栽培技术工作人员。还要促成北碚合川间经过的璧山段、沿江等地普遍栽植油桐，以使其成为一片广大的“油山”，这些都是北碚的当务之急；卢作孚还指

① 《儿福区昨茶会欢迎卢作孚氏》，《北碚日报》1948年9月27日，第2版。

出，要善于利用抽水机，使北碚辖区内的农田常年不缺水，还要充分利用农业指导员发挥其全部能力，要提高他们的兴趣，要随时帮助他们，要使教育与建设不要分开，要认识教育就是建设。在总结时，卢作孚强调说："要多用服务的方法"来解决政治问题。[①] 此次回碚在兼善礼堂的座谈会中，卢作孚反复强调的一句话是："教育与建设，简直无法分开。"他观念中的建设，关键在于教育与生活打成一片，建设即生活，生活即教育。他说：要替学众想好生活的出路，使他们有谋生的技能，才是真正的教育。卢作孚还注意到农佃的生活，他把集中发展工业，与普遍发展农村经济，分作两种看法。[②]

1948 年 12 月 18 日上午，卢作孚在北碚与中农所、管理局建设科及农推所、嘉陵江水道工程处等有关单位，探讨稻麦、油桐、南瑞苕、杂交猪的繁殖与推广等农业问题，以及塘堰建设、引渠、高地灌溉等水利问题。下午，在张博和、卢子英的陪同下，卢作孚视察了北碚医院和机织合作社，并同大明厂厂长朱已训、机织社经理舒承谟等商讨了兼善中学的有关问题。《北碚日报》载："北碚事业创始人卢作孚氏，对北碚建设事业之进展，异常关怀，每次抵渝，即百忙亦必来碚视察。"[③]

1949 年 2 月 27 日，卢作孚乘车返回北碚，面晤北碚管理局各科室及所辖各机关主管人员、各团体负责人，详细询问了北碚近来建设、教育、合作等事业的进展情形。《北碚日报》载："北碚建设事业创始人卢作孚氏，日前自沪乘中航机来渝后，复于昨日乘专车返碚，当与此间管理局各科室及所辖各机关首长、各团体负责人面晤后，对北碚近来各建设、教育、合作等事业进展情形，询问甚详。"[④] 这差不多已经是卢作孚对北碚建设最后的指导。

---

① 《教育就是建设》，《北碚日报》1948 年 9 月 27 日，第 2 版。

② 《北碚座谈会上谈教育与建设》，《北碚日报》1948 年 9 月 27 日，第 2 版。

③ 《卢作孚氏抵碚对农业及合作事业均有探讨》，《北碚日报》1948 年 12 月 19 日，第 4 版。

④ 《卢作孚氏本日莅碚对建教事业询问极详》，《北碚日报》1949 年 2 月 28 日，第 4 版。

第二节　市政建设的新进展

北碚城市地方很小，从嘉陵江边的小乡场发展成为一个被人称羡的现代城镇，全靠一手一脚的整理和建设。市场的整理和改建、沟壑的整治、市区的拓展工程等，是每一个历史阶段经常性的重要工作。

一、市政建设

在本阶段，北碚管理局所属朝阳、澄江、文星、黄桷等场镇的市街都经过改造。其中朝阳镇经三次改建，其主要成效为：

表 5—1　下水道改造

总长	3902 米
总沟	360 米
干沟	2654 米
支沟	888 米
水斗	111 个
入孔	83 个

资料来源：北碚管理局编：《北碚概况》，1949 年 10 月，第 27 页。

表 5—2　街道改造

市区	长度	2900 米
	宽度	8—22 米
市郊	长度	5500 米
	宽度	7 米

资料来源：北碚管理局编：《北碚概况》，1949 年 10 月，第 27 页。

表 5—3　公共建筑

米市	1 处
商场	2 幢
新式商场	3 幢
码头	2 处
店铺	79 间
花坛	8 处
太平池	3 个

资料来源：北碚管理局编：《北碚概况》，1949 年 10 月，第 27 页。

20 世纪 40 年代末，鉴于住宅用地的急切需要，北碚管理局开始筹划在北碚市区东西南三面由檀香山桥，经何家嘴、龙凤桥，以达毛背沱，设立第二新村区域。这一区域可放地 12623 亩，共 160 号。当时计划以协商永租或征购方式，由公共总租，分佃于用户。对于工程设计，器材人工联络介绍，已筹组新村建筑公司，力求服务周到，使寄藉迁住者感到便利。① 同时，为改进平民的生活，培养他们自助合作的能力，北碚管理局在 20 世纪 40 年代末计划分乡镇建筑平民新村。每 10 间为一段，有火巷、公厕、集体猪栏。将来全村有学校、会堂、自来水、路灯、宽敞的街道及托儿所。为谋居民职业的安定，倡导组织洗浆、养猪、织布、打草鞋、编草帽等合作社，及简易平民工厂，所有住户家属的生活教养，都力求得到相当的好转。如朝阳镇水岚垭平民住宅区，完成住宅 3 幢，计平房 30 间，基地 60 间，4 米宽的公路 1000 米。计划将来完成建筑 300 间，8 米宽的公路 2000 米。②

① 北碚管理局编：《北碚概况》，1949 年 10 月，第 28 页。

② 北碚管理局编：《北碚概况》，1949 年 10 月，第 28—29 页。

二、游览区建设

北碚为川东胜地。[①]该胜地有天然恩赐的成分，但更多的是人为布置的结果，在本阶段，北碚管理局对于辖区的游览设施，仍在努力进行布置。北泉公园各项业务的经营维持，经董事会1948年交由北碚管理局转托中国西部科学院代管，其经费完全自给自足。园中设有旅馆、餐堂、浴池、园林、亭阁、池榭等，原有的博物馆、图书馆、美术馆等文化事业，则并入北碚图书馆及博物馆代管。[②]

这一时期游览区建设的重大举措，是在北碚举办赛马会。本来在北碚温泉间，以乘马为运动消遣者，为数不少。1945年3月，北碚成功举办了第1届赛马会，为成人娱乐和北碚游览区增添了新的内容。北碚第1届赛马大会既决定举行，1945年3月17日发起人即开会讨论大会规程，16日加以修改完善改定，名称定为北碚第1届赛马大会。此次赛马会举办地点在北碚滑翔机场，举办日期为3月25日，比赛时间为上午9时到下午1时半，裁判员由大会聘请体育界专门人员担任，参赛的马匹须先行登记经大会裁判员检查合格后方准入场比赛，比赛程序是4匹马为1组由大会分配，录取标准以时间最快为准。各地先后来北碚报名参赛的名马有50多匹，取得参赛资格的赛马有28匹。3月25日正午，28匹赛马被分为7组比赛。一时生龙活虎，竞占鳌头。到场观众上万人，盛况空前。决赛结果，雅青花以6分23秒获得冠军，汽划子以6分23秒又五分之一获得亚军，赛毕当场公布成绩，分发奖品。获奖名马共18匹，1—4名各发金牌1枚，红绸1副，5—18名，各奖银牌1枚，并赠奖旗。给奖后，各马在场中复举行自由表演。演毕，拍摄照片，施放鞭炮。大会遂于极热烈空气

① 傅振伦：《傅振伦方志论著选》，第543—544页。

② 北碚管理局编：《北碚概况》，1949年10月，第49页。

中闭幕。[①]

北碚旧有庙宇，以禹王、关帝二庙最为宏伟。传说大禹是四川汶山郡广柔人，娶于涂山。大禹治水有功，巴地建禹庙，由来已久。可惜两庙改建房舍，相关遗迹逐渐湮没。抗战胜利后，北碚管理局“拟兴复关庙，建文庙”，[②]以恢复、丰富和充实北碚的人文景观。由于各种原因，该计划未能实施。

三、游客的观感

1946 年 7 月 15 日，《旅游杂志》刊载黄大受《北碚·温泉之胜》，除盛赞北温泉之外，还从各方面介绍了当时北碚的状况。对于了解此时的北碚，颇有价值。在这位游客的眼中，北碚是一个“现代化的小型都市”又有“大都市的风味”。北碚的街道“整齐清洁”，“市区太小，用不着汽车”，因此也“没有汽车的喧嚣”。这里有公园、体育场、会堂、电灯、各种学校、小吃店和大小的旅馆，“有重庆的长处，但无重庆的缺点”。作者甚至感叹：“中国每一个县治所在地，至少应以此为标准。若每个县城都能够有北碚这样的规模，中国的政治、经济、社会、教育四项，必定大有进步了！”[③]显然，在游客看来，北碚市这个县级政权所在地，是一个适宜居住的舒适城镇。

---

① 顾颉刚、杨家骆：《北碚志稿》，《北碚图书馆藏方志珍本丛刊》第 4 册，第 529—533 页。

② 傅振伦：《傅振伦方志论著选》，第 543 页。

③ 黄大受：《北碚·温泉之胜》，《旅游杂志》1946 年第 20 卷第 7 期，第 32 页。

第三节　区域经济发展与社会进步

一、经济发展

前文根据调查，曾述及北碚新式工业有28家。根据1946年2月调查，这28家工厂中，仍在继续营业者有17家，资本额为1.09亿元。其他11家由于抗战胜利，或暂时停业或干脆停办。仍在经营的17家工厂，1945年度的营业额，除大明厂、新源面粉厂与北泉酒精厂外，达5.2亿多元。而未列入的三家工厂营业数字，据估计当在25亿以上，两项数字合计在30亿左右。以上所述17厂员工数目为1600多人，在各厂未停办前，员工总数当在2000人以上。① 在重工业方面，北碚管理局境内有大鑫火砖厂、土法炼钢厂各1家。在化学工业方面，有4家电池厂，1家硫酸厂，1家制革厂，1家玻璃厂，2家猪鬃整理厂。其他尚有8家土法造纸厂，8家面粉厂（其中2家用机器），10多家砖瓦厂。② 经调查的手工业有30家，其中竹器与藤器业为数最多，计21家。木器7家，铁器2家。附近有榨油坊数家，酿造作坊数家，与其他食品制造者。③ 管理局境内石灰业有20余家，月产2000吨，耐火材料月产1600吨。④ 由于有煤炭及原料的方便，人工低廉，交通便利，北碚工业仍有其存在与发展的空间，但必须添置较新设备，使其机械化，“始可与渝市各工厂并驾齐驱”。⑤

---

① 顾颉刚、杨家骆：《北碚志稿》，《北碚图书馆藏方志珍本丛刊》第3册，第413—414页。
② 北碚管理局编：《北碚概况》，1949年10月，第24页。
③ 顾颉刚、杨家骆：《北碚志稿》，《北碚图书馆藏方志珍本丛刊》第3册，第414—415页。
④ 北碚管理局编：《北碚概况》，1949年10月，第24页。
⑤ 顾颉刚、杨家骆：《北碚志稿》，《北碚图书馆藏方志珍本丛刊》第3册，第415页。

煤炭工业仍是北碚最重要的产业。天府煤矿公司的改组成立，进一步加强了采矿业的重要地位。1945 年 10 月 14 日，卢作孚出席并主持在重庆召开的天府矿业股份有限公司第 3 届第 1 次董监联席会议，会议讨论了天府公司与嘉阳煤矿、全济煤矿合并事宜。3 个公司都有原中福公司的投资，总经理都由孙越崎担任，相互联系密切，实际上联合办公。抗战胜利后，由于孙越崎奉命到东北接受敌、伪工矿企业，3 公司遂有此合并改组的举措。此次会议议决了 3 家公司合并的 6 条原则，确定新公司名称为天府煤矿股份有限公司，总公司设在重庆。①11 月 10 日，由天府矿业公司、嘉阳煤矿、全济煤矿合并改组而成的天府煤矿股份有限公司召开第 1 届第 1 次董监联席会议。会议推举卢作孚为董事长，何北衡、康心之、孙越崎、秦慧枷为常务董事，聘孙越崎为总经理，黄云龙为协理。②1946 年 1 月 1 日，天府煤矿股份有限公司正式成立，总公司设在重庆，资本总额 2440 万元，卢作孚为董事长，卢作孚、何北衡、刘航琛、孙越崎等 15 人为董事，宁芷村等 5 人为监察人，孙越崎为总经理。③1 月 7 日，天府煤矿公司开始办理接收三才生煤矿公司相关事宜，接收范围包括矿厂、戴黄铁路及黄桷树办事处。④6 月 30 日，孙越崎以 7 月 1 日将就任资源委员会副主任委员，未便再任天府煤矿公司总经理并请从 7 月 1 日起停发薪水等事，致函卢作孚即日辞去天府公司总经理职。⑤ 天府煤矿公司董事会议决由黄志煊代理总经理。7 月 26 日，天府矿业公司在重庆举行股东大会，

① 《天府矿业股份有限公司第三届第一次董事监察人联席会议记录》(1945 年 10 月 14 日)，天府煤矿股份有限公司档案，档案号 0240—2—9，重庆档案馆馆藏。

② 《天府煤矿股份有限公司第一届第一次董事暨监事联席会议议决事项》(1945 年 11 月 10 日)，天府煤矿股份有限公司档案，档案号 0240—2—9，重庆档案馆馆藏。

③ 《嘉阳煤矿、天府煤矿、全济煤矿公司联合股东大会程序》，天府煤矿股份有限公司档案，档案号 0240—2，重庆档案馆馆藏。

④ 《三才生接交工作已于日前开始办理》，《嘉陵江日报》1946 年 1 月 10 日，第 4 版。

⑤ 黄立人主编：《卢作孚书信集》，第 824 页。

报告上一年公司赢余2700余万。①

1947年5月29日，何北衡主持召开天府煤矿股份有限公司第1届股东大会，大会报告1946年盈余8198万元。②总经理黄志煊报告1946年业务情况说：全年度3矿煤总产量611792吨，总运量533468吨，总销量512089吨，其中天府煤矿全年产煤470067吨，运煤402783吨，销煤392230吨。③当时，重庆每月用6万多吨煤中，4万多吨由天府供给，矿上的员工及其眷属差不多有1万人，“在整个西南，要算第一大煤矿”。④另有资料称：1946年，天府煤矿产量增到468811.71吨，占重庆区燃料供应量的70%。⑤1948年4月13日，天府煤矿公司第3次股东常会在重庆市沧白路沧白纪念堂举行，审查去年的决算和业务、财务，董事长卢作孚主持了会议。会议听取了总经理黄志煊、监察人卢尔勤等人的报告，通过了1948年会计报告和盈余分配案，并选举了新一届监察人，张峻、唐建章、周见三、卢尔勤、赵百福等5人当选。⑥1949年4月13日，卢作孚以董事长身份在重庆沧白路沧白纪念堂主持召开天府煤矿股份有限公司第3届股东大会，监察人卢尔勤报告经监察人查核会计报告无误，公司总经理黄志煊报告业务情形，协理黄云龙报告向四联总处商洽贷款并向物资局及中福公司购得500K.W新电机各1部，已于上年内陆续运回矿厂，可

① 《天府矿业公司在渝举行股东大会盈余二千七百余万》，《嘉陵江日报》1946年7月27日，第4版。

② 《天府煤矿股份有限公司第一届股东大会记录》（1947年5月29日），中国西部科学院档案，档案号0112—1—8，重庆档案馆馆藏。

③ 《天府煤矿股份有限公司三十五年度总经理业务报告》（1947年5月29日），中国西部科学院档案，档案号0112—1—8，重庆档案馆馆藏。

④ 东海：《重庆活力的源泉——天府煤矿》，《科学时代》1947年第2卷第3期，第23页。

⑤ 郑洪泉、常云平总主编，唐润明主编：《中国战时首都档案文献·战时经济》，重庆出版社2017年版，第701页。

⑥ 《天府煤矿股份有限公司第三届股东常会记录》（1949年4月13日），天府煤矿股份有限公司档案，档案号0240—2—11，重庆档案馆馆藏。

保今后两三年矿厂电力充裕。大会并报告1948年盈余49万元。这一业绩是在天府矿发生火灾、嘉阳矿发生严重水灾的情况下取得的，尤为难能可贵。①1949年天府煤矿有2个发电厂，大煤窑每日产量约1600吨（嘉阳全济两矿未计入），每日运量在1000吨以上，自建有18公里铁路，6部机车，专门运煤，起卸煤斤，全部使用绞车。北碚管理局全区月产煤约6万吨，并计划在产煤地兴办火力发电厂。②

为北碚提供生产、生活用电的富源水电厂，在这一时期谋划扩充。1946年1月15日上午，富源水力发电股份有限公司第1届第5次董监联席会议在交通银行重庆分行举行，卢作孚出席了会议。大会主席钱新之报告了公司各项工程事项进展情况，并说明公司增股3000万元的情况。由于原定重庆电力公司认购的增资股50万元没有交款，该项股款改由民生公司认购33万元、交通银行认购17万元。③下午，该公司召开第1次股东会议，报告前一年盈余422万元，并讨论了分配问题。随后，改选了董监，结果卢作孚、张叔毅、李叔明、张丽门、薛子良、刘航琛、胡子昂、罗家选、戴自牧、熊明甫、卢子英当选为董事，宋海涵、何北衡、丁荣灿、庄叔豪、王恩荣当选为监察人。④2月12日，富源水力发电股份有限公司第2届第1次董监联席会议在重庆民生公司招待所举行，卢作孚参加了会议。会议选举卢作孚、胡子昂等7人为常务董事，选举戴自牧为董事长，会议还决定增设小坑岩电厂。⑤3月7日，富源水力发电股份有限

① 《天府煤矿股份有限公司第三届股东大会记录》（1949年4月13日），天府煤矿股份有限公司档案，档案号0240—2—11，重庆档案馆馆藏。

② 北碚管理局编：《北碚概况》，1949年10月，第23—24页。

③ 《富源水力发电股份有限公司第五次董监联席会议记录》（1946年1月15日），川康兴业特种股份有限公司档案，档案号0356—1—81，重庆档案馆馆藏。

④ 《富源水力发电股份有限公司第一次股东会纪录》（1946年1月15日），川康兴业特种股份有限公司档案，档案号0356—1—81，重庆档案馆馆藏。

⑤ 《富源水力发电公司第二届董监第一次联席会议记录》（1946年2月12日），川康兴业特种股份有限公司档案，档案号0356—1—81，重庆档案馆馆藏。

公司第2届第2次董监联席会议在重庆临江路民生公司招待所举行，卢作孚代戴自牧主持了会议，会议讨论了增建小坑岩电厂工程费用以及增加职工工资等问题。①1947年11月15日，富源水电公司第2届股东大会在重庆召开，张叔毅、戴自牧、胡子昂、卢子英、熊明甫、何北衡等出席了会议，卢作孚被公推为大会主席。他说，富源公司专为供给北碚区用电而设立，发电以来情形良好，因修造小坑岩电厂工程负债甚巨，目前公司十分艰难。会议讨论了公司重估固定资产，并依法增值增资等问题。②

大明纺织厂在这个时期尽管业绩有起伏，但大体上仍能维持正常经营。到1949年，大明纺织染厂有纺锭6700锭，日产纱8.5件；织布210台，日产布220匹。新增设丝光机1部，染缸24口，每日可染布1000匹。男女工人1020人。原料来自陕西和遂宁，产品销售西南各省。③

抗战胜利后，北碚市区的中国银行、中央银行先后复员。商业银行除美丰银行、和成银行仍在北碚继续营业外，复兴、义亨等银行均先后撤销。④

在推动农村经济发展方面，北碚管理局采取了一系列措施。首先是采取措施争取粮食增产。措施包括：(1) 水稻。管理局辖区年产12万市石。管理局曾指导农民选种并倡行双季稻栽培，后因人工、肥料及气候欠适，未能普及。1947年介绍农民试种中农34号、中农4号及胜利籼稻种，当年推广500亩，比土种产量有所提高。1948年、1949年各推广5000亩，并准备在1950年实现全部换种，年可增产黄谷10000市石以上。(2) 红苕。管理局山地多种红苕，为民间重要食粮。经介绍农民试种南瑞苕，增

① 《富源水力发电股份有限公司第二届第二次董监联席会议记录》，金城银行档案，档案号0304—1—348，重庆档案馆馆藏。

② 《富源水力发电股份有限公司第二届股东大会记录》，川康兴业特种股份有限公司档案，档案号0356—5—11，重庆档案馆馆藏。

③ 北碚管理局编：《北碚概况》，1949年10月，第24页。

④ 北碚管理局编：《北碚概况》，1949年10月，第29页。

产可达30%，而且管理方便品质优良。1947年推广1000亩，1948年推广2500亩，1949年推广5000亩，预计1950年可全部换种。(3) 洋芋。1949年久晴苦旱，乃管理局由农复会及平教会华西实验区贷款4000余银元，购洋芋种预计约10万斤，分发补种济灾，估计可产洋芋百万斤以上。① 管理局从20世纪40年代开始用合作方式，购用大批骨粉用于施肥。1948年，就集体购用骨粉25000斤，并计划集资自设骨粉厂，以利用废物，并求磷质料的自给自足。②

其次是采取措施，推动农村家庭副业的发展。1944年9月，北碚合作农场猪场成立，开始繁殖约克种猪并推广良种杂交猪，③ 指导合作农场试养约克县公猪与荣昌母猪杂交。杂交所生第1代猪仔生长速度，较本地猪平均高30%—50%。一年内，体重常可达到400—500市斤，深受农民欢迎。1947年11月8日，卢子英就在上海、南京等地搜购约克郡公猪等事致函卢作孚，请求设法。④ 在此前后，卢作孚就在上海、南京等地尽量采购约克郡洋猪的杂交种猪，计划用轮船运送回川，帮助北碚农民发展农村副业。⑤1948年，北碚管理局从南京运回约克县小公猪1头，母猪2头。1948年已推广1120头，因当时只有1头公猪，以致供不应求，农民虽出一倍以上高价，也难购得。管理局委托兼善农场设置1所种猪场，贷款自建1所大种猪场，并由各合作农场普设合作养猪场，以大量繁殖约克县公猪及白母猪，由其分农家饲养。左舜生也回忆说："记得我在农林部的时候，他（卢作孚——引者注）曾和我交涉，要求分一部分优良的种猪，运往四川繁殖。当时拨交他的，大概大小有30头，后来在广州和我见面，

① 北碚管理局编：《北碚概况》，1949年10月，第17页。

② 北碚管理局编：《北碚概况》，1949年10月，第19页。

③ 顾颉刚、杨家骆：《北碚志稿》，《北碚图书馆藏方志珍本丛刊》第1册，第387、391页。

④ 黄立人主编：《卢作孚书信集》，四川人民出版社2003年版，第861页。

⑤ 《卢作孚愿助农民发展农村副业》，《嘉陵江日报》1947年11月4日，第2版。

他还告我运去的猪都已安全到达，而且还饲养得很好。”[①]1949年，中畜所领养10头公猪，并交配繁殖，于是取缔原有土种公猪，对土种母猪去劣留良。1949年北碚管理局还请由农复会及平教会华西实验区贷款2000银元，自荣昌购回700头母猪，分别贷放给农民饲养。连同原有合格母猪，全局共养1414头，并经制卡登记，由民教主任严格管理。这样，一年即可产出杂交仔猪30000头，除供管理局辖区农民饲养外，还有余力向川东各县推广，利己惠人。另一方面是注意家畜防疫。为防猪牛病传染，管理局与省防疫站密切联系，每年对猪只实施普遍防疫注射。到1949年8月底止，历年注射猪只18875头，牛751头。随时为民众免费治疗病猪，历年共治猪牛4391头，总计使用猪肺疫血清18.5万cc，丹毒血清25万cc，使用猪肺疫菌苗6.8万cc，丹毒菌苗3.8万cc及牛瘟脏器苗7000cc，兔化牛瘟苗1500cc。为实验检疫，于澄江镇建猪只交易市场一所，能容猪只100头，实施交易管理，已推及局属各乡镇。[②]北碚管理局对于养牛、养鸡鸭、养鱼等事业也相当重视。

其三是通过合作金库推动合作社的发展。鉴于发展生产与复兴农村的急切需要，北碚管理局着手进一步加强生产合作，并筹措合作资金。1946年，北碚管理局成立合作金库，股本1000万元。合作金库与北碚银行一样，是服务地方的金融机构。到40年代末，北碚管理局通过北碚合作金库，推动合作社的发展，其中举办合作农场79所，织布生产合作社3所，联合社1所，共有织户124户，布机236台，并由大明厂设计新式改良织机。有乡镇合作社3所，保合作社59所，及综蔴生产合作社1所，洗染织补公用合作社所。但就实际需要而言，合作金库资金微薄，生产合作事

① 左舜生:《万竹楼随笔》,《近代中国史料丛刊》(49)，台北文海出版社1967年版，第308页。

② 北碚管理局编:《北碚概况》，1949年10月，第20—21页。

业不易兴办。①

在交通建设方面，筹划修筑北合公路。北碚到合川的北合公路，计27.5公里。1946年实地查勘该路，计划1950年开始兴建。北碚取道巴县蔡家乡、童家溪、磁器口到重庆的公路，约30公里。1939年勘定路线，20世纪40年代末由四川省第三区专员公署、巴县县府、渝市府及北碚管理局设法筹建，1948年冬重新查勘。当时的考虑，如该路修筑完成，则渝碚公路距离可以减短半数，“可望北碚成为重庆之住宅区，及重庆市民度周末的休息地。”②

二、教科文卫

抗战胜利后，迁碚的教育科学文化卫生乃至一些社会事业单位先后复员。在剧烈的战后复员和调整中，北碚的教文卫事业和社会事业获得了新的发展，并产生了深远的影响。

教育方面，主要有相辉文法学院的创办、勉仁国学专科学校到勉仁文学院的创办以及联合国基本教育示范区在北碚落地并展开工作。

抗战胜利后，特别是随着复员的进行，原来在北碚读大学的清寒川籍学子开始不安。《新华日报》1946年1月15日就在“读者园地”刊载北碚某校学生的来函。来函称：我们是一群清贫的四川学生，抗战中因各大学内迁使我们得到了读书机会，我们读书的唯一凭借便是“离家近”和“有公费”。现在胜利了，迁川各大学又将迁走，我们因为家庭环境的限制，目前学校离家这样近都还困难重重，当然无希望到天津、北平去。现在我们仅有的路是转入川省的学校，可是转学最伤脑筋，譬如证件上明明合格插进3年级，偏有一个编级考试，把你刷到1年级甚至先修班，有的学校，

① 北碚管理局编：《北碚概况》，1949年10月，第26—27、29页。

② 北碚管理局编：《北碚概况》，1949年10月，第25—26页。

根本不收插班生。目前因为学校迁徙，被迫转学的已不少，因此我们失学的机会又将到了。我们希望当局赶快制定出具体有效的办法，在学校迁徙以后，“准许我们凭证件到川省任何学校就便插班，以免我们因清寒而遭受失学或降级的损失”。① 卢作孚鉴于复旦大学复员后川籍学生有可能面临失学的遭遇，经过与复旦大学方面充分沟通，决定利用该校复员后留下的相关资源加以整合，在北碚筹设相辉学院。8 月 3 日，卢作孚为筹设相辉学院及聘请于右任、邵力子、李登辉、钱新之、吴南轩诸人为校董等事，致函在北碚的复旦大学校长章益。8 月 6 日，章益为此事致函于右任、邵力子、李登辉、钱新之、吴南轩，转达卢作孚的意见。② 同日，章益为筹设相辉学院事复函卢作孚，谓：

> 筹设相辉学院一事，已与朱（家骅）部长面谈，结果圆满。兹特奉告如下：（一）创办相辉学院以便利川省青年升学，朱部长在原则上甚表赞同，但请先办农学院，工商科系暂缓。（二）为顾念事实需要，招生可以提前办理，惟立案手续请依法迅速进行。（三）校地产权之转移，应依中央规定办理。（四）于、邵、李、钱、吴诸先生处已转致尊意，约任校董矣。③

8 月 10 日，卢作孚以私立相辉学院筹备主任名义致电南京教育部，说明筹备经过及相关情形，并表示：“兹以时间迫促，除正式立案手续另文呈请鉴核外，拟恳准予借用国立复旦大学北碚黄桷树旧址先行招生，并恳借调东北大学代理校长许逢熙先生为校长。是否有当，理合电呈，敬企

---

① 《无法随校外迁的川籍学生升学问题怎么办》，《新华日报》1946 年 1 月 15 日，第 4 版。

② 复旦大学档案馆编：《抗战时期复旦大学校史史料选编》，第 186—187 页。

③ 复旦大学档案馆编：《抗战时期复旦大学校史史料选编》，第 187 页。

迅予示遵。”[①]1946 年 9 月 1 日筹备中的相辉学院分别在重庆、北碚两地招收新生，暂设文史、外文、经济、会计银行暨农艺五系，附设农场及小学。学生报考十分踊跃，总计达 1600 多人，取录 500 余名。10 月 5 日开学，10 月 6 日正式开课，11 月 20 日举行开学典礼，并定 11 月 20 日为校庆节。1947 年春季招收文史、经济两系新生各五十名。该校当时有学生共六百余人，其比例为男生约三分之二，女生约三分之一。川省籍者约三分之二，外省籍者约三分之一。[②]1947 年，该校增设了法律系。[③]

相辉学院院长许逢熙，是著名心理学家，曾任国立复旦大学训导长、国立东北大学教务长等职。文史系主任张默生，曾是国立复旦大学 8 大怪杰之一，老庄研究专家。外文系主任方敬，曾任国立贵州大学教授、新文艺作家。经济系主任刘觉民，曾任国立四川大学教授、训导长兼经济系主任，时任重庆中央日报社社长。会计银行系主任李声轩，曾任国立中央大学教授兼总务长。农艺系主任钟与正，曾任国立广西大学、河南大学、贵州大学等校教授。其他如曾任复旦大学文学院院长孙俍工教授担任中国文学史课程，文字声韵学专家徐德庵教授担任文选及习作课程，熊十力大师大弟子周通旦教授讲经学通论，平民诗人刘得天担任诗选课程，白季眉教授担任科学概论课程，均久负盛名，可见学科阵容整齐。全校教职员 61 人，大半为复旦校友。[④]

该校点名与考试制度均承继复旦作风，教授上课时必先点名，旷课以

---

① 复旦大学档案馆编：《抗战时期复旦大学校史史料选编》，第 188—189 页。

② 魏守福：《私立相辉学院概况》，《教育通讯》1947 年复刊第 3 卷第 11 期，第 33 页；尹盐：《重庆北碚相辉学院》，《读书通讯》1947 年第 126 期，第 24 页。

③ 西南财经大学志编写组：《西南财经大学志》第 1 卷，西南财经大学出版社 1992 年版，第 215 页。

④ 《复旦复员后的继承者相辉学院巡礼　嘉陵江头一片广漠的乐园》，《申报》1948 年 3 月 4 日，第 6 版；魏守福：《私立相辉学院概况》，《教育通讯》1947 年复刊第 3 卷第 11 期，第 33 页。

钟点计算，凡旷课满3小时者即扣除所修课程1个学分。每天从升旗晨操起到夜晚灭灯就寝止，随时有严密的考查。考试种类有临时测验、期中考试、学期考试等。其中临时测验，由各科教授于课堂上随机举行，与平时作业成绩合并计分，占学期全部成绩25%；期中考试在学期中期举行，占25%；学期考试在学期末举行，考试范围包括该学期全部授课内容，成绩占50%。试场设在该校大礼堂内，座位全校学生混合编制，监试防范，相当严密。学生一旦被发现弊立即被撤卷，并记大过一次。奖学金分相伯奖学金及登辉奖助金两种，前者奖励学业操行优异的学生，每系50人设置1个名额，不足50人以50人计，由学校评定颁发。后者资助家境清寒的学生，每系每15人设置1个名额，不足15人以15人计，由学生自主申请票选决定。因有上述奖学金的设置，爱好荣誉及家境清寒的学生，无不努力争取。因此，考试严格、公平，学业按部就班，读书风气相当浓厚。①

相辉图书馆在原复旦大学相伯图书馆基础上演变而来，位于登辉堂东侧，可容1000多人阅读。该馆每天开放，不足在于藏书只有1万多册，阅览室各科杂志只有200多种。经常出刊的壁报、月刊约有30多种。该校重视体育，每天举行晨操，每学期举办运动会，每天有球类比赛。此外，又有福利社、戏剧社、时事研究社、音乐会、演讲会、文艺会、各系系会、团契、各种社团组织等。学校的显著特色在于，提倡自治精神，主张学术独立，思想自由，树立优良纯洁的学风。② 此一特色在当时颇受社会舆论的赞扬。

相辉学院从创办到1948年，学生达到1400多人，粗具规模。1948年9月，该校校董会在上海银行俱乐部举行，钱新之、劭力子、康心之、雷震、吴南轩、章益、李炳焕、胡健中、伍蠡甫、许逢熙等10多人到会。

---

① 魏守福：《私立相辉学院概况》，《教育通讯》1947年复刊第3卷第11期，第33页。

② 魏守福：《私立相辉学院概况》，《教育通讯》1947年复刊第3卷第11期，第33页。

在于右任主持下，邵力子代表学校董事长，报告开会意义。院长许逢熙报告两年来发展情形。会议推举并议决由钱新之、卢作孚、康心如、康心之、章益为常务董事，在3年内逐渐充实学院设备，并把学院改为大学等。①到1949年，相辉文法学院已经发展到拥有文史、法律、经济、农艺、银会、外文6个系，学生1700余人。②后来成为杂交水稻专家的袁隆平于1949年9月进入相辉学院农艺系学习。③

1945年8月18日，教育电影协会在北碚兼善餐厅举行第九届年会，陈立夫、陈礼江、李清悚、孙明经等多人出席年会，陈立夫为主席。陈礼江报告国立社会教育学院电教专修科本届毕业23人，本期招收新生30名等。④

抗战胜利后，中等学校、师范学校及专科学校除一部分东迁者外，留在北碚的有勉仁中学、兼善中学、三峡中学、北碚师范、国立女子师范学院附中、汉藏教理院等。其中勉仁中学有学生200人，私立兼善中学有学生700多人，私立三峡中学有学生400多人。省立北碚师范1949年秋奉令停办，校址交新设的国立实验中学使用，学生约600人。国立女子师范学院附中及附师学生有700多人。⑤世界佛学苑汉藏教理院也有学生100余人。

1946年8月，梁漱溟把勉仁中学迁到北碚温泉松林坡，改为勉仁国学专科学校。当时该校开设的必修课程有文字学、音韵学、文法学、修辞学、散文选、文学概论、韵文选、文学史、中国文化史、世界史、中国通

---

① 《渝相辉文法学院，在沪召开董会》，《申报》1948年9月22日，第7版。

② 北碚管理局编：《北碚概况》，1949年10月，第32页。

③ 袁隆平口述，辛业芸访问整理：《杂交水稻是怎样育成的　袁隆平口述自传》，湖南教育出版社2010年版，第18—19页。

④ 王湛：《教育电影协会在北碚举行九届年会纪要》，《电影与播音》1945年第4卷第7、8期合刊，第27页。

⑤ 北碚管理局编：《北碚概况》，1949年10月，第33页。

史、西洋通史、哲学概论、哲学史、诗经、楚辞、四子书、经学通论、经学概论、诸子学、论语、孟子、大学、中庸、易经、礼记、春秋、心理学、论理学、教育学、教学法、人生哲学计33门。选修课有英文、社会学、政治学、经济学、农村合作、民众教育、乡村建设7门。导读专书有说文、尔雅、广雅、马氏文通、文心雕龙、资治通鉴、世界通史、文史通义、老子、庄子、荀子、韩非子、二程遗书、四朝学案、东西文化哲学、应用文等38门。①1948年8月初，梁漱溟又把勉仁国学专科学校改为勉仁文学院，分设历史、文学、哲学三个系，学校董事会由梁漱溟、卢作孚、晏阳初、张群组成。院长熊东明，副院长陈亚三，教授中有陈亚三、邓永龄、罗庸、吴宓、李源澄、孙伏园等著名学者。②学生有100多人。

这样时期北碚管理局辖区教育事业中值得注意的还有联合国基本教育示范区的落户。联合国教科文组织成立于1946年11月4日。③该机构执行委员会常设委员会在1947年2月决定当年在中国和墨西哥举行基本教育分区研究会议。所谓“基本教育”（Fundamental Education），包含儿童教育和成人教育，“这种教育不仅教人读、写和算，并且授给他们若干基本的东西使他们可以谋生，改良他们的经济情况；使他们可以艺术地有教养地表达他们自己的思想，使他们可以改进健康生活的环境，参加国内及国际的政治活动；藉以引导他们走向比较充实完善的生活。”④联合国教科文组织认为中国是推广教育的先驱，并在1947年7月由雷德博士和瞿菊农博士与联合国教科文组织教育组的郭守义、罗维利于伦敦商讨后，决定于9月在中国南京举办基本教育分区研究会议，即远东区基本教育会

① 张绍春：《长成在北碚的勉仁国学专科学校》，《读书通讯》1947年第131期，第23页。
② 《私立勉仁文学院概况》，《北碚日报》1949年11月4日。
③ 郑启荣、李铁城编：《联合国大事编年：1945—1996》，北京语言大学出版社1998年版，第8页。
④ 联合国教科文组织原稿，国立编译馆译：《远东区基本教育会议缘起及程序》，《中华教育界》1947年复刊第1卷第8期，第79页。

议。① 中国政府对举办此次会议表示积极支持，教育部于7月中旬设立筹备委员会，以瞿菊农为筹备主任。8月26日，教育部宣布中国出席会议的代表名单。经过两个月筹备，1947年9月3—12日，远东区基本教育会议在南京举办，并由杭立武为主席主持会议。② 此次会议决定在中国选择使用地点进行基本教育示范实验。③1947年12月中旬，胡德本作为联合国教科文组织代表到北碚、璧山考察平民教育。资料载：13日午后，"有平教会华西实验区辅导委员田凭农，管理局教育科科长刘文精，及农推所主任陈显钛参观朝阳镇各导生传习处，夜宿温泉公园。十五日即与孙专员同赴巴县歇马乡建学院后，再到璧山考察平教会民教工作。"④ 对于考察结果，胡德本"甚表称许"。1948年2月，联合国文教组织决定在中国设立两个基本教育示范实验区，一设在芜湖，一设在北碚，"北碚的基教实验已经委托平教会代办"。⑤

北碚民众教育的理念，与联合国教科文基本教育的理念高度一致，均注重生计教育、成人教育和初级教育。联合国教科文组织在北碚设立基本教育示范实验区，对于北碚民众教育的发展，无疑是一个有力的推动。同时，也是对于北碚民众教育的肯定。除联合国教科文组织确定的基教示范区外，到1948年底，南京国民政府还定南京、北平、上海等城市为基本教育示范区。⑥

---

① 联合国教科文组织原稿，国立编译馆译：《远东区基本教育会议缘起及程序》，《中华教育界》1947年复刊第1卷第8期，第80页。

② 巴黎航信：《联合国教科文组织与中国》，《教育通讯》复刊1947年第4卷第5期，第38页。

③ 基本教育研究会议秘书处：《远东基本教育研究会议报告》，《教育部公报》1947年第10期，第10页。

④ 《联合国文教会代表胡德本到碚考察民教》，《嘉陵江日报》1947年12月16日，第2版。

⑤ 《北碚作为基教实验区，联合国文教会已决定》，《嘉陵江日报》1948年2月19日，第2版。

⑥ 《沪市立为基教示范区》，《文藻月刊》1948年12月新第1卷第12期，第29页。

抗战胜利后，中国西部科学院仍在继续从事研究工作的研究所是理化研所、地质研究所，及姊妹机关北碚科学博物馆。1945 年 12 月 19 日，为北碚科学博物馆征集 1944 年嘉阳煤矿参加工矿展览会而制作的该煤矿全套模型一事，卢作孚致函天府煤矿公司代总经理黄志煊，请其协助。该函说："拟请兄协助，由嘉阳煤矿派员洽商，将该模型由矿取回，转送北碚科学博物馆陈列，或请重行设计，另制全套，当可较前益为精进也。如何，并盼示及为感。"①12 月 28 日，黄志煊在查清了情况后回复卢作孚说："顷奉大函，敬悉。北碚科学博物馆承索嘉阳煤矿曾制有全套模型，现查该项模型并未移交渝市府保管，仍存天府公司九尺坎宿舍中，惟已曾经拆卸搬运，不免稍有损坏，必须整理后始堪供陈列。已电嘉阳矿厂速派原设计制造职员，带同模型蓝图及附表来渝修理装配，一俟竣工，即送至北碚科学博物馆。"②

据报道，当时全国博物馆机构，除国立故宫博物院、国立中央博物院筹备处、北平古物陈列所及沈阳博物院外，各省市公私立博物馆计 13 家，分别是浙江省立西湖博物馆（杭州）、四川博物馆（成都）、北碚科学博物馆（重庆北碚）、私立希成博物馆（成都）、济南广智院（济南）、河北省立天津博物馆（天津）、河南省博物馆（开封）、陕西省历史博物馆（西安）、上海市立博物馆、私立天津广智馆、华西博物馆（成都）、台湾省博物馆（台北），及青岛市立博物馆。③由此可见北碚科学博物馆在民国时期博物馆中的重要地位。1949 年 2 月 6 日，卢作孚为北碚科学博物馆改造募捐一事致函康心如，谓："北碚科学博物馆近因部分改造工作，负债急需清偿，不得已募捐，请贵行酌捐数万金，曾托（张）斯可代洽，兹并嘱李馆

① 黄立人主编：《卢作孚书信集》，第 818—819 页。
② 黄立人主编：《卢作孚书信集》，第 819 页。
③ 《省市博物馆，全国计十三所》，《申报》1948 年 1 月 13 日，第 6 版。

长乐元趋承一切，承助。”① 中国西部博物馆的维持需要卢作孚以个人名义募捐维持，说明卢作孚对科学的热心，也是事在人为的重要体现。

在文化事业方面，抗战胜利后值得关注的事项有北碚志的修撰、北碚图书馆的合并成立、民众会堂的修建等。

抗战后期，迁建北碚的众多文化事业单位，公推顾颉刚、杨家骆，主编北碚志书。志书分首编、附编及地理、政治、经济、文化、社会 7 编，48 个分志。北碚管理局特别在 1944 年 4 月成立修志委员会，以顾颉刚等为常务委员。同时设立修志馆为办公处所，以傅振伦为馆长。各分志聘请在北碚各事业机关及相关内容专门学者负责编纂。到 1947 年 5 月，完成大部分分志初稿，并由杨家骆负责在上海统稿，拟由世界书局印刷。其中有四分之一，先由迁到南京的中国地理研究所在该所主编的《地理》杂志出版北碚志专号。该书是科学化的志书，在中国地方志中，“尚属创举”。②

1946 年 4 月北碚民众图书馆与民生公司图书馆合并，成立北碚图书馆，另组理事会负责。以公园路十号大红屋馆址，作办公、书库及图书阅览室。以天津路 25 号，辟为各期刊日报及儿童阅览室。1949 年 2 月代办北泉图书馆馆务，所收三馆寄交及新购书刊，共 242432 册（西文书有 3161 册，西文期刊 10487 册），图片 3812 幅。书籍中有儿童文库 130 部，计 25913 册，已配发各中心国民学校应用。经常新到中外期刊，中西文日报各若干种。为便利参考研究，设有参考室，陈列参考书 1000 余种，专题索引 5 种，并拟添设方志及善本两专门阅览室。儿童、图书、刊报三阅览室，可容阅者 215 人。1946 年 7 月 1 日开放起，1949 年 8 月底止，除刊报阅览室长期开放及每星期一例假停止外，开馆 1156 日，共有阅者

① 黄立人主编：《卢作孚书信集》，第 930 页。

② 北碚管理局编：《北碚概况》，1949 年 10 月，第 48 页。

612229人，平均每日529人，并配置文库，经常在各机关各学校，学术团体巡回流通。今后更拟积极设备，加速图书的流通。①

1947年秋，具有公共会堂兼影剧场双重功能的北碚民众会堂建成。民众会堂是北碚文化建设委员会所建，可容1200人，可用于举办各种集会及各种文化活动，是当时北碚市区设备先进的大型文化设施，“民众会堂”四字标识为周孝怀题写。1949年1月，购自美国的2部新式电影机在会堂装置完成。此后，民众会堂经常放映电影，以社会教育为主。后安装广播电台，每天播送教育及音乐节目。

在出版事业方面，主要有《北碚日报》等。1948年9月1日起，《嘉陵江日报》改名为《北碚日报》，每日出版一张。《北碚日报》刊载北碚事业进展消息，国内外广播新闻及新知识等。1947年夏，《嘉陵江日报》在短期休刊中，出版了《北碚周刊》7期，内容着重教育及建设。

在医疗卫生方面，北碚医院的建成，标志着北碚医疗卫生事业的巨大进步。北碚医院筹办于1946年5月，1947年8月正式开业，到1949年秋，有医师职员30人。规模虽然有限，但各科均有专科医师，并有各种新式医疗设备，能同时收治病患者及产妇60人。医院位于嘉陵江滨，门诊部设在中山路，每日可门诊80—120人。管理局所属贫苦人民合于规定减费或免费者计占三分之一。该院曾得到行总、卫生署、美红会，帮助两批器材。1947年，曾负债从上海及美国添购价约值两万美金的设备。1949年承经合分署与农村复兴委员会及华西实验区多所扶持指导，并积极筹划增建新医院，充实设备，添聘国外医生，扩展对病人的服务。②

① 北碚管理局编：《北碚概况》，1949年10月，第46页。

② 北碚管理局编：《北碚概况》，1949年10月，第9页。

三、社会事业的发展

抗战胜利后，北碚管理局辖区的社会事业有新的发展。其中包括引进中华平民教育促进会的社会教育，儿童福利实验区成立，工人福利所的建立，成立北碚渔会等。

1946年国民政府划定四川为模范省，四川则进一步指定第三行政区为模范区，并把北碚作为乡村建设实验区，希望通过成人教育的途径，达到乡村教育的目的，完成理想的实验。① 这就为北碚管理局引进中华平民教育促进总会的成人教育提供了契机。

1936年6月，中华平民教育促进总会（简称“平教总会”）南迁湖南长沙，指导湖南和四川的平教工作。② 之后，平教总会在湖南衡阳、四川新都先后设立实验县。1939年，该会迁移到四川省第三行政区所属巴县歇马场。1939年春，晏阳初开始筹备乡村建设育才院，以培养乡村建设人才。关于校址，晏阳初考虑应该在重庆附近，他认为乡建院院址的选择应注意以下数点：第一，学院是全国性的，第二，罗致教授人才和招考学生的便利，第三，乡村建设不以农业为限，还是要办工学院。重庆是全国政治经济交通中心，最符合这些条件。至于选在重庆什么地方，晏阳初认为应考虑交通、治安、农村环境。他经过考察，认为北碚管理局辖区附近巴县歇马场最为合适。③ 随后，几经勘查，最后确定以歇马场为校址。此地与重庆北碚、青木关都有公路相通，而且风景秀丽，环境雅致。1940年10月，中国乡村建设育才院在歇马场正式开学。据晏阳初说，他办乡村建设育才院“是得到蒋先生（即蒋介石——引者注）帮助的”，学校的

---

① 黄立人主编：《卢作孚书信集》，第863页。

② 吴相湘：《晏阳初传——为全球乡村改造奋斗六十年》，岳麓书社2001年版，第285页。

③ 晏阳初：《筹备中国乡村建设学院的意见》，宋恩荣总主编：《晏阳初全集》第2卷，第196页。

名称则由时任教育部部长的陈立夫确定。①

1946年11月，中华平民教育促进总会在孙廉泉任专员的四川省第3行政区创办的巴璧实验区正式成立，其总办事处设在璧山，其实验工作地域范围有璧山县4个乡镇，②实验区主任由孙廉泉兼任，实际工作由瞿菊农负责。孙廉泉后来说："当我们研究在何处开始工作的问题时，朋友提议先从北碚开始，我觉得北碚经卢作孚先生和卢子英局长的经营，地方事业已办得相当有基础，我们不应该从容易做的地方开始，因为这种地方作起来阻力少，不容易发现问题。后来又想在巴县开始，但我又觉得巴县距重庆太近，也很富康，如从巴县开始，所接触的问题不见得能代表一般乡村问题。我们要做实验工作，不应该从这样的地方开始，所以结果选了璧山。"③1947年8月，中华平民教育促进会在巴璧实验区的基础上设立华西实验区，实验区范围扩大。应卢子英的请求，北碚被划入该华西实验区。④璧山、巴县、北碚成为该实验区的示范区。⑤到1949年4月，华西实验区在北碚组织了74个生产合作社，扫盲12579人。⑥

为中国农村复兴委员会可能在重庆或北碚设立分会，卢作孚于1948年11月17日致函卢子英设法寻找房屋，并与该会主任委员蒋梦麟取得联络，向表示蒋欢迎到北碚设立分会等。不久卢作孚又函告卢子英通过该会争取美援以推动北碚的各项建设事业。遵照卢作孚的嘱咐，卢子英

① 晏阳初：《在中国乡村建设学院纪念周上的报告》，《晏阳初全集》第2卷，第316、386—387页。

② 瞿菊农：《平教会、乡建学院、华西实验区简述》，重庆市北碚区地方志编委会、西南师范大学校史编委会、乡村建设学院校史研究会编：《中国乡村建设学院在北碚》，西南师范大学出版社1992年版，第23、26页。

③ 晏阳初：《华西试验区工作述要》，《晏阳初全集》第2卷，第441页。

④ 孙则让：《如何从最基本的"保"培育地方自治》，《北碚周刊》1947年第8、9期，第2页。

⑤ 晏阳初：《截至一九四九年四月的工作进展报告》，《晏阳初全集》第2卷，第411页。

⑥ 晏阳初：《截至一九四九年四月的工作进展报告》，《晏阳初全集》第2卷，第413—415页。

在1949年1月5日把合川县植桐计划、北碚管理局合作农场合作加工业务申请美援计划，以及北碚卫生建设计划航寄南京，其中卫生建设计划书所列预算为金元券491万余元。此后，为北碚水利工程、北碚畜牧发展计划、北碚教育建设、合川县植桐计划以及北碚管理局合作农场合作加工业务申请美援计划等事宜，卢子英又多次致函卢作孚。[①] 其间，卢作孚致卢子英函电谓："北碚与农复会有关问题，须力求与平教会合作，不可发生争执。已另电阳初草拟三区计划时，与北碚有关者须尊重北碚意见。到沪当商梦麟兼顾北碚。水利计划所列美金太巨，希望目前所需金元另列数字，并说明日期，以便根据查美金结汇市价算出美金。"[②] 尽管争取农复会在北碚设立分会的愿望没有实现，但北碚管理局与华西实验区的联系得到了加强。

国民政府社会部本在北碚设有儿童福利实验区，1948年8月，北碚儿童福利实验区奉国民政府社会部令改为儿童福利站。儿童福利站经费仍由社会部划拨，工作内容与人事不变，但儿童福利站所办各项事业，则移交北碚管理局接管。当时儿童福利实验区所办事业主要有两项，其一为托儿所。该托儿所收托儿童年龄为3—6岁，人数在230人上下。从成立到1949年底，共接收受托儿童539人。托儿所工作除实验家庭化的机关教养，以爱代教，以所为家外，在儿童早期教育的内容和方法上，也有显著的特点。如在教育和引导方面，托儿所根据入托儿童的智力、情绪、心理等情形，以及入托儿童的兴趣与个性特长，因材施教，尽量发展其兴趣和特长；在儿童保育方面，不仅注意增进儿童的营养，而且注意医护及生动有趣的活动等方式以增进健康。托儿所在数年实践的基础上完成了多项实验报告，其中有儿童保育标准及保育方法，教材大纲及教材教法，儿童营

---

① 黄立人主编：《卢作孚书信集》，第925—929页。

② 黄立人主编：《卢作孚书信集》，第929页。

养、卫生设施及儿童健康、家庭化机关教养初步等。①

北碚管理局所属澄江镇商业繁荣，机关众多，社会部北碚儿童福利实验区为倡导托儿事业，多次向北碚管理局及澄江镇公所宣传接洽，获得赞成，于是着手筹备托儿所。1945 年 10 月 10 日，该托儿所开始接受受托儿童，11 月 12 日举行开幕礼，受托儿童 42 人。该托儿所设在镇公所内，房屋新建，课室一大间，餐室一小间。户外活动场所宽阔，并有大草坪，可供设置户外游戏器具。②

北碚管理局所属二岩乡一带，大小煤矿矿场林立，矿工无福利可言。特别是此处童工众多，更加迫切需要福利。北碚工人福利社有见及此，在 1945 年冬派张卓儒前往筹设二岩乡服务站。福利站成立后，设总干事 1 人、干事 1 人及医师 1 人。③

北碚管理局辖境渔业资源较为丰富，从事渔业者为数不少，但常有不法匪徒，昼间匿迹鱼船，夜间集群行盗，并有客籍鱼船，常来辖境捕鱼。为此，北碚管理局令辖区从事渔业者组织北碚渔会以应对上述问题。1946 年 5 月 30 日北碚渔会宣布成立，会址设在北碚商会内，计有会员 40 个单位，内缯网业 27 户，钓网业 13 户，分住于澄江镇、大沱口、店嘴、毛背沱等捕鱼场。渔会内设有理事会与监事会，并曾在 1946 年 12 月派人到成都参加四川省渔会。渔会的工作主要有两件，即维持本区的水上治安、筹划本区渔业改进。自该会成立后，渔家必须登记户口。凡外来渔船，只许在管理局辖区内捕鱼三天，会员年纳会费 2000 元。每年农历 3 月 3 日、6 月 6 日开会 1 次，每月开理监事会 1 次，商讨会中各项工作。该会当时还拟有计划，打算与北碚养鱼学会合作，就北碚管理局辖区内的养鱼、捕捞

① 北碚管理局编：《北碚概况》，1949 年 10 月，第 7 页。

② 顾颉刚、杨家骆：《北碚志稿》，《北碚图书馆藏方志珍本丛刊》第 4 册，第 561—563 页。

③ 顾颉刚、杨家骆：《北碚志稿》，《北碚图书馆藏方志珍本丛刊》第 4 册，第 403—404 页。

及保护亲幼鱼等工作协同进行，以促进区内渔业的发展。①

1949年10月1日，在北京隆重举行的开国大典宣告了中华人民共和国的诞生，中华民族的历史掀开了新的一页。此时，北碚尚未解放。1949年10月6日到10日，北碚管理局在民众会堂举办大型博览会。此次博览会，实际上很像是一场向一个时代的告别，也像是对新的时代的憧憬。展览会的举办者说，在这“处处烽烟，仍是山河破败”的环境中，我们绝不灰颓自馁，更不能彷徨自乱，我们不妨苦中作乐，忙里偷闲，再举行一次扩大的纪念，利用10月9日的星期和10日的假期，“热烈地活动两天”，“我们祝福国家赶快走入现代建设的程途”，“有一个更进步更灿烂的光明远景”。②

展览会有物产展览（含农业展览、工艺展览）、教育展览、美术展览、卫生展览、体育展览、游艺展览。在博览会最后一天的10月10日上午10点，北碚管理局在民众会堂举行了一个大会，到会的有梁漱溟、卢作孚、卢子英、徐思平、许逢熙、黄云龙等，大会由梁漱溟主持。③卢子英针对展览会本身存在的问题，作了“大会应该改进之总检讨”的讲话。④作为大会主席，梁漱溟也发了言。刊载此次展览会情况的《北碚月刊》第4卷最后的合刊在最后一页的最后三分之一处，留下了一点空间。“将来的北碚”这个从峡防局时期就确定的建设目标和憧憬，仍完整地印在此处。

1949年12月2日，北碚迎来了和平解放。这一天，北碚管理局局长卢子英率领职员，与民主人士梁漱溟，时任四川省第三行政督察区专员、华西试验区主任孙则让，以及民众一道，迎接解放军。12月10日，北碚

① 顾颉刚、杨家骆：《北碚志稿》，《北碚图书馆藏方志珍本丛刊》第3册，第145—146页。

② 葛向荣：《北碚各界庆祝卅八年“双十”节纪念大会专号·前言》，《北碚月刊》1949年第4卷第1、2期合刊，第1页。

③ 新民晚报记者：《双十“国庆”在北碚》，《北碚月刊》1949年第4卷第1、2期合刊，第1页。

④ 卢子英：《大会应该改进之总检讨》，《北碚月刊》1949年第4卷第1、2期合刊，第109—110页。

军管分会成立。1950年1月初，接管工作开始，到3月，接管工作结束。

中国人民解放军西南服务团研究室编《四川人物志》中附录的《四川财团的首脑人物及其事业》中，其中的《卢作孚与民生公司》涉及北碚。该资料说：卢作孚任峡防局局长时，提倡兵工政策，购机回川，民生公司投资10万元，1933年开办三峡染织厂，每年出货20万元，全为棉织品。抗战时期该厂与武昌大成纺织公司合组大明纺织厂，规模甚大，为后方最大布厂。抗战爆发前民生公司的投资事业中，还有北川铁路、天府煤矿等。①

1949年12月2日，中央人民政府任命刘伯承为西南军政委员会主席，邓小平、贺龙为副主席，陈锡联、曹荻秋为重庆市人民政府正、副市长。同一天，北碚和平解放，卢子英与市民一道热烈欢迎解放军入城。稍后，第三野战军政治部《四川概况》中关于北碚的叙述说："北碚除了是一重要的煤矿区和有许多大小中学学徒，因而在经济上和文化教育上有它的重要性外，在行政作风和农村政策上，因与平教会的社会改良相结合，也有些与别的县份不同的特点。"该资料还指出：北碚地方当局"是直接为了保护工业的发展而建立起来的，它也尽到了这个任务"②。第三野战军政治部撰写的这个材料，简洁、平实，反映了人民解放军政工部门相当高的政治水平、政策水平和认识水平。我们从该材料中，可以深切感受到实事求是的冷静分析与科学态度。

解放之初，北碚管理局编撰了《北碚概况报告书》，对卢作孚兄弟为代表的一班人自1927年以来在北碚的经营作了一个初步的总结。该报告书前言部分写道："北碚的经营是由卢作孚氏根据其《建设中国的困难及

① 中国人民解放军西南服务团研究室编：《四川人物志》附录《四川财团的首脑人物及其事业》，中国人民解放军西南服务团研究室，1949年，四川省档案馆馆藏"历史资料"。

② 第三野战军政治部编印：《四川概况》，地址不详：第三野战军政治部1949年版，第25—27页，四川省档案馆馆藏"历史资料"。

其必循的道路》一文的理论，想以此为现代集团生活的第二个试验（第一个试验为成都通俗教育馆，第三个试验为民生实业公司），在这穷僻的山间水间点缀着几桩现代的文化事业和经济事业，描摹出一幅现代物质建设和社会组织的轮廓画，更进而布置成功一个生产的、科学的、美丽的社会理想，让人们勾引起一个现代中国的憧憬来，以推进国家现代化的经营。”①这个材料，简要、系统、完整，能够反映北碚试验的基本脉络和概要情形，是经过仔细斟酌、推敲的精心之作。

① 《北碚概况报告书》，北碚图书馆馆藏。

结论 “新工业社会的商埠”

抗战胜利后不少复员回到原籍的人回忆北碚时，通常会说：“北碚是一个现代化的城市，它有乡村的恬静，也有都市的文明。凡是到过北碚的人，谁都该会有一种感觉，尽管北碚是怎样的小，但街道是那样清洁而整齐。”[①] 如果说城镇化变迁是农村社会、农业文明向城市社会和工业文明转变的历史过程，[②] 是社会历史发展的必然趋势，那么，民国时期北碚的社会历史变迁恰恰就是这样一个过程。从 20 世纪 30 年代后期，各种参观、调查，几乎众口一词指出北碚已经具有小都市的发展形态。20 世纪 40 年代中期，北碚“已由农业社会之场镇，一变而为新工业社会之商埠”。[③] 就是说，北碚管理局管辖的这个行政区域，已经变成了一个工业社会，而北碚已经是这个区域性工业社会中的现代城镇。

一、北碚城镇化的发展历程和发展程度

北碚从 20 世纪 20 年代后期到 40 年代，从一个贫穷、偏僻的乡场，发展成为一个具有浓郁现代都市气息的现代城镇，这无疑是一个非常显著的社会经济变迁。这个巨大的变迁是在特殊的地理、历史环境中发生的。为方便叙述和总结起见，我们在这里首先梳理这一变迁的地理环境因素和

---

① 唐国藩：《忆北碚母校》，《国立江苏医学院十周年纪念刊 1948 年特刊》，第 117 页。
② 肖金成、党国英：《城镇化战略》，第 126 页。
③ 孙承烈：《北碚聚落志》，《地理》1945 年第 5 卷第 3、4 期合刊，“聚落”第 6 页。

城市化进程的客观历史过程，并试图对这一城镇化进程所达到的程度进行一个初步的评估。

（一）北碚城镇化变迁的过程

以北碚市区而言，1926年只有200多户，1000多人。① 到1937年，北碚市区已有上千户人家，人口超过5000人。到1945年，北碚市区人口超过1万人。②20年左右增加近10倍，这是一个非常快的增加。如果考虑到非户籍人口在北碚场上的大量存在，增加更加显著。同时，不仅北碚市区的城镇人口有快速的增加，从三峡实验区到北碚管理局，辖区内还产生了一批因煤炭而兴的小城镇，如澄江、夏溪口、二岩、白庙子等。这些小城镇人口的增加，也是不应该被无视的。从1927年到1949年，北碚的城镇化大致可以分为三个阶段，即：起步阶段（1927—1937）、加速阶段（1938—1942）、进一步发展阶段（1942—1949）。

1927年卢作孚峡防局到1937年抗战全面爆发，这一时期是北碚城镇化的起步阶段。1927年春之前，北碚场作为一个有1000多人的乡场，是嘉陵江三峡传统农业社会里的一个有固定赶场日期的集镇，道路狭窄，卫生状况不良。卢作孚任峡防局局长后，在大力整治社会治安的同时，训练青年，开展民众教育，创办新兴事业，并从1927年开始，按照一定计划，进行市政的改建。③ 在数年之间，整顿市区卫生、扩宽市区、栽植行道树，创办小学、中学，设立图书馆，创办中国西部科学院，开辟公园，使北碚面貌一新，名满天下，成为附近参观学习模仿的对象。翁文灏对这里“修铁路，开煤矿，兴学校，倡科学”印象深刻，庄泽宣看到相关北碚游览记

---

① 黄子裳、刘选青：《嘉陵江三峡乡村十年来之经济建设》，《北碚月刊》1937年第1卷第5期，第2页。

② 钟功甫、刘培桐：《北碚土地利用志》，《地理》1945年第5卷第3、4期合刊，“土地利用”第4页。

③ 孙承烈：《北碚聚落志》，《地理》1945年12月第5卷第3、4期合刊，“聚落”第4页。

中记述的建设计划和建设成绩“为之神往”，杜重远说这里“昔为野蛮之地，今变文明之乡”，恽震参观北碚时称赞这里“见街道平整，规划俨然，耳目为之一新”，还有参观者称北碚是“沙漠中的绿洲”，黄炎培参观后也对北碚赞不绝口。不过，当地百姓一开始并不接受，对此新事业“无好感”。为什么呢？因为北碚建设试验从一开始就是城市化、工业化、现代化试验，这种以城镇化、工业化为指向的建设，与传统农业社会的生产方式、生活方式有着根本的不同。由于方向正确，举措得当，因此北碚的城镇化建设试验和工业化努力取得了显著的成绩。到 1937 年，北碚市区有统计的人口就增加到 5000 多人。一系列新事业的创办，加上人口的增加，北碚镇实际上已经与旧乡场大异其趣，具有现代小城镇的雏形了。当地居民的不适应，沿海特别是上海一带参观者的赞扬，其巨大反差正是这种情形的真实反映。

从 1936 年，特别是从 1937 年抗战全面爆发到 1942 年 3 月三峡实验区改组为北碚管理局，是北碚城镇化的加速阶段。其间，1937—1940 年间，北碚“市容改变最快”。① 资料载：全面抗战以后，机关学校，迁建于北碚者极多。言商业交易者、等候车船者、赶场者、游息者，无不集于茶馆。据 1942 年夏季之调查，北碚有茶庄 2 家，茶馆 14 家，几乎每条街上都有茶馆。10 多家茶馆各设茶桌 10 几张，椅凳数十条，也有兼营旅馆业的茶馆。兼善餐厅草坪的露天茶馆，平民公园的茶座，“为知识分子聚集之处，茶资稍昂。良辰佳日，座客常满，或品茗围棋，或高谈阔论，上下古今，亦有闲阶级消磨时光之佳地也”。② 这种情况的出现，首先与三峡实验区当局的观念有关。尽管北碚市区地方狭小，但是自峡防局时期开始，地方当局的基本思路之一就是吸引人到市区来居住。三峡实验区成立

---

① 孙承烈：《北碚聚落志》，《地理》1945 年第 5 卷第 3、4 期合刊，“聚落”第 4 页。

② 顾颉刚、杨家骆：《北碚志稿》，《北碚图书馆藏方志珍本丛刊》第 4 册，第 512 页。

后，主要负责人的基本思路是北碚的建设要与都市发生联系。1938年青北公路的修建和完成，使北碚和重庆间有了一条陆上交通孔道，大大便利和加强了北碚和重庆间的人员往来和联系。随着1939年重庆机关和人员的疏散，一批机关学校、社会团体纷纷迁到北碚。根据有关研究，三峡实验区人口在1936年的在籍人口数为65000多人，1940年激增到93000多人。① 四年间，增加69.7%。增加的人口中，“(以) 碚镇附近增长尤著”。② 人口的大量增加，引起地方当局的高度重视，市政建设成为新的问题。1939年8月，北碚市区街道名称进行了调整，“街道之命名异常新颖，如上海路、吉林路等是也。”③10月10日，市政委员会计划改造市街，先测量设计，后从事改修。技术上得到行政院水利委员会示范工程处及嘉陵江水道工程处的协助，“市政大进”。④ 当时的市政问题专家袁相尧评论说：“国内风景名胜，如青岛、北平、庐山、西湖等处，不出于政府之经营，即由于外人之创立，其如峡区之不假他手，由地方独立经营者，国内尚无一、二例，此尤峡区历史之特点。”⑤ 三峡实验区署所在地庙嘴，“西为温泉峡，东为观音峡，对岸东阳镇、黄桷镇等地，均在视界之下，左顾右盼，适处中心，有河道，有公路，去文星镇更有北川铁道，与河道相接，两小时内，全区各镇，均可立达，至为便利”。⑥1940年，三峡实验区连续4次被炸，市区遭受严重损毁，被毁达四分之一。被炸后，三峡实验区抓住时机对北碚市区进行规划和建设。未毁的市区，拆除火巷，辟为方块

---

① 钟功甫、刘培桐：《北碚土地利用志》，《地理》1945年12月第5卷第3、4期合刊，“土地利用”第4页。

② 周见三：《北碚附近战时移民之分布及其特征》，《地理》1943年第1—2期，第1页。

③ 顾颉刚、杨家骆：《北碚志稿》，《北碚图书馆藏方志珍本丛刊》第3册，第470—471页。

④ 顾颉刚、杨家骆：《北碚志稿》，《北碚图书馆藏方志珍本丛刊》第3册，第7页。

⑤ 袁相尧：《嘉陵江三峡乡村建设实验区划分市区计划纲要》，《北碚月刊》1940年第3卷第6期，第26页。

⑥ 袁相尧：《嘉陵江三峡乡村建设实验区划分市区计划纲要》，《北碚月刊》1940年第3卷第6期，第28页。

街区，其街道并稍有加宽。北碚市区的整理和建设成为三峡实验区1941年的工作重点，这在当年区署各处的工作计划中有充分的体现。其中《工务处三十年度中心工作计划》所附《北碚商业区街道整理计划》，参考美国城市建设规划，就北碚市区房屋建筑段落的划分、街道的排列系统、街道的整理与设计、栽植行道树与布置路边花木、下水道设施、公共厕所改良、清街与垃圾处理、商业区扩展方向等作出了详细规划。如关于北碚市区房屋建筑段落的划分、街道的排列系统规定，规定可分为不规则式、方块式、放射式、环式4种；关于行道树的认识和规划是："人行道上栽植行道树为一现代化之市镇所必需。北碚气候最适合于植物之繁殖，培植花木易见成效，所有已成街道之人行道上，拟植树木两列，采用法国梧桐苗木，每五公尺一株，两边交错。"① 后来的事实表明，正是该计划的实施，最后形成了北碚老城区（俗称下半城）街道呈方格型，行道树以法国梧桐为特色的城市景观和城市风貌。《三峡实验区北碚市场填沟筑路建房投资实施计划书》说得更明白清楚："实验区近根据工程原理，实际商业情况，拟具街道整理计划，逐项实施，以期合乎现代化之市镇。"②

从1942年北碚管理局成立到1949年底和平解放，是北碚城市化进一步发展阶段。经过1941年以后的改造，北碚的"街道作方格形，此与地形及岩石走向，完全一致。市区内各部分之分布，亦与地形互相配合，平坦地面为商业区，亦即市中心区，较低丘陵地为学校机关区，较高丘陵地则为公园。共享事业如戏院、博物馆、图书馆、医院、卫生院、自来水等，亦均配置于丘陵地中。市民享受，极为方便。以不及一方里之面积，而万余人口得享如此完美之市政建设，非有伟大之意志力量，曷能如

① 《北碚商业区街道整理计划》，《北碚月刊》1940年第3卷第8期，第34页。

② 《三峡实验区北碚市场填沟筑路建房投资实施计划书》，《北碚月刊》1941年第3卷第8期，第38页。

此也。”① 资料又载“北碚管理局为迁建区重镇，建设美备，公园则有北温泉公园，有北碚火焰山平民公园，有夏溪口运河公园。风景佳丽，可以游憩。北泉之私立图书馆、火焰山之北碚图书馆皆富收藏。与火焰山之动物园、惠宇之北碚科学博物馆均能引起游客兴趣。北泉游泳池，春秋佳日，游人如鲫”②。由于游客众多，因此北碚辖区大小旅馆也多，1943 年有 10 家，1944 年有 32 家，其中以中国旅行社、北泉招待所、北碚兼善公寓 3 处设备最为完善。从人口籍贯构成上看，根据 1945 年 1 月北碚管理局统计，北碚区籍人口占 5.6 万多人，占全部人口的 55%，区外人口约 4 万人，占全部人口 45%，这说明北碚管理局境内外来人口数量众多，③ 也可见北碚管理局辖区内已经形成五方杂处的人口形态。总之，到 20 世纪 40 年代，北碚已经是一个“近代化的小都市”。④ 同时，由于工业化的进展，特别是煤炭工业的机械化进展和规模的不断扩大，北碚成为重庆工业和居民生活所需的主要煤炭供应基地。北碚与重庆从经济、文化、交通、人员往来等方面，已经紧密地联系在一起。

（二）职业分布与经济结构

北碚走上城镇化、工业化的发展道路，客观的原因在于北碚所在区域的自然条件以山地丘陵为主，田地甚少，人口甚多，单纯依靠发展农业，没有出路。工业化、城镇化发展演变的结果，使辖区劳动力的职业结构发生了深刻的变化。

三峡实验区 1936 年 6 月北碚户口调查结果显示，当时全区户数 12477，总计 65284 人，男 35460 人，女 29824 人。⑤ 北碚管理局统计，

① 孙承烈：《北碚聚落志》，《地理》1945 年第 5 卷第 3、4 期合刊，“聚落”第 4—5 页。

② 顾颉刚、杨家骆：《北碚志稿》，《北碚图书馆藏方志珍本丛刊》第 4 册，第 523 页。

③ 钟功甫、刘培桐：《北碚土地利用志》，《地理》1945 年第 5 卷第 3、4 期合刊，“土地利用”第 4 页。

④ 尹盐：《重庆北碚相辉学院》，《读书通讯》1947 年第 126 期，第 24 页。

⑤ 庄泽宣：《陇蜀之游》，第 152 页。

1944年下半年辖区的人口为83411人，机关学校的人数尚不在统计范围。① 到1946年，北碚管理局辖区人口已达10万。施白南甚至说抗战胜利前夕，北碚管理局辖区的人口达到了16万人。②1936—1946年三峡实验区及北碚管理局辖区历年人口增加情形见表1。

表1 三峡实验区和北碚管理局人口数据表（1936—1946）

年别	户数	人口数		
		合计	男	女
1936	12671	65284	35460	29824
1937	12862	66264	35785	30479
1938	13123	67243	35822	31421
1939	14422	74123	39686	34437
1940	19871	93646	54899	38747
1941	15564	85343	48762	36781
1942	16299	87544	50626	36918
1943	17181	86158	48112	38048
1944	18163	93285	52170	41115
1945	18575	100139	57459	42680
1946	17899	101795	61618	40177

资料来源：钟功甫、刘培桐：《北碚土地利用志》，《地理》1945年12月第5卷第3、4期合刊，“土地利用”第4页。

据表1，1936年三峡实验区全区人口为6.5万余人，到1939年已增加近万人，达到7万余人。到1940年，人口数更突然增加近两万人，达到9万余人。1940年之所以这样突然增长，是因为三峡实验区在1939年春被划为疏建区，为数颇多的机关单位和相关人员纷纷迁入造成的。随后，三峡实验区在1940年也连遭轰炸，部分人员他迁而有所减少。1944

① 《北碚农场正积极筹备中》，《新华日报》1944年10月31日，第3版。

② 施白南：《北碚解》，《兼善友讯》1947年第22期，第13页。

年由于矿工与若干学校的迁入，北碚管理局辖区人口又有增加。抗战胜利后，尽管各机关学校先后复员迁回原地原籍，但也有部分机关与学校迁到北碚，因此北碚管理局辖区人口仍有增加。[①]到1949年，北碚全区户数21256，总计107575人，其中男61933人，女45642人。[②]

从人口密度和居住区域看，北碚管理局以面积158平方公里计，1940年度人口密度，每平方公里达592人。1946年时，每平方公里达644人。1949年10月，每平方公里达到680人。如此高的人口密度，使三峡实验区和北碚管理局辖区成为川渝地区人口密度最高的地带之一。三峡实验区和北碚管理局辖区内的人口，又主要分布在嘉陵江两岸几个大小城镇及附近，其次为北川铁路、青北公路及北温公路沿线，再其次是北碚丘陵地、澄江丘陵地的农业地带，最后是西山坪及缙云山的林区。[③]

如前所述，三峡实验区和北碚管理局辖区人地比例严重失衡，因此更有效地利用土地并在农业以外开辟生活来源为势所必然。这些农业以外的职业领域主要有煤矿业、工业、商业、交通运输业等。下表为1940年三峡实验区人口普查资料所显示的职业结构情况。

表2　三峡实验区人口职别　1940年

类别	人口数		
	共计	男	女
总计	97349	58602	38747
农业	8218	7941	277
矿业	8121	8078	43
工业	5941	5279	662

① 钟功甫、刘培桐：《北碚土地利用志》，《地理》1945年第5卷第3、4期合刊，“土地利用”第4页。

② 北碚管理局编印：《北碚概况》，1949年10月，第2页。

③ 钟功甫、刘培桐：《北碚土地利用志》，《地理》1945年第5卷第3、4期合刊，“土地利用”第5页。

续表

类别	人口数		
	共计	男	女
商业	4569	4247	322
交通运输业	5363	5271	92
公务	3421	3282	139
自由职业	1922	1550	372
人事服务	2296	1087	1209
无业	56834	21277	85557
未详	664	590	74

资料来源：国民政府主计处统计局：《北碚人口志》，《地理》1945年12月第5卷第3、4期合刊，1948年版，“人口”第21页。

表3　三峡实验区有业无业人口百分比　1940年

有业类别	各类户		
	共计	男	女
总计	100.00	100.00	100.00
有业	41.22	63.33	8.03
无业	58.78	36.67	91.94

资料来源：国民政府主计处统计局：《北碚人口志》，《地理》1945年12月第5卷第3、4期合刊，1948年版，“人口”第22页。

表4　三峡实验区各种有业人口的百分比　1940年

行业别	各类户		
	共计	男	女
总计	100.0	100.0	100.0
农业	20.62	21.62	8.89
矿业	20.38	21.99	1.36
工业	14.91	14.37	21.24
商业	11.47	11.56	10.33
交通运输业	13.46	14.35	2.95

续表

行业别	各类户		
	共计	男	女
公务	8.58	8.93	4.46
自由职业	4.82	4.22	11.93
人事服务	5.76	2.96	38.84

资料来源：国民政府主计处统计局：《北碚人口志》，《地理》1945 年 12 月第 5 卷第 3、4 期合刊，1948 年版，“人口”第 22 页。

根据表 4，三峡实验区有业人口中农业人口有 8218 人，占 20%；从事矿业者有 8121 余人，也约占 20%。由此可知三峡实验区的经济状况，农业、矿业同样重要。矿业人口主要从事煤矿业，工业人口以从事制造业为主，商业人口主要从事贩卖和住宿餐饮，交通运输业从业者以挑运为主。工商交通三项合计，占 39.84%。如果加上矿业，则为 60.22%。① 在全部人口中，除无业者比例较高外，矿、工、商、交通诸业，都可以说相当发达。② 这种情形的出现，不仅表明北碚工矿商业经济的繁荣，而且说明人口向非农产业转化已经达到了一个相当高的程度。这正是城市社会学者、城市化派代表人物吴景超所说的第四种国家经济发展和社会进步取得显著进展的重要标志。

（三）城镇功能的显著增强

《大公报》记者杨建恒曾评论说：“北碚很雅，它有都市的气息，却没有都市的尘俗和喧嚣。它有乡村的情调，但它的文化水准相当高。”③ 以北碚市为中心，北碚管理局辖区内形成了包括北碚、黄桷树、东阳镇、天生

① 国民政府主计处统计局：《北碚人口志》，《地理》1945 年第 5 卷第 3、4 期合刊，“人口”第 18 页。

② 钟功甫、刘培桐：《北碚土地利用志》，《地理》1945 年第 5 卷第 3、4 期合刊，“土地利用”第 5 页。

③ 杨建恒：《在北碚找到了希望》，《北碚》1949 年第 4 卷第 1、2 期合刊，第 119 页。

桥、金刚碑等在内的城镇体系（这些城镇非靠嘉陵江边即沿青北公路）。① 同时，三峡实验区和北碚管理局通过以嘉陵江水道和青北公路陆路交通，融入到了重庆这个迅速崛起的内陆城市体系（都市圈）之中。

首先，初步具备了游览、文化、生产诸功能。

以游览、休息为目的，以公园、花园、温泉、湿地为表现形式的城市公共空间和生态环境建设，以杰出人物旧居、纪念地为代表的人文资源积累，是建设现代城市的一个必要条件。城市越大，人口越稠密，居民需要娱乐、休息的城市空间就越多，这与城市居民的身心健康有密切关系。从峡防局时期开始，北碚当局就开始在北碚市区及附近，乃至于整个辖区布置园林。当时的设想，凡是有市场，有山林泉石，有温泉飞瀑的地方，就要尽可能有计划地修建公园，使每一个市场都在公园中，居住的人家点缀在花圃中，以期北碚市区以及嘉陵江三峡地区建设成为一个游览区。自1927年后，经过20年左右的努力不懈，栽植树木，开辟公园，修整古刹，北碚为中心的嘉陵江三峡地区成为陪都附近名副其实的名胜风景区。北碚有3个较大的公园，以北温泉公园为最大。出长峡防局后，卢作孚很快行动，利用天然温泉在此来开辟出温泉浴室、温泉泳池、乳花洞等。同时，种花莳草，修建各式洋楼，二三年间就建成北温泉公园，吸引远近游客，特别是重庆的上层社会人士纷纷前来参观、游览。抗战时期，北温泉公园又先后创办了北泉图书馆、北泉博物馆、北泉美术馆、北泉学园等，深受市民和游客欢迎。北泉博物馆珍藏的汉洗（汉代铜盆），上有两耳。注水满器后，用手摩汉洗两耳，即发出嗡然声响，水面显出颇波纹。摩擦越急，不仅声音越响，且水可从盆边鱼口分四股喷出，高可达3尺。每年汉洗在公园中研摩14次，售券参观。② 以北温泉公园内为核心，形成温泉—

① 钟功甫、刘培桐：《北碚土地利用志》，《地理》1945年第5卷第3、4期合刊，“土地利用”第19页。

② 北碚管理局编：《北碚旅游指南》，正中书局1945年版，第9页。

缙云山风景名胜区。区内另有缙云寺、石华寺、绍隆寺、禅岩寺4座著名古刹，均为区内名胜，其中3座在缙云山。汉藏教理院在缙云寺设立后，提倡佛学、沟通汉藏文化，成为陪都附近佛教中心。石华寺，以附近石蓟得名，离缙云寺数里，为译经之所。绍隆寺，位于乱山幽谷，为慈幼院借用，专收容战区幼童。禅岩寺在北温泉对岸，也有孤儿收容所。同时，庙宇所在，通常会有大片林地，给人以气象森然的自然美感。① 北碚市区内有平民公园，这里原来荒坟累累，经过精心经营，除迁移坟墓外，广植花木，精修“之字路”“弓字路”，曲径通幽。民众教育办事处雄踞山巅，动物园有奇禽猛兽，改东岳庙为博物馆陈列室，清凉亭为北碚合作金库办公处。公园西偏有汉砖砌成的露台，游人在此处不仅可以俯瞰北碚市街全景，天气晴朗时还可以仰望缙云九峰，南望鸡冠山。运河公园在澄江夏溪口，修于1934年，利用宝源运河布置而成。两岸风景如画，河水如镜。北碚还非常注意在辖区培植树木森林。从1929年到1936年，在北碚乡区域就种树10万棵以上，其中北温泉公园65400棵，市区平民公园26500棵。到三峡实验区初期，区署有4处苗圃，合计85亩，每年可育成苗木117万株。② 树木的大量培植，彻底改变了北温泉一带童山濯濯和火焰山一带荒冢累累的残破景象，使之成为风景名胜区、公园区。北碚著称于世，最初实际上在很大程度上就是凭借小三峡温泉和缙云山的名胜风景。由于北碚风景在温塘峡，所以游北碚者多以温塘峡为最终目的。北碚与温塘间，有嘉陵江游艇可以直达，并筑有北温公路，过北碚而游温塘者，四季不绝。

在发展过程中成为重庆附近的名胜区，北碚初步找到了一条依靠自身

① 钟功甫、刘培桐：《北碚土地利用志》，《地理》1945年第5卷第3、4期合刊，“土地利用”第17页。

② 黄子裳、刘选青：《嘉陵江三峡乡村十年来之经济建设》，《北碚月刊》1937年第1卷第5期，第223—226页。

优势生存和发展的一个重要方向。为此，早在1935年，就有访客从峡防局处得知，峡防局有把三峡布置成一个大公园的打算。① 抗战胜利前后，对北碚有深切了解的有关人士又“闻北碚当局复有建三峡为一大公园之拟议，果属确实，则北碚其将成为四川最佳而最大之名胜区乎。”②北碚的开拓者们当然清楚把嘉陵江小三峡建成大公园的不易，根据从小事做起的建设原则，他们还有许多拟议中的小公园建设计划。如北碚市区本来是园林化的重点区域，当初拟把火焰山、黄山堡、马鞍山建设成公园。1930年首先开辟了火焰山公园，抗战时期中山路黄山堡成为立信会计学校的校园。但限于物力财力，修建马鞍山公园的愿望没能实现。又文星场金剑山有一座废庙，占地千亩，峡防局曾经拟定计划，待款举办，但一直没有机会。再如北温泉公园下大沱口（也作大鮀口——引者注），及北碚下游的毛背沱两岸，峡防局曾经计划布置桃花或桂花，使其一处成为桃花湖，一处成为桂花湖。当时设想公园建成后，可以使人在此放舟游览，在峡中又有江湖之胜。③ 除上述拟议中的公园外，北碚当局计划中其他园林布置，限于财力等，“均未着手”。④

北碚不仅环境雅致，而且在20多年的发展中，在教育科学文化卫生以及煤炭工业、制造业、现代农林事业等现代化事业方面取得显著的成就。从相辉学院、勉仁书院、兼善中学，到中国西部科学院、北碚科学博物馆，再到北碚图书馆、汉藏教理院、北碚地方医院、公共体育场，以北碚市为中心，现代设施布满北碚管理局的全境。由峡防局时代训练的500名青年，除一部分到民生公司服务外，大部分散布在辖区内的各个机关和

① 北碚管理局编：《北碚旅游指南》，正中书局1945年版，第14页。

② 孙承烈：《北碚聚落志》，《地理》1945年第5卷第3、4期合刊，“聚落”第6页。

③ 黄子裳、刘选青：《嘉陵江三峡乡村十年来之经济建设》，《北碚月刊》1937年1月第1卷第5期，第9页。

④ 北碚管理局编：《北碚旅游指南》，正中书局1945年版，第8页。

事业单位。这些受过“现代集团生活”训练的人，具有初步的现代观念、现代知识，训练有素、生气勃勃，使以北碚市为中心的北碚管理局辖区158平方公里的范围内，呈现出无穷生机、活力与希望。北碚管理局辖区初步建设成了生产的区域、文化的区域、游览的区域。

其次，北碚城镇功能显著，市政建设独具特色。

郑璧成曾称：北碚是“峡区一切新事业之策源地”。[①] 尽管郑璧成说的是峡防局时期的情况，但这句话同样适应三峡实验区时期和北碚管理局时期。通常，各项新事业首先在北碚（镇）市及附近举办，然后再推广到辖区各乡镇和乡村。从峡防局到北碚管理局，地方当局不仅经常利用端午节、中秋节、“双十节”等重要节日在北碚（镇）市举办各种临时性活动，如展览会、运动会等，进行民众教育，还通过博物馆、报纸、期刊、图书巡回阅览等常设文化设施和文化活动，潜移默化地影响辖区的职员和民众，以使民众了解当局政策措施的旨趣和意义，争取民众的同情、协助和主动参与。

北碚原为江巴璧合四县接壤的偏僻、落后区域，文化建设落后。经过20年左右的建设，包括马路与房屋的改建，公用事业的创立，文化教育的提倡，工商经济的进步等，均可谓突飞猛进，一日千里。经济建设、市政建设取得巨大进步。[②]

就地价看，北碚镇各保地租在1927年时，第1、第2两保都不到1元。[③] 第1保的街头地每方丈3角多一点，中段7角多一点。第2保街头地1角多一点，中段地2.5角多一点。第4保的缙云路、和睦路，第5保的文华路，第6保的金佛路，均不满1元。此时，市内各路，第1、2两

---

① 郑璧成：《游川必携》（三），《新世界》1934年第52期，第40页。

② 孙承烈：《北碚聚落志》，《地理》1945年第5卷第3、4期合刊，“聚落”第6页。

③ 说明：1927年，峡防局尚没有划分保甲，因此此处第几保的表述，只是为了叙述位置准确和方便。

保开始建筑，其他各保地方，街道未改旧观。但原来就是北碚镇市集地方的地租，与新拓马路的第1、第2两保相距不多。由于新修了马路，第1、第2保的地租，应该比此前有所提高，但没有资料以资证明。1931年修筑文华路，1932年修筑金佛路，两路市街地租便乘势上涨。其中文华路街头地从8角上涨到1.2元多，中段地租从2.3元上涨到6.9元多，上涨幅度达3倍；转角地从3.1元多上涨到6.2元多，涨幅达1倍。金佛路街头地从6角上涨到4.69元，涨幅达7倍多。1933年修筑嘉陵路。经该路进入市街的路口地租大涨。和睦路同年筑成，地租从1元以下涨到2元以上。1934年修筑温泉路。总之，从1927年开始修筑市街马路起，到1939年，北碚镇市街各保主要马路先后修筑完成，地租普遍上涨。只有第1和第2保由于是住宅区，上涨幅度比较小。①

随着城镇化的进展，市区内不仅工商业日益繁荣，人口也快速增加。人口的增加进一步要求增加房屋，建造房屋则需要市地，土地由此进一步得到开发和利用而价格上涨。抗战全面爆发后，重庆成为战时首都，经济和政治地位迅速上升。同时，重庆也成为日机轰炸的主要目标。北碚作为与重庆联系紧密的远郊和疏散地，很快就受到巨大的影响。1937年后的北碚镇市街地租，出现急飞猛涨的态势。如第4保缙云路中段地租，涨到1932年的1倍，转角地则涨到近8倍。同是第4保的和睦路涨高近1倍，文华路街头地涨到2倍以上，转角地高涨约1元。金佛路街头地涨高约1元。此后，因为人口增加未已，地租涨风更盛。到1939年，缙云路地租涨到1927年时的1倍以上，和睦路涨到7倍以上，文华路则接近22倍，金佛路接近60倍，第9保（国立江苏医学院一带）接近3倍。第9保地处北碚镇南郊，其地多山，但由于没有被空袭的目标，遭受空袭危险较

① 来元业：《北碚一带房租地租之研究》，《民国二十年代中国大陆土地问题资料》第64册，第33496—33497页。

小，宜于战时居住，结果群趋卜居，导致地租上涨。第1、2保也涨1倍以上。第20保（天生桥一带）在1938年时地租为2.4元多一点，这是因为京华印书馆到此设厂导致上涨过快。1939年，第20保的地价又下降到9角多一点。①

在租地习惯上，市地租赁方式主要有不定期、永久、长租。定期租很少，即使有，租期也至少在10年以上，而且大多是外来机关或个人承租。如财政部所属某机关、经济部职员住宅、中央农业试验场、经济部理化研究所等承租市地，租期都在10年以上。这种定期租方式以租用乡间土地者居多。这些分布在郊外乡间的新租户用地，多为水稻田或在山坡上的旱地，一般占用面积较大。北碚市街郊外四周各保，如第7、8、9等保的租户，多是机关租地筑屋。修筑的房子，有的作为职员宿舍，有的作为机关档案库藏，有的是办公处所。其私人租户，都是用作住家。总之，公私租户，都是战时疏散迁移到北碚的机关和人员。②

从土里利用的角度，观察和分析北碚市区的发展和变迁，也是很有意思的角度和视点。北碚市区最早的街市，是马鞍山山脊上黑龙江路、吉林路（初称西山路、歇马路）一带的长街，山的两侧为耕地。自从清嘉庆年间杜家街的场市迁移到北碚以后，北碚市区开始从马鞍山上发展到山下的平原，把平原上的菜园改为房舍和街道，最初限于北平路一隅。1925年前后，北碚市区住户只有200余户，街道狭窄。1927年以前，民众体育场、民族路、中山路、蔡锷路等地，仍为耕地。1928年，峡防局开始整顿北碚市容，引导市民拆去过街凉亭，改修拓展街道，开辟嘉陵江码头，把街道放宽到1.6—2丈，把荒冢累累的火焰山改建为平民公园。1936年三

① 来元业：《北碚一带房租地租之研究》，《民国二十年代中国大陆土地问题资料》第64册，第33499—33502页。

② 来元业：《北碚一带房租地租之研究》，《民国二十年代中国大陆土地问题资料》第64册，第34482、33462—33463页。

峡实验区成立后，北碚市区已具备城市雏形，住户近千，住民5000多人。全面抗战爆发后，外来机关纷纷迁入，北碚市区商贾云集，市场扩大。自1938年春青北公路与1941年北温公路建成通车后，北碚市区房屋有沿公路发展的趋势。公路两边原有的田野，变为房屋、街道、菜园等，旧式房舍被淘汰，代之以新式洋房。到20世纪40年代中后期，北碚市区已有电灯、自来水、滑翔机场、工厂、学校等，“俨然现代化之市镇”①。

风景优美、市政完备、交通便利，使北碚对抗战时期内迁的文化机关、游客产生了强烈的吸引力，从而形成良性循环。如风景、市政、交通等优点，是文教机关、学校群聚北碚市区的一个重要原因。以学校言，北碚有大学、专科学校、小学等。以研究机关言，北碚有地理、地质、气象、物理、心理、医药、植物、动物、农业、工业等研究所与实验所、编译所及礼乐馆。以社教言，北碚有博物馆、图书馆、民教馆、滑翔站、体育场、托儿所、儿童福利所等。上述众多的重要机关、研究机构和各类学校，多数迁建到北碚市区及其附近，“北碚成为文化区，与此有关”。②又由于北碚市区街道朴实雅静，小巧玲珑，市政建设完备，交通方便，餐宿舒适而经济，也是吸引游客的一个因素。③同时，三峡实验区和北碚管理局辖区是名胜区，游客多，有文化区，因此，迁居到这里的“高人雅士亦较多”。④总之，到抗战中后期，北碚是一个非常文人雅士青睐的优雅的现代城镇。

就北碚市区而言，大致可分为商业中心区、河街区、旧住宅区、新村区4个区域。

---

① 钟功甫、刘培桐：《北碚土地利用志》，《地理》1945年第5卷第3、4期合刊，“土地利用”第15页。

② 孙承烈：《北碚聚落志》，《地理》1945年第5卷第3、4期合刊，“聚落”第4页。

③ 孙承烈：《北碚聚落志》，《地理》1945年第5卷第3、4期合刊，“聚落”第6页。

④ 顾颉刚、杨家骆：《北碚志稿》，《北碚图书馆藏方志珍本丛刊》第3册，第467页。

北碚市区的商业中心区由原北碚场市地加以改建而成，这里是市内仅有的平地，面积不过 5 万平方米。会龙桥大沟完全填平后，增加平地 7 万多平方米。该区域后来通常被称为下半城，这里街道短小而整洁，街面铺以三合土，街旁植有法国梧桐。两层楼房掩映于梧桐树中，显得朴实雅静，小巧玲珑。整个市容，相当美观。商业区一面为马鞍山，其余三面为公共体育场、平民公园、嘉陵江边沙滩、绿地。因此，这一商业中心区空气新鲜，与普通大都市的尘嚣嘈杂，迥异其趣。各街道大致相同，无过分拥挤和清冷的区别。其中，上海路（旧称金佛路）以百货、绸布及上等餐馆为主，南京路（旧称均和路）以成衣店、书店为主，北平路（旧称文华路）及庐山路（旧称黄山路）多成衣店，武昌路（旧称华蓥路）多糖食、酱园、茶馆及普通餐馆。商店分布相当均匀，其原因与街道型式和对外交通线有关。北碚主要对外交通线为嘉陵江水路和青北公路。水路码头与公路车站分别处于长方形对角顶点位置，二顶点间没有相当于对角线的街道相连。因此，方格型街道中，每一街道都有大致相等的人数通过。①

河街位于嘉陵江边沙砾堆上，其商业与嘉陵江水上运输及北碚场市有关。这里有一条主要街道，有许多廉价餐馆和廉价客栈，街道可通轮船码头和木船码头。河街区还有若干次要街道，如菜市、猪市、肉市、鸡鸭市、炭市及竹器、藤器、木器、陶器等市。街道颇为宽阔，但房屋构造十分简单，甚至可称棚户。此处由于地势低洼，街市上的商户在每年洪水季节必须全部搬迁到市内高地，以免被洪水冲走。洪水退后，再行返回搭建简单房屋。此外，这里还有水上居民 30 户，以撑小船为生。②

马鞍山上的长街为旧住宅区，这里位置偏僻，交通不便，是北碚最不

① 孙承烈：《北碚聚落志》，《地理》1945 年第 5 卷第 3、4 期合刊，“聚落”第 5 页。

② 孙承烈：《北碚聚落志》，《地理》1945 年第 5 卷第 3、4 期合刊，“聚落”第 5 页。

引人注意的地方，也是基本上没有进行改建的部分。这条长街起源于何时，已无从考察。旧时北碚场有两条对外陆路交通：一是沿马鞍山脊，经天生桥到歇马场的路线，一是经鱼塘湾、兴隆场到蔡家场的路线。自青北公路通车后，到歇马场的路线改为取道公路，马鞍山长街于是衰落。全面抗战爆发后，北碚市区人口大增，房源紧张，这一古旧长街才再次成为部分公教人员的栖身处所。该区住户中，商人、公教人员及力夫大约各占三分之一。①

新村区是上述 3 个区域之外市区的部分。该区域内除中心小学、红卍字会、国立戏剧专科学校及少部分住宅是旧式建筑外，其余绝大部分是新式建筑。房屋形式与排列方法，与北碚商业区完全不同。其房屋多为 2 层，1 层、3 层的很少。房屋散布在丘陵中，以公路及石板路相联络。该区全是机关、学校以及公用事业区域。新村的北边，过马鞍山隧道（现文星湾隧道），有大明纺织染厂、中国西部科学院、中国西部博物馆、“中央研究院动物研究所”、“中央地质调查所”、新源面粉厂等。这里实际上是北碚市区的有机组成部分，只是被马鞍山阻隔了与北碚市区的联系，通常不被列入北碚市区。②

当时未被列入北碚市区的还有天生桥、杜家街。

天生桥地处北碚市区沿青北公路西行 1 公里处平缓的山坡上，这里原为北碚到歇马坡大道上的小店子，有 8 户居民。青北公路在 1938 年春开通后，老天生桥冷落。公路旁产生一个新聚落，开始时只有 3 户人家，其中 1 户还是从老天生桥迁移而来的。北碚在 1939 年被划为疏建区后，重庆人口疏散下乡，天生桥一带地势平坦，交通便利，于是渐趋繁荣。税务署、中央革命勋绩审查委员会、国大代表选举办事处、京华印书馆、中央

① 孙承烈：《北碚聚落志》，《地理》1945 年第 5 卷第 3、4 期合刊，“聚落”第 5 页。
② 孙承烈：《北碚聚落志》，《地理》1945 年第 5 卷第 3、4 期合刊，“聚落”第 5—6 页。

农业实验所等先后迁到这里，“堪称典型之路村”。[①]1938—1939年，这一带开始大兴土木，天生桥长街就在这一时期被开辟出来，饮食、旅栈、服装、日用品等各种零售商店也发展起来。1942—1943年，各机关及外省居民陆续离去，市面繁荣有所减色。此后，除中央农业实验所外，居民多为附近乡下及邻县迁来者。天生桥街长约1市里，人口1000多人，成为北碚附近的一大店子。[②]

由北碚沿江北行约1公里，过马鞍溪就到了杜家街。杜家街在清初曾为场市，清嘉庆时被洪水冲毁后，场市迁移到北碚市区。此地街市狭窄，抗战前只有1户人家和1处果园。全面抗战时期，杜家街成为迁建机关的集中地之一，中央工业试验所、中央研究院物理研究所及心理研究所等先后迁入。迁入机关还以此地为中心，建起酿造厂，开办小食店、杂货店等，人口增加到1000人左右，其中以工业试验所人口较多，约占二分之一以上。杜家街也成为北碚市区的一个附属区域。[③]

就北碚市区金融方面看，抗战时期的北碚市区有中国、中国农民、美丰、和成、北碚等银行及北碚合作金库、钱庄等。这些金融机构的主要业务是为机关、学校汇款、存款及商场、农村存放款等。商店方面，有机米厂、米店、绸布店、百货商店、书店、饮食店、旅栈、服装店、糖食店、中药店、药材行、西药店。除药材行外，都经营零售生意。每逢场期，粮食、蔬菜、布匹、百货、陶瓷、山货等摊贩杂陈，生意极为兴盛。场期一过，大部分变为商店生意。北碚市区有一处商场集中很多布摊及百货摊，还有一处米市场集中了很多米摊。可见，北碚城镇化的进展，已经“逐渐

---

① 钟功甫、刘培桐:《北碚土地利用志》,《地理》1945年第5卷第3、4期合刊,“土地利用”第16页。

② 孙承烈:《北碚聚落志》,《地理》1945年第5卷第3、4期合刊,“聚落”第7页。

③ 孙承烈:《北碚聚落志》,《地理》1945年第5卷第3、4期合刊,“聚落”第7—8页。

脱离场市制度”。①

就北碚市区人口方面看，到1945年12月，北碚市区人口共有10430人。其中，商业中心区及河街区约占二分之一，余为非商业区人口。就籍贯而言，朝阳镇人口中北碚管理局籍及四川本省籍各占五分之二，其余为外省籍。从人口分布上看，辖区农村人口几乎全为管理局籍贯，而四川省及外省籍当有十分之八九居住在北碚市区及其周围，这些人口大抵都是战时迁移来的人口。若就北碚商业中心区商店业主的籍贯而言，外省籍约占30%，其中湖北及江浙等占多数。四川省籍约占24%，战时及战后移入市区者占26%。1943年以后，重庆空隙减少，外省商人逐渐他迁，北碚管理局所属的本地商人代之而兴。②

其三，形成了现代工矿商业、人口集中的区域性城镇体系。

在北碚城镇化进程中，除北碚市区得到发展外，辖区还有如若干矿业、农业性的场镇，包容金刚碑、澄江口和夏溪口、二岩、东阳镇、黄桷树、文星场、白庙子都得到了发展。这些场镇与北碚市一起，构成一个区域性城镇体系，并成为重庆都市圈的有机组成部分。

金刚碑是嘉陵江边一个具有相当长历史的煤炭出口港，相传金刚碑煤业兴起的时间，与夏溪口、二岩不相上下，仅略迟于黄桷树。金刚碑的煤，来自缙云山东南麓。清同治时期相当繁盛，当时街道两旁皆为煤栈，销行涪江流域产盐区。清光绪末年，重庆创办铜元局，以本地煤炭适于锅炉燃烧而大量采用。1920—1921年间，重庆轮船也购用金刚碑煤炭，此处煤炭遂达到极盛。金刚碑运煤用驼马，把煤从山上运下，转由人工挑到船上，因此街上多马粪。③1922—1923年，重庆铜元局停办，金刚碑煤业

---

① 孙承烈：《北碚聚落志》，《地理》1945年第5卷第3、4期合刊，“聚落”第6页。

② 孙承烈：《北碚聚落志》，《地理》1945年第5卷第3、4期合刊，“聚落”第7页。

③ 钟功甫、刘培桐：《北碚土地利用志》，《地理》1945年第5卷第3、4期合刊，“土地利用”第16页。

逐渐衰败。1935—1936年进一步衰败。全面抗战爆发后，金刚碑煤炭业有所复兴，销量有限。加上位置、煤业、交通等方面的不利条件，金刚碑商业上的活力也日益减弱。金刚碑市内及其周围居民共计有2500人左右，迁建机关及眷属、学生占二分之一，从事煤业、马业、力业、小船业者约占十分之三，所余为经营饮食、杂货的商民。①

澄江口与夏溪口都在沥濞峡、温塘峡间之嘉陵江右岸，分倚在一小丘的南北麓。澄江口是场市，是璧山八塘、七塘、临江、依凤诸场货物出口，也是北碚、合川、重庆货物输入璧山的要地。此地面临嘉陵江，右倚小山丘，发展深受地理上的限制。不过，受到抗战时期人口增加的影响，此地聚落扩张较快，原有江边荒地已筑成马路，并与夏溪口连成二公里的环形市场。夏溪口为煤港，是蔡家沟宝源煤矿和燧川煤矿的出口。宝源运河未通前，从蔡家沟运煤到夏溪口。②抗战时期，澄江口和夏溪口联为一体。就澄江镇所属地而言，包括澄江口丘陵地及缙云山山地的北坡。此处丘陵地农事发达，水田稠密，是北碚境内最殷富的农村。缙云山地农事不盛，但煤业发达，竹木也多。全面抗战前煤产量超过天府公司。因此，澄江镇在北碚各属中，属于经济基础最为雄厚的区域。但缙云山地北坡的煤炭由夏溪口出口，与澄江口无关。因此，澄江口的商业，只限于粮食及日用品。夏溪口与澄江口城镇性质不同，整个基础建立在煤业上，与农村关系很少。自宝源公司大量采煤后，夏溪口逐渐发达。宝源煤矿公司为蓝文彬创办，成立于1928年。由于该矿矿硐离江边远达20华里，为解决运输问题在1934年自筑运河及轻便铁路。到1936年，该公司煤矿已由两个厂增至5个厂（双河口、黄炎沟、阳泗沟、蔡家沟、倒插沟），所产煤量占温塘峡全区80%，燧川、燧华等公司共占20%。宝源公司1937年以后产

① 孙承烈：《北碚聚落志》，《地理》1945年第5卷第3、4期合刊，“聚落”第8—9页。

② 钟功甫、刘培桐：《北碚土地利用志》，《地理》1945年第5卷第3、4期合刊，“土地利用”第15—16页。

量见表5。

表5 宝源煤矿公司历年产量概况（1937—1944）

年度	产量（吨）	年度	产量（吨）
1937	57205	1941	120183
1938	84251	1942	125085
1939	95589	1943	114485
1940	121264	1944	89160

宝源公司所产煤炭，均由夏溪口出口，以1942年产量最多。之后因政府限价，产量锐减，但对夏溪口的繁荣，当时并无明显影响。

全面抗战爆发后，澄夏二地，受到显著影响：第一，煤产量迅速增加，人口聚落随之扩展。第二，新工业随煤产增加而迅速兴起，如嘉陵江左岸白沙沱的玻璃厂，三花石的酒精厂，塘坊嘴的肥皂厂，官都石的汽油厂，烟湖滩的纸厂等，环绕澄江市区周围，都是轻工业工厂。第三，澄夏两地成为诸多机关、学校集中的迁建区，如中央测量学校迁设澄夏二市区、三花石及璧山上马台等地。荣誉军人自治实验区设于夏溪口运河口。第四，由于环境变迁，使澄夏建设加速，如环市马路及温澄公路的修筑，利用澄夏间山地建设公园，修电灯厂、自来水厂、体育场、新戏院等。①

二岩位于观音峡中崖足积石坡上，地势狭窄，不可能形成市场，但由于煤洞在江边，依山辟煤栈，建车路，筑员工住宅与饮食店及乡公所等，房舍栉比，俨然一市。②相传二岩煤矿的开采，约始于清康熙年间，略迟于黄桷树。抗战时期有和平、复兴隆、立中三3家煤矿公司，其中和平煤矿规模最大，矿内工人约有500多人，每月约产煤2000多吨。复兴隆及立中较小，产量不多，所产煤炭，运销重庆各工厂。二岩共有人口约

① 孙承烈：《北碚聚落志》，《地理》1945年第5卷第3、4期合刊，“聚落”第9—11页。

② 钟功甫、刘培桐：《北碚土地利用志》，《地理》1945年第5卷第3、4期合刊，“土地利用”第16页。

1500人，其中煤矿工人约80%以上，其次是小摊贩及其他工人如船夫等。二岩南的力行中学及儿童教养院，都在温塘对岸，与温塘峡名胜风景有关。①

东阳镇前临嘉陵江，背倚石子山寨，位于一窄狭之冲积阶地上，过去曾是嘉陵江沿江的大市镇，但早就沦落为小村镇。②东阳镇以阴历二、五、八日为场期，为嘉陵江左岸丘陵地的主要场市，上下坝盛产菜蔬、甘蔗，也由此出口，同时是清平、土主二场的出口地。以地势论，东阳镇停船条件不如北碚。但北碚开发很迟，最初的场市在杜家街而不在北碚，因为杜家街位于丘陵地正中。但杜家街的地理形势未见得好于东阳镇，所以东阳镇能成为嘉陵江左岸货物的出入港口，而不受杜家街的影响。③

黄桷树是刘家槽煤矿出口最近良港，而且地势平衍，便于堆煤及从事建筑。江阔水深，便于停船，也是土主场、清平场、文星场出嘉陵江的必经之路。因此，此处聚落发展迅速，到清光绪时达到极盛。当时有炭坪110余家，运煤工达万余人。所产的煤，最初销涪江流域盐区，供煮盐用。销重庆及附近各地家用者，为数极少。清末涪江盐区产量减少，销煤也大减。不过重庆近代工业逐渐兴起，轮船航运逐渐发达，煤炭销往重庆者也逐渐增加。1927年前后，黄桷树的炭坪，有80多家。1930年北川铁路修建并部分通车后，刘家槽的煤炭改从白庙子出口，黄桷树煤港随之逐渐衰微，被白庙子代替。1942年三才生公司修筑的戴家沟到黄桷树运煤的铁路（即戴黄铁路）完成通车，该公司煤炭经铁路从黄桷树出口，当时认为黄桷树有复兴的希望。仅维持三年，该公司于1944年倒闭。因

① 孙承烈：《北碚聚落志》，《地理》1945年第5卷第3、4期合刊，“聚落”第11页。

② 钟功甫、刘培桐：《北碚土地利用志》，《地理》1945年第5卷第3、4期合刊，“土地利用”第16页。

③ 孙承烈：《北碚聚落志》，《地理》1945年第5卷第3、4期合刊，“聚落”第11—12页。

此，戴黄铁路未能改变黄桷镇衰落的命运。① 黄桷树的煤业，始终未能恢复，到 40 年代中期，炭坪 8 家仅剩而已。在过去煤业未盛时，嘉陵江小三峡左岸丘陵地的中央，原有东阳镇是农业社会的场市，黄桷镇由于煤业旺盛，商业也随之发达，于是逐渐取代东阳镇场市。黄桷树设场较早，始于清同治年间，但规模并不大。全面抗战爆发后，上海复旦大学迁到黄桷树，最初借居市内紫云宫及民房，随后在夏坝修建新校舍，但教职员眷属及小部分学生仍在市内租屋居住，因此不仅促进了黄桷树场市的繁荣，而且给予黄桷树以浓厚文化气息及新生活习惯的刺激。由黄桷树入口的货物，有米粮、菜蔬、盐、糖、布匹、菜油、桐油及其他日用品等，其中米粮、菜蔬、菜油、桐油等，除本地自产一部分外，大多来自合川。盐、糖、布匹及日用品等，大多来自北碚，部分来自重庆。黄桷镇腹地范围包括土主、清平、文星等乡镇，煤业不如夏溪口，商业上的重要性则超过澄江口，因此即使北川铁路修筑通车后，黄桷树仍能维持相当繁荣。黄桷树街上约有人口 3500 人，若加上夏坝复旦大学，应该有 6000 人左右。在 3500 人中，经营商业者为数不少，但苦力有 200 多户，在 1000 人左右，约占全体 20%。另有船夫 70 多，约 300 多人，占全体人口 10%。实际上，在黄桷树讨生活的苦力尚不止此数，因为有若干苦力分布在幺店子、天神庙及石桥店子等地的乡间。以人口籍贯看，黄桷镇市内外省人口也有 400—500 人之多。除大部分是复旦师生及眷属外，其余者多是外省商人。由此可见，黄桷树是煤及其他山地产品的出口港，是农业社会的场市，同时又是抗战时期的迁建中心。由于黄桷树背后是大片山地，除水上交通为其命脉外，当时在此地背后山地建筑公路，或修建直达重庆的公路相当困难，此是为黄桷树不如北碚的地方。②

① 钟功甫、刘培桐：《北碚土地利用志》，《地理》1945 年第 5 卷第 3、4 期合刊，“土地利用”第 15—16 页。

② 孙承烈：《北碚聚落志》，《地理》1945 年第 5 卷第 3、4 期合刊，“聚落”第 12—13 页。

文星场是川东最大煤矿区域刘家槽最大的集镇，具有显著的乡村集镇特色。此地位于大田坎、吊耳岩一带煤炭产地到黄桷镇或白庙子的中间地带，有天府公司、三才生公司、重庆电力公司等煤矿及若干小矿。往时所有煤矿出产的煤炭，均沿着石板大路经文星场挑运到黄桷树出口，也有少数煤炭顺槽地挑到干洞子出口，因此槽中来往挑夫，不绝于途。在煤业兴盛时，沿路房屋相连，形成数十里长街，商业颇为发达。据云，文星场在清初仅有一二家草房，康熙时始随煤业而兴，咸丰时设场，以迄于今。自北川铁路修筑成功，各大煤矿用火车运煤到白庙子出口，只有少数煤矿，仍经挑运到黄桷树及干洞子出口，挑夫大为减少，数十里长街近于消灭，文星场也受很大影响。文星场所属人口稠密，每方公里达500多人。房屋分布于宽一公里的长形刘家槽地中，几乎全为工人阶级人口，消费力量薄弱。文星场的商业特性，已大为改变。① 铁路沿线小食店、杂货店分布其间，而不集中于文星场一处。因此文星场虽在此种环境中，并无过度拥挤的现象。②

白庙子几乎全靠煤炭而兴。1928年前，白庙子只有4姓住户和1个小庙。北川铁路原拟从黄桷树出口，由于地方人士迷信风水坚决反对，改道出白庙子。随着北川铁路的建成和天府煤矿的成立，白庙子成为观音峡一带“大大小小煤矿通往外面的总口”。③ 白庙子车站高出嘉陵江水面约140—180米，天府公司利用山坡，先后修筑放坡绞车4道，把轻便铁路所运出的煤炭，用绞车逐段分运。又在江边修建一座卸煤铁桥，该铁桥可随水位高低而升降。通过该卸煤铁锹，煤焦即可直接卸到船上。④ 白庙

① 钟功甫、刘培桐：《北碚土地利用志》，《地理》1945年第5卷第3、4期合刊，“土地利用”第16页。

② 孙承烈：《北碚聚落志》，《地理》1945年第5卷第3、4期合刊，“聚落”第14页。

③ 东海：《重庆活力的源泉——天府煤矿》，《科学时代》1947年第2卷第3期，第23页。

④ 程宗阳：《四年来之天府煤矿》，《矿冶》1942年复刊号，第87、92页。

子就凭借煤炭出口港的便利条件，三四年间，从只有几户人家的冷落荒郊，一跃成为嘉陵江边繁荣的小市镇。① 随着全面抗战爆发后重庆工业的兴起，白庙子的重要性进一步凸显："每天火车在白庙子的山腰中凄厉的尖叫一声，接着'哭喷哭喷'的喘着气，在煤仓上面把车里的煤吐了出来，于是绞车载着煤，哗的一声落到江边，同时另外一双空车被拉了上去。在河边满载着煤块只剩几寸船舷露出水面的木船，慢慢的顺水摇往重庆。上下的轮船也在这里加煤，连普通的木船，也要在这里买点煤来煮饭，或是靠拉丘二（纤夫）的肩膀把它拖上遂宁、三台。"② 天府公司除长期租用民船 40—50 艘外，还自置（制）木船，新旧共有 156 艘。③ 自置（制）和租用 200 只左右，总载重万余吨的木船，白庙子水上运输的繁忙情形也可以想见。白庙子的居民增加到百余户，新建绞车 2 部，筑煤栈、车站、机房等，旅舍、饮食店也应运而生。白庙子原本窄狭、崎岖的山坡，为房舍遮盖，成为一新兴市场。④ 白庙子的商业区有二个：一个在市中心区，是饮食店、旅栈、各种杂货商店集聚区域；一个在北面坡上，是煤工饮食店集中区域。商业区的东半部为天府公司范围，西半部为其他煤矿公司范围。从面积上看，商业区不到 1/10，煤业区占 9/10 以上。整个白庙子的房屋，"几均与煤业有关"。天府公司出口的煤与年俱增，1941 年平均每月 2000 吨，1942 年每月 6000 吨，1943 年每月 17000 吨，1944 年每月 30000 吨，1945 年每月则在 30000 吨以上。若加上其他公司合并计算，每月当在 40000 吨以上。运煤船达 200 多艘，船户人口达数百人。陆上运输的职工人口，数倍于船户。白庙子全部户口 3600 人中，水陆运工 80% 以

---

① 北碚管理局编：《北碚概况》，1949 年 10 月，第 25 页。

② 东海：《重庆活力的源泉——天府煤矿》，《科学时代》1947 年第 2 卷第 3 期，第 25 页。

③ 天府煤矿股份有限公司编：《天府煤矿概况》，第 30 页。

④ 钟功甫、刘培桐：《北碚土地利用志》，《地理》1945 年第 5 卷第 3、4 期合刊，"土地利用"第 16 页。

上。[①] 由于煤炭的装卸和运输，白庙子从山顶到江边，全是一片黝黑，到处的煤粉煤屑。因此有人说：“从这个市镇的名称上，人们很容易误会到它的景色。”实际上，这是一个黑色的市镇聚落，[②] 一个“黑色的白庙子”[③]。

二、卢作孚在北碚城镇化变迁中的作用

黄炎培说北碚是人杰地灵。《良友》画报的张沅恒在游览北碚后也说：北碚是嘉陵江峡区中的一个小镇，离重庆约 32 哩。这个小镇以前并不引人注意，直到镇上出了一位出色的人物，就是民生实业公司总经理卢作孚，这地方才逐渐受人尊重。近十年来经他一番苦心经营，北碚市区相继创办了三峡染织厂、中国西部科学院、兼善中学、博物院、公园、地方医院，又努力把距离北碚镇三哩的温泉区域，建成温泉公园。不到 10 年功夫，“这（北碚）一个默默无闻的小地方，便一跃而为大受游人歌颂的模范镇了。”[④] 总之，人们在谈到北碚时，总是把它与卢作孚联系在一起。卢作孚自己也曾把他在北碚建设中的措施和办法，看作他主持的“创造现代集团生活”试验中的一个有机组成部分。

卢作孚从 18 岁起在社会上努力奋斗，通过学习、探索、观察、思考，形成了一套关于社会改造的主张。卢作孚关于社会改造的主张集中体现在《一个根本事业怎样着手经营的一个意见》《两市村之建设》《怎么样做事——为社会做事》《乡村建设》《中国人的问题省人才有无的问题》《把事业做好就是救国》《社会生活与社会集团》《中国的根本问题是人的训练》《建设中国的困难及其必循的道路》《四川嘉陵江三峡的乡村运动》《国民

---

① 孙承烈：《北碚聚落志》，《地理》1945 年第 5 卷第 3、4 期合刊，第 14 页。

② 钟功甫、刘培桐：《北碚土地利用志》，《地理》1945 年第 5 卷第 3、4 期合刊，“土地利用”第 16 页。

③ 方师：《天府煤矿》，《科学大众》1948 年第 3 卷第 4 期，第 201 页。

④ 张沅恒：《北碚之行：川游片段》，《良友画报》1939 年第 140 期，第 27 页。

经济建设的一般原则》《中国应该怎么办》《我们要“变”，要不断地“变”》《工商管理》《论中国战后建设》《国际交往与中国建设》《新北碚的建设》《如何彻底改造教育》《教育就是建设》等一系列论著和谈话中。同时，卢作孚不是一个单纯探讨理论的思想家或理论家，而是一个脚踏实地的实干家。他以小学毕业教育的文化程度，经过努力奋斗而成为报纸主编、知识精英、实业家，并从地方政府机关科员，断断续续逐级做到科长、处长、厅长，乃至于中央政府高级官员。在北碚试验中，他是开创者，是诸多事业的创办人，又是士绅型的强有力指导者。因此，他“可以想到哪里就做到哪里，……把自己的思想与实践紧密结合，将思想作为实践蓝图，将实践作为思想的实验，并且通过两者的互动实现相互完善。这是卢作孚成功之所在。”① 卢作孚自己也说，他是先试验，再计划。有些试验，如油桐栽培试验、西山坪农场经营，② 实际上都以失败告终。因为油桐尽管好暖喜湿，但冬天的温度也不宜过高。过高则油桐无法冬眠，只长叶子不结果实。③ 但总体上看，北碚的城镇化建设是成功了的。当然，说他想到哪里就做到哪里，不是说他可以随心所欲，而是说他可以更直接地把自己的想法付诸实践，而且可以在实践的过程中，调整自己的想法和做法，从而在筚路蓝缕中创造和开辟建设的新路。

（一）城镇化为中心的治理方式

卢作孚接掌峡防局的时候，峡防局是一个江巴璧合四县合组的团务机构，不是行政组织，也没有进行经济、文化、社会建设的任务。但是，治安工作需要标本兼治才能从根本上取得成效，而治本之策在于建设，使人有谋生的机会和能力。当时峡防局负责治安的区域有 20 多个乡镇，卢作孚决定以北碚乡特别是北碚镇为重点从事建设。于是在此创办一系列新事

① 虞和平：《〈卢作孚年谱长编〉序》，《卢作孚年谱长编》，第 4 页。

② 伍玉璋：《北碚合作事业之未来》，《四川经济季刊》1946 年第 3 卷第 3 期，第 64 页。

③ 侯坤宏：《抗战时期得中国桐油事业》，《近代中国农村史论文集》，第 382 页。

业，在创办新事业的同时训练青年。参加了1934年8月在北碚举办的中国科学社第18次年会的胡先骕评论说：

> 先是嘉陵江小三峡一带，以其地位于数县交界之处，为盗匪之逋逃薮。卢君出任峡防局长后，乃办团防，首将盗匪肃清。继乃经营北碚镇市政，禁赌博，禁鸦片，办中小学，立医院，设民众俱乐部、图书馆等。近数年国内外学术机关入川省采集动植物标本研究地质学者踵相接，卢君皆派练习生从之采集。后乃创办西部科学院，筹设农事试验场。计西部科学院中已成立者，有动物、植物、地质、化学数部，虽凡百草创，然已渐有规模。其经费概出于捐募，捐募不足则不惜出于借贷。今科学院之二万金巨厦，即借款建筑者。其植物与昆虫采集队，已深入西昌、会理、川边、青海各处，成绩灿然可观。似此身非科学家，处竭蹶之经费状态之下，而提倡科学不遗余力者，吾国殆只卢君一人焉。其自治成绩之卓越，固不仅其辖制之区域内，无盗匪烟赌之踪迹，其所办之学校与通俗教育尤有朝气。其所创办之温泉公园，竟使盗匪庋藏肉票之魔窟，一变而为重庆附近最美丽之避暑区域。①

胡先骕观察到的建设内容，集中到一点就是“经营北碚镇市政”。这一观察是准确、可靠的。峡防局时期的三峡建设，核心内容就是以北碚镇为中心进行现代化事业的布局和经营。这一布局和经营，直接造成了北碚城镇化的发展趋势。

由于峡防局是团务组织，因此，在北碚城镇化进程之初，武化色彩相当浓厚。嘉陵江小三峡山峦起伏，水流湍急，谋生不易，造成民性强悍的区域社会特点。这种区域中的人民，在正常的社会氛围中，凭借顽强、坚

① 胡先骕：《蜀游杂感》，《独立评论》1933年第70号，第15页。

韧和机智，可以克服种种自然的社会困难。若是遇到乱世，则易于土匪横行，沦为鬼蜮。峡防局正是针对土匪横行应运而生的自治性治安机构，以团防武装维持地方社会秩序。直到抗战初期，三峡实验区仍有剿匪职责。如 1937 年 12 月，江北、合川边境“股匪猖獗，实验区署派队清剿四十余次之多”[①]。峡防局不仅拥有“常备队”武装，像少年义勇队、学生队等基本干部训练中，军事科目和军事知识的训练也都是基本要求。根据卢作孚的安排，1930 年 3 月 3 日峡防局还举办高等军事训练班，对峡防局中 20 多位未受过军事训练的职员进行为期 6 个星期的军事训练。[②] 峡防局在改组之初就开辟公共体育场，实际上是士兵的操场，也是练兵场。之所以称为体育场，是因为在士兵演操之余，士兵和市民都可以在此从事体育活动。这种方法还含有转变社会风气的旨趣，就是用正当、健康的娱乐取代不良娱乐。资料称：“北碚是就内设三峡之根本地，也是改进峡区民众生活之根本地。先说峡局之纪律生活。一日之情况：放炮起床，洒扫运动。六钟集合大运动场，练习各种健身运动，七钟下运动场早餐。餐后八钟入大办公室分股分部办公，值如学生上课，不能缺席。午后三钟下办公室，齐集图书馆，看书阅报。五钟或运动或逛公园，但亦须团体活动。夜晚读书二钟，放炮入寝。”[③] 峡防局到三峡实验区时期，峡防局职员起床、吃饭、睡觉，要鸣炮、吹号，军事化的氛围笼罩十分浓厚，前来参观者往往对此印象深刻。卢作孚还用这些武化的青年，培修公园，清理街道，进行社会调查，从事和推动民众教育，到川边从事标本采集，创办中国西部科学院、实用小学，保护前来从事科学研究的相关人员。这样做的结果，往往取得意想不到的成效。当然，峡防局的武化不是片面的，职员、士兵要有半天的时间读书学习。他们当时的口号是：“真正的纪律化，就是我

---

① 顾颉刚、杨家骆：《北碚志稿》，《北碚图书馆藏方志珍本丛刊》第 1 册，第 378 页。

② 《峡局开设高等军事训练班》，《嘉陵江》1930 年 3 月 5 日，无版页序号。

③ 徐亚明：《四川新建设中之三峡》，《复兴月刊》1935 年第 3 卷第 6—7 期，第 10—11 页。

们一般人平常所说的文人武化。但是我们是武人，急切需要的，还是要文化。”[①] 武化和文化的有机结合，有助于新秩序的建设。

卢作孚是一个具有强烈爱国主义情怀的志士，他主张并强调“大处着眼，小处着手”的做事方法。早在 1923 年，卢作孚就提出“局部改造以规范全局”的基本思路，实际上就是先做试验的工作，取得经验后再进行推广，这是现代化过程中切实有效的推进办法。北碚城镇化的进程，正是这种做事方法的体现。北碚城镇化涉及的地方实际上很小，就乡镇一级单位而言，最初主要是北碚乡特别是北碚场，最多的时候也从 5 个乡镇重组而来的 8 个乡镇。卢作孚说：“要想把一桩事情做好，就需要范围极小，因为小的关系，所以才把它做得极细致，最细致的地方，最能造起广大的影响。今天我们要晓得我们的范围愈小，就是愈给与我们造得大的影响的机会，即是我们更不要错过这样的机会。”[②] 卢作孚深信罗素的主张，丁文江也曾建议他集中力量以求一种事业有大成，这使他坚定局部改造是有意义、可行的社会工作。他曾撰《一个事一个村》小册子，“事即以创办民生公司为试验，村即以建设北碚为试验。建设北碚就是一种社会事业”。[③]

全面抗战时期北碚成为陪都附近最为重要的科学中心，川渝地区的文化三坝之一，以 160 平方公里之地聚集了 3000 名学人。这里布置精美的公园，是陪都附近唯一的游览胜地，对来自各地的游人具有诱人的魅力。1938 年秋顾颉刚第一次到北碚游览，对嘉陵江小三峡、北温泉一带景物留下深刻印象。10 月 11 日的日记载：“嘉陵江近北碚处有三峡，风景甚秀。”[④]10 月 12 日的日记载：“北温泉在两山间，山石如屏，森林如

① 宋在田：《督练部报告》，《工作周刊》1933 年第 15 期，第 15 页。

② 卢作孚：《峡防局特务学生队种痘归来欢迎报告会上的讲评》（1933 年 3 月 30 日），《工作周刊》1933 年第 2 期，第 21 页。

③ 卢作孚：《一段错误的经历》，《抗战与交通》1940 年第 36、37 期合刊，第 705—708 页。

④ 顾颉刚：《顾颉刚日记》卷 4，第 146 页。

翠。乳花洞幽幽邃多转折。将来再往，当留宿数天以穷其胜。由北碚坐滑竿至温泉，道路险绝。此行限于时间，未能一游缙云寺，可惜。”① 后顾颉刚卜居北碚，对北温泉更是喜爱有加。1945 年 10 月 19 日日记载：“北温泉气魄大，南温泉境界幽。北泉自然人工两胜，南泉自然有余，人工不足。”②

北碚城镇化过程中体现出来的城市精神，是城市精英发挥主动精神和进取精神，创办一系列现代事业，并动员民众和激发民众的主动性和积极性参与到各种建设中来。北碚及相关事业的开创者卢作孚，以一个具有丰富社会阅历和行政历练的现代城市知识精英，③ 被任命为峡防局局长。在北碚试验的过程中，卢作孚从一个城市知识精英逐渐蜕变，并成为实业精英和政治精英。就北碚试验而言，卢作孚不仅发挥了自己作为知识精英、实业精英、政治精英的长才，而且注意到充分调动民众的积极性、主动性的重要性并通过创造环境、利用夏节（端午节）等方法进行卓有成效的民众教育和民众动员。北碚负责民教工作的葛向荣就此有生动的说明，他说：“我们从民众态度的反应，来观察民教推行的影响：第一期，民众反对一切建设。例如修北川铁路，黄桷树民众认为破坏风水，坚决反对。此外，反对种痘，反对打防疫针，反对修街，反对办民众教育等等。第二期，民众同情一切建设。例如接受种牛痘，打针及西医医病，接受清洁检查，接受识字教育，接受推广优良品种。第三期，民众协助一切建设。如改进公共厕所，兴建校舍等，有人捐钱，有人捐材料，捐工作。第四期，民众要求一切建设。如北碚镇沟防洪，有人出来主张倡议和主持计划。有自动的修铁路，修公路，修村路。地方人士竞设中学，竞修乡镇，均自己

① 顾颉刚：《顾颉刚日记》卷 4，第 146 页。
② 顾颉刚：《顾颉刚日记》卷 5，第 544 页。
③ 张瑾：《权力、冲突与变革——1926—1937 年重庆城市现代化研究》，第 316—317 页。

出钱出力，自己推进主持。”[1]精英治理和民众动员双管齐下，不仅使北碚试验中城镇化和工业化的阻力大为降低，而且产生了来自社会本身的走向城市化和工业化的充分动力和清晰的行进方向。

卢作孚关于社会改造的论述中，非常强调要超越传统的双重集团生活即家庭、亲戚邻里朋友关系，创造新的现代集团生活。新的现代集团生活是在传统的基础上适应新环境创造出来，绝没有完全脱离传统的现代。[2]在北碚试验中，大才过找、小才过考是人才使用和培育的基本方法。大才是怎样找到以及找到了何人呢？经过仔细考察后我们会发现，有一部分人是此前峡防局职员留任而来的，如副局长熊明甫，峡防局重要骨干赵仲舒，负责教育的张从吾，创办兼善中学的郑献征，中国西部科学院各部门的负责人和研究人员等，都是从各方面找来的。卢作孚的长兄卢志林为民生公司驻北碚办事处主任，卢作孚三弟卢尔勤为峡防局团务委员，卢作孚四弟卢子英为峡防局常练队队附，后任督练长，再后担任三峡实验区副区长、北碚管理局局长，也是找来的。卢子英、卢尔勤在北碚试验中均发挥了非常重要的作用。卢尔勤在卢作孚之前就有在北碚办团的经历、经验和基础。在峡防局改组成立后，正是通过卢尔勤的努力，峡防局才开辟出西山坪农场，进行了相关的农业试验。北碚在20年中的政治稳定，得宜于上述安排：

> 首先应该提到的就是政治当局的稳定，管理局当局，自从1927年莅任以来，从没有因上级政治当局的变动，影响过他的去留，再加上他志在做事而不在做官的苦干精神，领导着和它有同样作风的局内外各级干部人员，共同在一个大计划下努力，举凡市政的改进，社会

① 葛向荣：《北碚的民教活动》（1942），北碚管理局编：《北碚概况》，1949年10月，第45页。

② 金耀基：《从传统到现代·补编》，法律出版社2010年版，第164页。

的安定，政令的贯彻，经济、文化、交通的建设，都是管理局和地方人士，切切实一点一滴完成的。大家都知道北碚地方的可爱，却不是偶然的。①

后来的三峡实验区、北碚管理局，和此前的峡防团务局“在人事上有着不可分离的历史关系”。②

卢作孚在北碚城镇化建设过程中，不仅着力于北碚自身的特色，而且尽力把北碚的发展和建设融入重庆城市体系。而重庆市民也逐渐把北碚看成重庆城市的骄傲。外地来的贵宾，重庆本地人往往向其介绍北碚。曾担任《良友》主编的张沅恒就说：“到重庆去的人，谁都想到北碚或南温泉去逛一次，连住在重庆的土著，也把这两处地方，作为介绍外来旅客的唯一游览地。许多人说：从宜昌溯长江而上，固然可以鉴赏到雄伟的三峡，登过峨嵋金顶的人，更赞叹云海和西康雪山的奇景，但是到了重庆而不到北碚或南温泉一游，毕竟要成为终身的遗憾，所以我才踏上重庆码头，心中早在打算着怎样去游北碚了。到从北碚倦游归来，才证实并没有虚此一行。”③

（二）三驾马车为支柱的社会重组

卢作孚是个爱国的现代企业家，他要用现代化的办法改造小三峡地区并建设北碚。产业、文化、游览 3 项事业是卢作孚以城市化为中心重组峡区社会，推进峡区社会进步的三驾马车，这三驾马车在 1930 年考察团回川后差不多同时踏上征途。天府煤矿和三峡染织厂代表工业，中国西部科学院和兼善学校代表科学教育，北泉公园代表游览事业。

---

① 沙江：《传习教育在北碚》，《嘉陵江日报》1948 年 5 月 1 日，第 2 版。

② 社会部统计处：《北碚社会概况调查》，《民国时期社会调查丛编·二编·城市（劳工）生活卷》（上），第 251 页。

③ 张沅恒：《北碚之行：川游片段》，《良友画报》1939 年第 140 期，第 26—27 页。

到20世纪40年代，北碚成为重庆的煤炭工业基地。天府煤矿规模之大，煤产量之丰，产运设备之先进，在大后方可谓首屈一指。特别值得注意的是，天府煤矿属于大型重工业企业。我们很难把这样的大型重工业企业归入乡村建设的范畴。特别是当我们将其与梁漱溟乡建理论和实践的相关方面加以比较时，更可以清楚地体认到两者之间的巨大差异。根据王先明教授的研究，“仅从农业出发而忽略手工业在乡村工业化中的作用，显然是梁漱溟中国工业化理论的缺陷之一。不过，恰恰是梁漱溟认为并不重要的乡村经济中居于重要地位的乡村工业（副业），在二三十年代时人看来，或可成为乡村工业化的有效路径。”①卢作孚在北碚也非常重视乡村工业，但北碚把天府煤矿办成大规模的重工业企业则是乡村工业无法望其项背的。北碚辖区不仅拥有天府煤矿这样大型重工业现代企业，还有近30家大小工厂，其中大明纺织染厂在40年代是后方地区最大规模的纺织染企业。因此，我们完全可以说，北碚辖区内工业化方面取得了显著的成绩，逐渐走上了现代工业的大道。

科学是促进经济发展和社会进步的要素，并在新文化运动中成为标识现代性的一面旗帜。深受新文化运动影响的卢作孚，自1923年起就开始在著述中使用科学这一概念。随着各项事业的展开，卢作孚使用科学一词的频率越来越高，对科学的认识也越来越深刻和全面，并逐渐形成一种分析问题、解决问题的科学态度。卢作孚认为，“科学就是整理经验的方法”。②卢作孚还认定：提倡和发展现代科技是提高人民生活、维护国家尊严的必由之路，必须致力于“以机器替代人力，以科学方法替代迷信与积习。”③他甚至还说过：“抗日有三道防线，第一军事，第二实业，第

① 王先明：《走近乡村——20世纪以来中国乡村发展论争的历史追索》，山西人民出版社2012年版，第137页。

② 卢作孚：《乡村建设》，第11页。

③ 卢作孚：《论中国战后建设》，《新世界》1946年2月号，第2页。

三科学。第三（道）防线即最后防线。”① 在北碚建设试验中，卢作孚把传播和运用现代科技当成一项根本性工作，明确要求峡防局人员：“凡现代国防的、交通的、产业的、文化的种种活动当中有了新纪录，机器或化学作用有了新发明，科学上有了新发现，必立刻广播到各机关，到各市场或乡间。”② 为提倡科学和文化，他以民间的力量创办中国西部科学院和嘉陵文化基金会。中国西部科学院成立后，一度成为北碚整个新事业的中心，不仅生物、地质、理化、农林 4 研究所，博物、图书 2 馆，兼善中学校，甚至包括大明染织厂、西山坪农场在内，均隶属于该院。1935 年初，中国西部科学院有从事研究工作的主干研究人员 10 余人，助手职员 20 多人，普通工作人员 32 人，学校教职员 16 人，学生 280 多人。其中生物研究所有四川鱼类、四川蛇类、四川鸟类 3 种丛刊；地质研究所有嘉陵江三峡、川南金佛山两种地志；理化研究所先后化验煤炭 387 种，矿石土壤 20 种，其煤炭化验总报告就有 12 号之多，并出版有四川煤炭化验报告，建有宏伟的理化研究所大楼；农林研究所设有西山坪农场、牧场，研究农林牧等的生产和经营；博物馆有陈列室，陈列各地风物、峡区生活照、各种雕刻泥塑美术、古今中外货币。动物园有剥制室，制作各种鸟兽标本 600 多种。③ 中国西部科学院不仅促进了嘉陵江小三峡地区、四川及西南地区科技的长足进步及经济发展，而且为抗战爆发后内迁到后方的科学工作者提供了难能可贵的基本设施和栖身之所。20 世纪 40 年代初，卢作孚还以其诸兄弟私人捐款为主要资金来源，设立嘉陵文化基金会以提倡科学和文化。卢作孚在《理由书》中写道：“吾国过去忽视科学，以致文化落后……值此国难严重，百物凋敝之秋，对于文化建设，亟应认定目标，先树基

① 徐亚明：《四川新建设中之三峡》，《复兴月刊》1935 年第 3 卷第 6—7 期，第 6 页。

② 卢作孚：《四川嘉陵江三峡的乡村运动》，《中华教育界》1934 年第 22 卷第 4 期，第 110 页。

③ 徐亚明：《四川新建设中之三峡》，《复兴月刊》1935 年第 3 卷第 6—7 期，第 6—7 页。

础，俾期逐渐发展，获得成效，以裨益国家，福利人民，进而探讨研究，日新月新，求与欧美文化并驾齐驱。”① 卢作孚同样强调社会科学的作用，说：“社会科学主要运用在经济、政治、教育三方面，尤其综合地应用在工商管理方面。其基本建设为心理的。必须工作人员有事业上远大的志趣与工作上当前的兴趣，必须工作人员要求有秩序的活动，有效率的活动，乃能接受并运用管理的方法，使管理充分发挥其效用。”② 他还说：“把社会科学应用起来使两人以上的人群能够很好的共同工作，则为管理。”③

卢作孚一生的事业中，非常重视办教育，并形成了自己的一套办学思想和主张。卢作孚反对读书做官，认为读书和教育应该解决民生问题，认为教育就是建设。他强调在实际生活中取得经验是最有效的学习，认为学习环境可以经过布置而得到改善，学生应该以将来所从事的职业性工作为读书的出发点。他说：我们应让所有小孩都入学，但不能让他们仍像过去那样读书！农村里农民的小孩，城市里商店里的小孩，工厂里工人的小孩，读了书就不能种庄稼，不能看商店，不能当工人了，都到政府机关去。读书人年年增多，政府机关的人也年年加多。如果一国人口都读了书，“岂不全是公务人员，会没有一个老百姓了？”④ 他反复强调：教育不能与民众生活脱节，教育不能只是培养“士”，应培养出“士农工商”，教人如何做“士农工商”。他认为，教育如果不教人谋生，就是肤浅。⑤ 同时，经过 22 年的经营，北碚形成了从幼儿园到大学的各级各类学校。到 20 世纪 40 年代，既有梁漱溟主持的勉仁文学院，杜钢百主持的国学专修学校，又有潘序伦主持的立信会计学校，还有在复旦大学复员后创办的相辉学

① 卢作孚：《嘉陵文化基金会理由书》，北碚管理局档案，档案号 0081—3—744，重庆档案馆馆藏。

② 卢作孚：《工商管理》，《卢作孚全集》第 3 卷，第 1170 页。

③ 卢作孚：《业务训练班讲话》，《卢作孚全集》第 3 卷，第 1250 页。

④ 卢作孚：《如何彻底改革教育》，《嘉陵江日报》1948 年 4 月 22 日，第 2 版。

⑤ 《教育就是建设》，《北碚日报》1948 年 9 月 27 日，第 2 版。

院。相辉学院的农学专业非常有实力和影响，吸引了像袁隆平这样的学子入校学习。

曾任中国西部科学院动物部主任、“中央研究院动物研究所”助理研究员、中国乡村建设研究院农学系教授、北碚兼善中学教务长、西南师范学院教授的著名鱼类学家施白南，1947 年 7 月 15 日在《兼善友讯》刊载《北碚解》一文，对于北碚的发展进步及卢作孚的关键作月有独到的记述和阐释。该文的主旨“在说明北碚之所以成为现在的原因”，甚至把北碚的发展史，视为“卢先生的个人奋斗史”①。作为长期在北碚从事科学文化工作的知识分子，施白南对北碚城镇化、现代化过程中卢作孚发挥的作用有深切的观察和体会。因此，《北碚解》与黄炎培 1936 年在《蜀游百日记》中对北碚和卢作孚评价可谓相得益彰。

在 1948 年那样兵荒马乱的岁月，卢作孚仍在关心着北碚的发展。他说：“我之喜欢北碚，胜于自己所主办的事业(指民生公司——引者注)。”②卢作孚是现代北碚以及现代北碚各项事业的奠基者和开创者。

（三）局部试验与国家现代化

1931 年，北碚试验就明确了 5 项标准：“一、不沾染一些不良的恶习；二、建设生活上的秩序；三、依靠人力解决人们认为不易解决的问题；四、努力创造生产，为公众谋福利；五、尽力帮助一般知识低微受经济压迫的人们增进谋生的能力。”③从这个标准看，首先是人的训练，其次是创造新的秩序，第三是解决困难，第四是发展各种产业，第五是帮助民众提高谋生技能。作为“创造现代集团生活”试验，卢作孚在此后不久又有新的总结和归纳，即前文所述的“将来的三峡”“将来的北碚”。

1936 年 11 月 1 日，《工作月刊》刊发卢作孚《中国应该怎样办》一文。

---

① 施白南：《北碚解》，《兼善友讯》1947 年第 22 期，第 12 页。

② 卢作孚：《如何彻底改造教育》，《嘉陵江日报》1948 年 4 月 22 日，第 2 版。

③ 钟文：《嘉陵江下游游览记》（未完），《旅行杂志》1931 年第 5 卷第 9 期，第 23 页。

卢作孚指出：一般已经成熟了的国家是已经污染了的纸，我们却是在一张白纸上去着丹青，她的美丽是可完全如我们的意，只看我们怎样画法。卢作孚描绘的“中国未来图景”如下：

就国防言

空军：有若干队可任国际战斗的飞机。海军：有若干队在东南沿海可任自卫的舰队。陆军：有举国皆兵的征兵制。有完整的现代武器和编配，有战车队和化学战备。

就产业言

有充足的粮食和燃料。有可以自给的钢铁，和其他有色金属的矿产。有各种农产和矿产的原料。有机器耕种的农场。有各种重工业和轻工业的工厂。有各种调节货物的商业机关，有调节金融的银行。有若干万千瓦的电力供给，有若干万马力的动力供给。

就交通言

有若干里铁路，若干部车头和列车。有若干万里汽车路，若干万部汽车。有若干万里电线，若干无线电台和播音台。有若干万吨轮船，若干远洋航线。

就文化言

有若干小学校，足容纳全国学龄儿童。有若干中学校，足培养社会需要的青年。有若干大学校，应各种专门人才之需要。有若干研究机关，应各种专门科学的试验、发现和发明的需要。有若干图书馆，若干运动场，若干公园，若干电影院，若干戏院，应一切公共活动的需要。

就一般人民言

有知识，有职业，有勤俭的美德，有健康的体魄，有相勉为善的风气，有忠效人群乃至于国家的热忱、决心和勇气。无不良的嗜好，无疾病，无贫穷，无犯罪的行为。

就整个社会言

在整个计划上进展，在整个组织上分工合作，造成整个社会的财富依赖——减轻个人的财富依赖；造成整个社会生活的相互依赖——减轻家庭和亲戚邻里朋友的相互依赖。增加公共月的设备，例如图书馆、运动场、公园等，减少个人享用设备。①

很显然，卢作孚在这里所描绘的中国未来图景，就是把建设北碚经营北碚的经验运用到国家现代化建设上。当然，建设地方与建设国家，到底有很大的不同。为此，卢作孚把“将来的三峡”“将来的北碚”中的主要建设事项加以调整，加上了“国防”一项，并把“国防”放在第1项。在“国防”项下，则有空军、海军、陆军，以及战车、化学战备等装备生产制造。当然，北碚的建设经验要想推广到更大的范围，决非易事。对于卢作孚北碚试验的经验和教训，必然会有一个漫长的再认识的过程。

三、北碚城镇化中的国家、地方、社会

在城镇化的过程中，国家、地方、社会有着密切的良性的互动。正是在这种密切而良性的互动中，北碚得以比较顺利地实现了从魔窟到“桃园”的初步现代化变迁。

（一）城镇化过程中的外部动力

北碚城市化和区域现代化进程中，民生公司、四川省政府和内迁北碚的国民政府相关机关、内迁北碚厂矿具有不可忽视的重要作用。

首先，民生公司在北碚城镇化过程中发挥了重要的作用。

如前所述，1934年8月《大公报》刊发了卢作孚的《建设中国的困难及其必循的道路》，作为《大公报》主编的张季鸾了解卢作孚的整套社

① 卢作孚：《中国应该怎么办》，《工作月刊》1936年第1卷第3期，第4—5页。

会改造办法。1935年4月底，张季鸾曾经游览北温泉并参观北碚的各项建设，留下了深刻的印象。后来在《现阶段的中国乡村运动》中，张季鸾说：

> 四川北碚，这个地方是我亲身走过的。北碚的乡村运动，是卢作孚先生领导的。北碚的乡村运动，原来并未揭明或有意想干乡村运动的，他完全是由发展经济的民生实业公司的努力而开出来的乡村运动。这个公司的意义是表现在三个运动上面建筑着的：第一个是整个的生产运动，第二个是集团的生活运动，第三个是帮助的社会运动。北碚乡村运动其所有今日的好成绩者，又都是在“奋斗”两个字得来的。如民生轮船，在长江上游和英美轮船，整整地竞争了多年，到今算是得着最后的胜利了，这是很不容易的！他们工作的目的，不只是在乡村教育方面，如何去改善或推进这乡村的教育事业；也不只是在乡村救济方面，如何去救济乡村里的穷困或灾变；他们认为中华民国根本的要求是要赶快将这一个国家现代化起来。所以他们的要求是要赶快把这一个国家现代化起来。现代化是由物质建设和社会组织形成的，而这又要从交通、产业、文化、国防四个运动上开手的。卢先生这套办法，我是最赞成的，我相信他将来更会有惊人的事业表现出来。①

张季鸾参观北碚的时间是1935年，上述讲演的时间是1937年，北碚城镇化和现代化建设尚处在起步阶段，确实仍没有脱离乡村社会的基本形态。但张季鸾以其透彻的洞察力和敏锐观察，注意到北碚建设的方向是现代化，而民生公司在北碚社会进步发挥了关键的重要作用，并“最赞成”

---

① 张季鸾：《现阶段的中国乡村运动》，《教育与民众》1937年第8卷第7期，第1057—1058页。

卢作孚的“这套办法”。

民生公司在北碚城镇化和区域现代化进程中的作用主要有 3 个方面：第一，是为北碚带来了便利的嘉陵江水路交通。民生公司从 1926 年内在嘉陵江渝合段航行，北碚为其必然经过之地。轮船航运的开辟，使北碚往来渝合的水上交通大为便利。同时，随着北温泉为中心的嘉陵江小三峡游览区建设的进展，民生公司积极配合，在旅游旺季开辟旅游专轮。在民生公司航行长江边的轮船上，在民生公司主办的期刊《新世界》上，都有嘉陵江小三峡自然和人文风景的文宣。第二，是民生公司积极投资峡区的北川铁路和天府煤矿。正是由于民生公司的投资和经营，使嘉陵江小三峡地区的煤炭工业开始摆脱规模小、经营分散、运输不便的状态，使嘉陵江小三峡地区的煤矿开始走上企业化、现代化的经营之路，使天府煤矿成为小三峡地区最大的煤矿。第三，民生公司为北碚各项事业的发展提供了物资运输的便利。三峡染织厂的机器设备大多来自上海、重庆，其产品销售在重庆等地，运输从未发生任何困难，也有赖于民生公司提供的便利。此外，还有民生公司及其高级职员对北碚各项事业的捐助和支持。如中国西部科学院，由民生公司每年补贴 2 万—3 万元；① 再如北温泉公园，民生公司捐建的磬室、郑东琴捐建的琴庐，都是该游览地的著名旅馆。

其次，国民政府相关机关在北碚城镇化中给予了有力的扶助。

如前文中卢作孚在 1943 年 10 月所说的那样：有人说北碚有过一些目标，如今大体上都实现了。如：教育有各级学校，游览有各处名胜，经济方面工业尽管幼稚，但矿业已经占大后方第一的位置了。像农业推广、家畜保育、市场整理、造林育苗等，做了不少事情。但实现的事项，大多还是靠国民政府中央力量的帮助。国民政府中央及相关机构在北碚建设中的作用主要有以下 3 个方面：第一，修筑青北公路。如果说北碚的水路交通

① 竺可桢：《竺可桢全集》第 7 卷，第 155 页。

的便捷得益于民生公司开辟的渝合轮船航运，那么北碚到重庆的陆路交通的便捷化则得益于军事委员会委员长行营派陆军161师修筑的青北公路，青北公路在青木关与成渝公路交汇，由此从北碚通过公路可以直达重庆。这一公路的开通，对于北碚作为疏建区并发挥重要作用，具有至关重要的作用。由于青北公路的开辟，北碚天生桥一带发展成为北碚旧城区郊外的新兴城区。第二，富源水电公司的建成。交通银行的金融支持，对于富源水电公司所属高坑岩水电厂的建成，发挥了重要的作用。而高坑岩水电厂的建成，则解决了北碚产业发展和市民生活用电的问题。第三，市内城市给水工程的完成。该工程在行政院水利委员会大力支持下得以完成，解决了北碚机关、学校、居民的自来水供应问题，已如上述，此处不赘述。

其三，内迁厂矿在北碚城镇化、工业化中发挥了重要作用。

从三峡染织厂和天府煤矿的变迁，可以清楚地看到内迁企业在北碚产业蜕变升级中的关键作用。卢作孚是主张工业化的，而北碚境内最重要的企业一个是三峡染织厂，一个是天府煤矿和与之相关的北川铁路。其中，三峡染织厂从1930年创办后，发展缓慢。到1935年为止，该厂资本仅有10万元，工人仅有300多人，产品也亦“不甚精良”。该厂发展缓慢的重要原因，在于长期找不到得力的经营管理人员。为此，该厂在开始时由峡防局方面派人负责经营管理，之后由中国西部科学院经营管理，再往后由民生公司管理，甚至一度由卢作孚兼任厂长。直到与内迁的大成纱厂合作改组为大明染织厂，并把经营管理事务交给以查济民为代表的大成方面的人员负责，该厂才解决了发展中的经理管理人才问题。由此该厂进入迅速发展阶段，成为后方最大的布厂。至于天府煤矿，虽然在创办后拥有北川铁路的运输之便，但采煤却沿袭土法。自与内迁的中福煤矿达成合作并经过改组后，该煤矿经过大规模的机械化改造而实现了机械化采煤、排水和通风，从而大大提高了生产效率和安全生产的保障，从而成为大后方首屈一指的煤炭工业企业，而北碚也成为新兴重庆工业区的煤炭工业基地。在北碚的内迁企业中，还有一个民营的京华印书馆。该印书馆原设在南京，全面抗战爆发后迁到重庆，1938 年迁到北碚天生桥复工，厂地 12 亩，厂屋 70 多间，机器和印刷设备齐全，主要业务是承印各种图书杂志。1941 年 12 月，该印书馆被中央信托局接办，改为重庆印刷厂第 2 工场，资本 500 万元，全属国家资本。中央信托局接收改组后，重庆印刷厂第 2 工场主要为国民政府财政部印制各种钞券、印花税票、单据等类。① 京华印书馆的迁碚，带动了天生桥一带地价的迅速上升，成为北碚的新兴城区。

（二）新型城乡格局的初步呈现

全面抗战爆发后，“北碚为新兴市区，日就繁荣。1939 年划入迁建区，于是公私经济、文化、教育及政治、社会等机关、学校、社团，迁徙而来者日多。”② 到抗战后期，北碚市区为中心的北碚管理局辖区，有 8 个乡镇，建设的重点仍集中在朝阳镇及周围的北温泉、澄江镇、东阳镇、杜家街、金刚碑等地。以北碚市区为核心，北碚管理局辖区实际上已经成为一个初步具有现代化社会形态的城镇化区域，城镇化率比较高。随着新县制的推进，北碚地方当局在乡村地区编织了严密的保甲制度。农村人口等情况的各种数据统计，使城镇对农村的影响具有更加强明晰的科学依据。于是，各种机关、社会组织，更多热衷于到北碚进行各种社会改造的试验和建设。如农林部成立合作农场办事处辅导北碚朝阳镇十九保扶植自耕农示范区（1942）、中国妇女慰劳总会在澄江创办荣誉军人自治实验区（1943）、社会部北碚儿童福利实验区（1943），1947 年北碚被纳入中华平民教育促

① 中央信托局编：《八年来之中央信托局》，1944 年，第 6、25 页；社会部统计处：《北碚社会概况调查》，《民国时期社会调查丛编·二编·城市（劳工）生活卷》（上），第 317 页。

② 傅振伦：《傅振伦方志论著选》，第 543 页。

进会华西实验区范围。技术改良和实验机构方面，如建于上坝的四川蚕桑改良场川东分场（1936）、四川省家畜保育所于文星湾设立江巴实验区（1936）、中央工业试验所有相应的实验工厂、中央农业实验所有相应的实验田等。此外尚有国民政府主计处统计局指导办理的户口普查实验等。如果加上三峡实验区和北碚管理局自身进行的各种试验，辖区内简直就成为当时各种经济和社会试验的综合性试验场所。这些试验，对于北碚城镇现代化和乡村建设，对于区域社会进步，大有裨益。

1943 年，卢作孚在《我们要“变”，要不断地“变”》中说北碚在建设中要坚持“自力创造”的原则。① 在卢作孚的建设思想中，这种强调自力、自立的思想一以贯之。在峡防局事业开创之初，卢作孚在给熊明甫的信中就强调“峡局事业终不应仰赖于人”，考察团在上海考察“竭力留意生产事业以为根本自立之计”。② 峡局事业开创之初，创办了诸多事业，而这些新事业是有可能失败的。因此，卢作孚提出“从小事做起”的做事方法。从小事做起表现在很多方面，如温泉公园以垫支的 40 元钱开工，最终建成为远近闻名的风景区。峡区图书馆最初只是利用文昌宫一角开辟的图书室，最终发展成为藏书丰富的北碚图书馆。三峡染织厂更是从手工编织发展而来。1948 年 9 月 26 日，社会部儿童福利实验区举办欢迎茶话会。会上，该实验区主任章牧夫赞扬卢作孚“从小事做起”的态度。卢作孚说自己一向本着“从小事做起”的信念做事，小事比较容易做好。③ 同时，卢作孚又非常强调与外部社会各界的接洽联络，并通过这种接洽联络，一方面帮助社会，为社会服务，另一方面也争取社会的同情与帮助。如中国西部科学院，就得到川外许多机构的帮助。著名植物学家胡先骕说：“他（卢作孚——引者注）做事负责，有勇敢，多经验，我真佩服。他倡办西部科

① 卢作孚：《我们要“变”，要不断地“变”》，《嘉陵江日报》1943 年 10 月 4 日，第 4 版。
② 卢作孚：《致熊明甫函》（1930 年 5 月 1 日），《卢作孚书信集》，第 181 页。
③ 《儿福区昨茶会欢迎卢作孚氏》，《北碚日报》1948 年 9 月 27 日，第 2 版。

学院，我在静生生物调查所，相隔很远。但我特别尽力帮助他。”[①]到抗战时，中国西部科学院又为内迁的科研机构提供了临时的安顿之地和基本的工作场所，为抗战大后方的科学事业作出了巨大的贡献。

1945年10月22日，薛明剑效法卢作孚的北碚试验，呈准江苏政府在江苏无锡设立自治实验乡，并担任乡长。薛明剑记述道：

> 10月22日，鉴于北碚乡村建设之都市化，自动请求，省方许可，就家乡玉祁、礼社、蓉南、魏叙、凤阜2镇3乡，设立自治实验乡。余自兼乡长，聘族兄子瑜为副，提倡教育、实业、水利并进，并以祖遗田地50余亩，商得3、4两弟同意，一并捐赠乡公所，作为中学校部分基金。[②]

乡村建设与都市化本为对立的两极，在北碚试验中，居然得到和谐的统一。这看似矛盾的现象，正反映出北碚试验与当以普通乡村建设的巨大差异。由薛明剑撰写的《无锡县自治实验乡工作计划书》就设立实验乡的必要性、区域范围、从事事业、组织规程、经费开支、推行计划等作了具体的说明和规定。[③]1946年2月8日，薛明剑在无锡仿照北碚办法设立实验区，并向北碚商求有关资料。《嘉陵江日报》载：“江苏无锡籍参政员薛明剑氏暨该县若干留渝人士，鉴于北碚管理局10余年来所进行地方建设实验工作成效斐然，乃决定仿照北碚实验之各项进行方式，于无锡南门外薛氏故居筹设实验区，并决定以生产事业为中心，薛参政员于战胜后即返锡，刻已向管理局索取各项资料云。”[④]1946年2月18—19日，薛明剑到

---

① 胡先骕：《四川农村复兴问题之讨论》，《科学》1934年第18卷第4期，第467页。

② 无锡市史志办公室编：《薛明剑文集》，第88页。

③ 无锡市史志办公室编：《薛明剑文集续编》，凤凰出版社2007年版，第747—748页。

④ 《参政员薛明剑在故乡仿照北碚设实验区》，《嘉陵江日报》1946年2月8日，第4版。

北碚办理留碚无锡籍同乡返里事宜，并向在碚无锡同乡报告仿照北碚实验办法重建故乡计划。①

卢作孚的北碚试验是一项社会事业，即社会改造和社会重组的试验。工业是现代社会的经济基础，工业化是现代社会发展的趋势，它需要现代科学技术强有力的支撑，需要现代工业企业管理人才。为此，卢作孚创办中国西部科学院，大力吸收现代应用科技，并取得显著的成绩。但直到全面抗战爆发前，峡区工业的发展非常有限。抗战全面爆发后，三峡实验区的工业由于内迁企业的到来才有了巨大的发展。

近代以来众多的仁人志士们探寻的根本课题实际上就是中华民族的复兴和现代化问题，而工业化、城市化、乡村建设，甚至于改良和革命，自然都是这些探寻的组成部分。从事这些艰苦探寻的代表人物之间，由于方法、路径、理念上的巨大差异，经常发生争论。北碚的建设者们自信北碚试验比邹平试验好得多，好在什么地方呢？好就好在北碚试验中不仅注意到了乡村问题，而且针对乡村问题的解决，进行了实际的卓有成效的探索。在探索的过程中，北碚试验的主持者一度把“乡村建设”写在自己高扬的旗帜之上，但工作中却根据实际情况逐渐调整，并有意识地朝着现代化并以城市化、工业化为导向疾进。卢作孚明确地说过，在他负责峡防局治安责任的时候，“准备将那一个区域（北碚镇为中心的北碚乡——引者注），布置经营成一现代乡镇的模型”。② 到1938—1939年，人们发现，北碚镇已经具备了一个现代小都市的雏形。20世纪40年代初国民政府社会部在北碚调查也发现：“原来的‘北碚场上’，现在普通仍叫做北碚，我们可以拿‘北碚街’或‘北碚场’来标明它，可是近几年来北碚场上受了抗建的影响，人口增加甚多，实业发展甚速，从表面看俨如一个小都市，而

① 《参政员薛明剑来碚》，《嘉陵江日报》1946年2月20日，第4版。

② 卢作孚：《一桩惨淡经营的事业——民生实业公司》，《卢作孚全集》第3卷，第1147页。

地方政府也欢喜称它为‘北碚市’。”①

北碚的城镇化是卢作孚在北碚试验中正确选择的结果。抗战爆发后，北碚的城镇化、都市化的进展更加迅速。中央政治学院地政学院的调查者也说：“北碚小镇也，因历年经营，逐渐繁荣。人口日众，百业渐兴。然其地局于山境，面积窄狭，幸能善用其地，而使工商、居住用地各宜其所，但地积有限，需要日增。以有限之地，供无限之人事之需求，乌可得哉！时至今日，已感到面积之过小，土地之不足。欲图开拓，则为山水所限，人力勿胜，供求失衡。欲用地者无不以高价相竞矣。故北碚近年市地租价有涨无跌，是亦善用土地之又一例也。”②20 世纪 40 年代中期，为北碚志撰写《聚落志》的孙承烈在研究中也发现并指出：北碚“已由农业社会之场镇，一变而为新工业社会之商埠”。③

这说明，北碚城镇化、工业化、现代化建设中即使有卢作孚这样强有力的创业者长期主持，却没有关起门来搞建设，而是在充分发挥自身积极性、主动性、创造性的同时，充分利用和争取各种外部因素，并由此使北碚当地的各项现代化事业得到更好更快的发展。北碚试验和北碚城镇化、工业化、现代化建设，也再一次生动体现了事在人为这样一个基本的道理。北碚城镇化为中心的建设试验，对于新时代的城镇化建设和地方治理，仍有着重要的借鉴价值。

卢作孚于 1927 年到峡防局，剿匪的同时开始峡区建设。1929 年重庆建市，开始了快速的城市发展。北碚在城市化过程，与重庆城市化差不多是同步的。到 40 年代初期，北碚已经由“通常之农村小镇”，“寝假而将

① 社会部统计处：《北碚社会概况调查》，《民国时期社会调查丛编·二编·城市（劳工）生活卷》（上），第 236 页。

② 来元业：《北碚一带房租地租之研究》，《民国二十年代中国大陆土地问题资料》第 64 册，第 33461—33462 页。

③ 孙承烈：《北碚聚落志》，《地理》1945 年第 5 卷第 3、4 期合刊，“聚落”第 6 页。

成大重庆之卫星城市矣”。①

（三）城镇化进程中的民众教育

卢作孚强调中国的根本问题是人的训练问题。他说：现在中国人有许多问题不能解决，根本问题在于人的行为缺乏训练，缺乏解决问题的技能的训练，所以不能解决当前的问题。我们必须认识到在人的新的行动训练完成之前，新社会便无从产生。人的行为方式的训练又是非常困难的，需要长时间的训练。对于习惯已经形成的成年人，要改变已成的习惯尤其难上加难。不过，人到底是可以训练的。在卢作孚看来，人的训练的最大困难在于训练人的人。因为，训练人的人需要有专门的技术，训练人干什么便需要有干什么的专门技术，还需要有训练的技术。因此，“训练成功许多训练人的人才，使他们能够从旧社会当中创造出新的社会来。”“只要训练人成功，不要怕所创造的社会失败，即是不要怕所经营的事业失败。”“今天中国甚么都不缺乏，只缺乏人——只缺乏有训练的人，所以根本在先解决人的问题——解决人的训练问题。”② 因此，在北碚城镇化过程中，卢作孚在创造新事业的同时进行人的训练，在训练人的过程中创造事业。先后训练出 500 人成为训练人的人，又用这 500 名青年，展开民众教育。

如前所述，卢作孚在北碚试验中首先以北碚场的市街为中心进行以城镇化为中心的现代化建设，包括创办新事业，教人识字。到北碚场得到一定程度的发展和进步后，场外的人口被吸引而来。峡防局通过人口调查很快发现，情况很复杂。1933 年 6 月，《嘉陵江日报》报道：两年来入籍北碚市区人口的总数是 417 人，出籍的有 161 人。入籍超过出籍 2 倍以上的数目，这是“北碚渐趋繁荣的象征”。同时，该报道又说：统计起来，全

① 周见三：《北碚附近战时移民之分布及其特征》，《地理》1943 年第 1—2 期，第 1 页。

② 卢作孚：《人的训练问题》，《扫荡》1934 年第 10 期，第 107 页。

市受教育的儿童有 359 人，没有受教育的儿童有 231 人。不识字的成年人有 1115 人，识字的有 1183 人。就是说，整个北碚市有 1346 个瞎子，全部人口中，平均每 5 个人中有 2 个不识字。与此前调查所得结果，不识字者有 900 多人相比，此次调查不识字者增加了 200 多人。其原因在于“是人口的增加速度比施行民众教育的效率快些，这是值得在各方注意的。”① 这个材料有两点特别值得注意：一个是入籍北碚市区的人口越来越多，二是北碚市区不识字的人越来越多。这当然不是市区内的民众教育越来越差，而是入籍者中不识字的人居多数。民众教育自始至终都是北碚城镇化进程中的重要问题，这个问题只有在城镇化的发展变迁中逐步解决。

单纯的识字被发现有很大的局限性后，北碚当局开始尝试新的方式方法。1934 年 6 月 16 日的端阳节，北碚就精心组织、举办了这样一个盛大的民教活动，吸引周围半径 50 里内的农民纷纷前来参观、游览。② 农民到北碚看什么呢？当然是看北碚城镇上出现的新生产方式和生活方式。对农民而言，北碚的工厂、医院、体育场、中国西部科学院、公园都是新鲜事物，都是北碚魅力的所在。

从晚清时期开始，一批又一批志士仁人从思想上理论上和实践中摸索中国的现代化建设道路，工业化被提上议事日程但屡现困顿，工业化的困顿使农业、农村的衰败无力回天。从 20 世纪初开始，村治派应运而生。之后，平民教育运动兴起。平教运动与村治派合流后，1929 年前后识字运动开始向乡村建设运动转变，其代表人物和试验主要有乡建派的梁漱溟（邹平实验）、平教总会的晏阳初（定县实验）、职教社的黄炎培（徐公桥试验）。

梁漱溟是公认的乡建派代表人物。他认为：乡村建设“就是要从中国

---

① 《北碚户口统计（五，受教育者状况的统计）》，《嘉陵江日报》1933 年 6 月 25 日，无版页序号。

② 甘南引：《端午节朝贺北碚》，《新世界》1934 年第 49 期，第 19 页。

旧文化里转变出一个新文化来”，[①] 而乡村建设要紧的两点在于农民自觉和乡村组织。[②] 在农业工业发展的顺序上，梁漱溟认为：“从农业引发工业是我们翻身之路”，他甚至断言“中国工业的兴起只有这一条道。”[③]1937 年 5 月底，梁漱溟应四川省立乡村建设学院之邀，到达重庆，并在重庆、成都两地盘桓一个月左右，6 月 29 日出川。其间，6 月 26 日，梁漱溟应邀到北碚考察，受到三峡实验区区长卢子英、区署职员、相关事业人员 400 余人的盛大欢迎。在卢子英等陪同下，梁漱溟参观了北碚的农村银行、民众图书馆、体育场、兼善中学、平民公园、博物馆、地方医院、三峡染织厂、中国西部科学院理化研究所等，“对各事业情况，均垂询甚详”。当天，梁漱溟还在北碚作了《中国知识分子下乡》的讲演，随后被安排到温泉居住并游览。[④] 在此前后，《嘉陵江日报》还刊载了很多关于梁漱溟和乡村建设相关的报道。在《中国知识分子下乡》的讲演中，梁漱溟说：山东的乡建工作，与“这边北碚的乡村建设实验区，大家也是同一方向在努力。”[⑤] 又说：“自然邹平与北碚，都建设不出什么来，并且这边工作很苦，待遇很薄，未来之前，即已听说，现在见着诸位创造的精神，我很钦佩！但我也明白，这边的工作没有结果。”[⑥] 虽然说的客气，但否定嘉陵江三峡乡村建设实验区“乡村建设”的意思得到了明白清晰的表达。对此，北碚方面自然听得明白，并无法同意。1939 年，有人在北碚与卢子英谈到梁漱溟的乡村建设、邹平实验。卢子英直截了当地说：“梁漱溟那一套算什么乡村建设，我们搞的比他的主张好得多。”[⑦] 全面抗战时期居住北碚期

① 梁漱溟：《乡村建设大意》，梁漱溟：《梁漱溟全集》第 1 卷，第 611 页。

② 梁漱溟：《乡村建设大意》，梁漱溟：《梁漱溟全集》第 1 卷，第 616 页。

③ 梁漱溟：《梁漱溟全集》第 2 卷，第 508 页。

④ 《乡村专家梁漱溟昨畅游北碚》，《嘉陵江日报》1937 年 6 月 27 日，第 2 版。

⑤ 梁漱溟：《中国知识分子下乡》（续），《嘉陵江日报》1937 年 6 月 27 日，第 3 版。

⑥ 梁漱溟：《中国知识分子下乡》（续完），《嘉陵江日报》1937 年 6 月 29 日，第 2 版。

⑦ 顾执中等：《回忆重庆》，重庆出版社 1984 年版，第 92 页。

间，梁漱溟在其撰写的《中国文化要义》中，针对卢作孚、冯友兰关于中国家族制度、家庭问题的论述还特别进行驳难。① 他一方面认为卢作孚所言“深切善巧”，“有一部分是处，且亦代表了时下一般人的见解”，② 一方面又认为卢作孚和冯友兰的见解是错误的。③ 实际上，全面抗战时期栖息北碚勉仁学院的熊十力，早就认定“梁漱溟本非事功才”，曾劝梁漱溟“以讲学为主”，但梁漱溟不听。④ 香港学者劳思光评价梁漱溟时也说，“谁都可以判断梁先生所倡导的这类运动（指乡村建设运动——引者注），绝无成功的可能。”⑤ 余英时也说：“他（梁漱溟——引者注）对于所要改造的现代世界缺乏真正的了解”。⑥ 郭齐勇甚至认为梁漱溟观点中的各种漏洞和矛盾，“是其惧怕工业文明矛盾心态的反映”。⑦ 很显然，以城镇化、工业化为中心的北碚试验和梁漱溟的乡村建设从理论到实践都大异其趣。

晏阳初对于北碚试验的评价也很值得玩味。1935 年 10 月，卢作孚在南京与晏阳初相识。此前，晏阳初于 10 月 10 日在江苏无锡参加第 3 届全国乡村工作讨论会，会后参观了浙江县政建设实验县兰溪县的县政建设，然后到了南京。对于这次会面，晏阳初十分在意，事后他说：在南京遇到卢作孚先生，“他是四川的一个实业家，我们彼此相知已久，却从未会过面。这次在南京会面之后，一见如故。大家谈谈奋斗的经过，不禁引为同志。因为他在四川的努力，不仅是为四川而四川，目光也是注于全国，对

---

① 梁漱溟：《中国文化要义》，梁漱溟：《梁漱溟全集》第 3 卷，第 20、34、35、38、63、79 页。

② 梁漱溟：《中国文化要义》，梁漱溟：《梁漱溟全集》第 3 卷，第 20、35 页。

③ 梁漱溟：《中国文化要义》，梁漱溟：《梁漱溟全集》第 3 卷，第 38、79 页。

④ 吴江：《吴江文稿》中卷，中央编译出版社 2009 年版，第 904 页。

⑤ 劳思光：《悲情、悲剧与生命的悲凉——闻梁漱溟先生逝世书感》，陆铿、梁钦东主编：《中国的脊梁——梁漱溟纪念文集》，百姓文化事业有限公司，1990 年版，第 341 页。

⑥ 余英时：《吾曹不出苍生何的梁漱溟先生》，《中国的脊梁——梁漱溟纪念文集》，第 339 页。

⑦ 郭齐勇：《特立独行，一代直声》，《中国的脊梁——梁漱溟纪念文集》，第 478 页。

于救亡图存的问题，非常注意的。”[①]1939 年秋，晏阳初应卢作孚的邀请到北碚参观。在谈及此次参观时晏阳初说：“我看到那里的工矿经济建设，都很有成绩。将来希望本会能和那边合作，使他们的经济建设，与我们注重的教育、政治工作，有一个联系。”[②]显然，此次参观给晏阳初留下深刻印象的，不是北碚的“乡村建设”，而是北碚的工矿经济建设。著名教育家庄泽宣在看到中国旅行社出版的《旅行杂志》上钟文的《嘉陵江下游游览记》后，对于北碚峡防局的建设计划“为之神往”，认为“这个计划中有工厂、农场、学校、图书馆、公共体育场、民众俱乐部、农村银行等等，真可说是把教育与建设打成一片。”[③]他还把钟文的文章加以节录，收入其编纂的《民众教育通论》（上海中华书局 1934 年）。

卢作孚以及聚集在他们周围的先贤，确实有推进乡村建设的主观愿望和实际努力。不过，这场持续 20 年的试验和建设，其实际结果却是将这个地方的城镇化得到了显著的推进，而北碚的乡村建设则并未被当时乡村建设派最有的代表人物梁漱溟所承认。根本的原因就在于北碚试验和建设的实质是城镇化和工业化。在城镇化的同时，通过民众教育，推动训练辖区民众生产方式和生活方式的转变。实验证明，通过城镇化、工业化、民众教育，北碚在较短的时间内实现了初步的现代化，而卢作孚也被公认为“（现代）北碚的创建者”。[④]

① 晏阳初：《关于出席乡村建设学会会议等经过情形的报告》，《晏阳初全集》第 1 卷，第 335 页。

② 晏阳初：《四川建设的意义与计划》，《晏阳初全集》第 2 卷，第 206 页。

③ 庄泽宣：《中国农村改进运动　附录》，《教育与民众》1932 年第 4 卷第 2 期，第 205 页。

④ 《申报》1935 年 11 月 10 日，第 2 版。

策划编辑：赵圣涛
责任编辑：赵圣涛
封面设计：胡欣欣

图书在版编目（CIP）数据

卢作孚与民国时期北碚城镇化变迁研究 / 张守广 著 . — 北京：
人民出版社，2023.12
ISBN 978 – 7 – 01 – 025718 – 1

I. ①卢… II. ①张… III. ①卢作孚（1893—1952）– 生平事迹 ②城市化 – 变迁 – 研究 – 北碚区 – 民国 IV. ① K825.38 ② F299.277.193

中国国家版本馆 CIP 数据核字（2023）第 113379 号

卢作孚与民国时期北碚城镇化变迁研究
LUZUOFU YU MINGUO SHIQI BEIBEI CHENGZHEN HUA BIANQIAN YANJIU

张守广 著

人民出版社 出版发行
（100706 北京市东城区隆福寺街 99 号）

中煤（北京）印务有限公司印刷 新华书店经销

2023 年 12 月第 1 版 2023 年 12 月北京第 1 次印刷
开本：710 毫米 ×1000 毫米 1/16 印张：19
字数：300 千字

ISBN 978 – 7 – 01 – 025718 – 1 定价：89.00 元

邮购地址 100706 北京市东城区隆福寺街 99 号
人民东方图书销售中心 电话（010）65250042 65289539